novum pro

Derrick Widmer

The Merry Mad Monks of the DMZ (Demilitarized Zone)

Erinnerungen an ein abenteuerliches Leben
auf dem 38. Breitengrad in Korea 1964

novum pro

www.novumpro.com

Bibliografische Information
der Deutschen Nationalbibliothek:

Die Deutsche Nationalbibliothek
verzeichnet diese Publikation in der
Deutschen Nationalbibliografie.
Detaillierte bibliografische Daten sind
im Internet über
http://www.d-nb.de abrufbar.

Alle Rechte der Verbreitung,
auch durch Film, Funk und Fernsehen, fotomechanische Wiedergabe, Tonträger, elektronische
Datenträger und auszugsweisen
Nachdruck, sind vorbehalten.

© 2011 novum publishing gmbh

ISBN 978-3-99003-757-7
Lektorat: Sarah Schroepf
Umschlagfoto: Derrick Widmer
Umschlaggestaltung, Layout & Satz:
novum publishing gmbh
Innenabbildungen:
Derrick Widmer (59)

Die vom Autor zur Verfügung gestellten Abbildungen wurden in der
bestmöglichen Qualität gedruckt.

Gedruckt in der Europäischen Union
auf umweltfreundlichem, chlor- und
säurefrei gebleichtem Papier.

www.novumpro.com

AUSTRIA · GERMANY · HUNGARY · SPAIN · SWITZERLAND

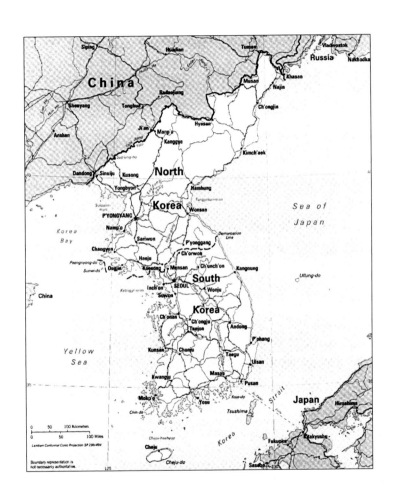

Inhaltsverzeichnis

Vorwort 9
Join the Army and see the World 11
Von Bern via New York nach Korea 15
Von der amerikanischen Ostküste zur Westküste 20
Weiterflug nach Hawaii 22
Notlandung auf Wake Island 26
Ankunft in Tokio 33
Ankunft in Korea 38
Das Swiss Camp 42
Das gespannte Verhältnis zwischen Korea und Japan 45
Der Koreakrieg (1950 bis 1953) 50
Die neutrale Überwachungskommission (NNSC)
und ihre Mission 60
Das Leben im Camp in den ersten Wochen 68
Ausbruch aus dem Mönchsleben –
erste Reise nach Seoul und Umgebung 76
Wie fand die Kommunikation mit der Außenwelt statt? 88
Weitere Geschichten aus dem Leben am 38. Breitengrad 92
Übergabe von gefangenen amerikanischen
Helikopterpiloten 98
Ausflug an einen Bergsee –
Bemerkung über die Religionen 103
Es wird noch wärmer –
endlich neue Sommeruniformen 106
Kaesong, eine Stadt in Nordkorea 110
Reise nach Hongkong und Macao 114
Anmerkungen zur asiatischen Kultur –
koreanischer Lebensstandard 122
Studentendemonstrationen 128
Ausflug auf die Insel Wolmido 130
Shopping – Überschwemmungen 132
Bemerkungen zur koreanischen Kultur 135
Reise nach Pusan 138

Wochenende in Chejudo	143
Die 1.-August-Feier im Swiss Camp	153
Der Golf-von-Tonkin-Vorfall	156
Ferien an der Mallipo Beach	163
Eine wilde Trinkparty bei den Chinesen – Aufregung bei der Rückkehr	172
Han'gul – die geniale Schrift Koreas	175
Gefährliche Exkursion in den nördlichen Teil der DMZ	177
Ausflug zur bekannten Tempelanlage Kwanak-san	180
Zur Geschichte Koreas	184
Der „US Army Medical Service" und sein Ersatz	192
Nach 14 Jahren im April 1978 wieder in Korea	195
Dienstreise nach Pjöngjang	200
Der wirtschaftliche Aufschwung von Südkorea und dessen hoher Preis	205
Ferienreise nach Kalifornien und Mexiko	213
Der Champagner floss in Strömen	224
Ausflug nach Kyongju – wieder eine Notlandung	228
Dienstreise nach Japan	235
Immer wieder Partys und Empfänge	246
Es geht dem Ende meiner Mission zu – wichtiger Besuch im Swiss Camp	248
Abschiedsparty	253
Nochmals als Kurier in Tokio	258
Weihnachten in Panmunjom und Tokio	262
Bemerkungen über die großen Veränderungen in der Welt seit 1964	267
Rückreise in die Schweiz mit vielen Zwischenstationen	276
Philippinen (erste Station)	277
Vietnam (zweite Station)	285
Thailand (dritte Station)	289
Indien (vierte Station)	293
Iran (vierte Station)	305
Ägypten (fünfte Station)	308
Griechenland (sechste und letzte Station)	310
Schlussbemerkungen	311
Nachwort	313

Vorwort

Auch die Schweiz hatte einst Kolonien, allerdings nicht auf fernen Kontinenten und in fremden Landen, sondern auf ihrem eigenen Territorium. Bis Napoleon die Schweiz besetzte und der alten Eidgenossenschaft ein Ende bereitete, gab es sogenannte gemeine Herrschaften, die von den vollwertigen Kantonen verwaltet wurden. Aargau, Thurgau, St. Gallen, die Waadt und das Tessin wurden erst 1803 zu eigenständigen Kantonen. Ein paar Jahrhunderte früher hatten die Eidgenossen mit ihren Feldzügen in Oberitalien fern der Heimat Eroberungen angestrebt. Nach der Niederlage in der Schlacht bei Marignano im Jahr 1515 gab man diese Vorhaben in weiser Voraussicht auf. Danach gehörte die Eidgenossenschaft zu den wenigen europäischen Ländern, die im Zeitalter des Imperialismus keine Überseebesitzungen hatten.

Bemerkenswert ist, dass es trotz dieser kolonialpolitischen Abstinenz in der ganzen Welt Schweizer gibt. Man trifft sie in Bhutan und auf Kalimantan, in Halifax und in Yaoundé an. In der Vergangenheit konnten diese wackeren Eidgenossen – anders als die Briten und Franzosen, Holländer und Portugiesen – nicht mit der Unterstützung einer Kolonialverwaltung in ferne Lande aufbrechen. Sie mussten die Übersiedlung aus eigenen Stücken wagen und waren auf sich selbst angewiesen. Umso eindrücklicher ist vor diesem Hintergrund die traditionelle Weltläufigkeit der Schweizer. Heute, da das Reisen rund um den Globus zur alltäglichen Gewohnheit geworden ist, hat der Aufbruch in die Ferne viel von der früheren Faszination verloren.

In seinem Buch greift Derrick Widmer auf eine Zeit zurück, da ferne Lande und ferne Kulturen noch eine echte Herausforderung waren. Die Eindrücke und Erfahrungen, die er uns in seinem Text lebhaft schildert, scheinen in mancher Hinsicht einer ganz anderen Zeit anzugehören. Bei näherem Betrachten stellt sich indessen heraus, dass vieles gleich geblieben ist – nicht zuletzt die Dynastie der Kims!

Jedes Kapitel in Derricks Buch ist ein farbiges Mosaiksteinchen, das sich mit zahlreichen anderen Steinchen zu einem eindrücklichen

Gesamtbild des Fernsten Ostens in einer schicksalsträchtigen Zeit zusammenfindet. Ein guter Schuss Humor fehlt dabei nicht, wie sich dies für einen Weltenreisenden wie Derrick Widmer gehört. Nur wer sich selbst nicht dauernd ernst nimmt, wird es schaffen, in fremden Kulturen die feinen Nuancen zu erkennen und die Zwischentöne zu hören. Dies wiederum, nicht der grobe Sensationalismus, der von den Medien gepflegt wird, und auch nicht der Obskurantismus, der nur allzu häufig akademische Ergüsse prägt, vermag dem Leser allein einen angemessenen und gerechten Zugang zu fremden Kulturen, fremden Bräuchen und fremden Menschen zu vermitteln.

Urs Schöttli
im Oktober 2010

Urs Schöttli studierte Philosophie an der Universität Basel und war zwischen 1983 und 1989 Südostasienkorrespondent der Neuen Zürcher Zeitung NZZ. Danach folgten weitere berufliche Auslandsaufenthalte in Spanien und Portugal. Seit 1996 ist er wieder bei der NZZ als Korrespondent für Hongkong, Tokio und Peking tätig.

Derrick Widmer

The past is the unseen hand that
molds the present.
Edwin O. Reischauer

Join the Army and see the World

Als ich Ende September 1963 nach einem spannenden Studienjahr in den Vereinigten Staaten etwas überstürzt nach Bern zu meinen Eltern und Geschwistern zurückkehrte, wusste ich nicht genau, wie mein persönliches und berufliches Leben weitergehen sollte. Nachdem sich die große Freude des Wiedersehens mit meiner Familie, an der ich sehr hing, etwas gelegt hatte, empfand ich eine gewisse Leere und das Leben in Bern – nach den Erlebnissen in der großen, weiten Welt – wenig aufregend und recht provinziell. Zudem vermisste ich meine amerikanische Freundin. Dennoch war mir bereits klar, dass ich ernsthaft nach einer interessanten Stelle Ausschau halten musste und endlich Geld verdienen sollte. Dabei schwebte mir – allerdings ziemlich verschwommen – eine internationale juristische oder wirtschaftliche Tätigkeit vor. Um genügend Zeit für einen weiteren Versuch eines neuen unkonventionellen Karriereschritts zu gewinnen, fragte ich in der Anwaltskanzlei meines ehemaligen Arbeitgebers an, ob ich temporär dort wieder arbeiten könne, was mir zu meiner großen Beruhigung umgehend bestätigt wurde. Bereits im Dezember konnte ich meine alte Tätigkeit in einem bekannten Anwaltsbüro der Stadt Bern aufnehmen.

Als ich an einem für schweizerische Verhältnisse erstaunlich warmen Tag anfangs November 1963 in leicht depressiver Stimmung mit meinem unschweizerischen, das heißt, auffallend bunten amerikanischen Sportshemd (die Kleidermode war damals noch nicht globalisiert) die nahe bei unserem Haus gelegene Postfiliale betrat, traf ich dort einen alten Bekannten, der Mitglied meiner Studentenverbindung war und im Militär den Rang eines Obersten im Generalstab innehatte. Er erzählte mir, dass er vor Kurzem aus Korea als stellvertretender Missionschef der „Neutral Nations Supervisory Commission, Swiss Delegation" nach Bern zurückgekehrt sei und dass an diesem aufregenden Ort am 38. Breitengrad in Korea ein jüngerer Offizier als Generalsekretär gesucht werde, wobei dieser Jurist sein solle und wenn möglich Amerika-Erfahrung haben müsse. Meine offenbar immer noch nicht vollständig ausgelebte Abenteuerlust fing mich an zu kitzeln. Spontan erklärte ich meinem Bekannten, dies würde mich interessieren und ob er sich noch genauer über jene Stelle erkundigen und mich, wenn möglich, auch gleich für besagten Posten empfehlen könne. Dies versprach er zu tun und bereits nach vierzehn Tagen telefonierte er mir, dass der schweizerische Delegationsleiter in Korea an einer Bewerbung meinerseits grundsätzlich interessiert sei. Ich musste in der Folge beim Chef der Adjutantur der Armee in Bern, Oberst Mario Marguth, vorsprechen und mich aufgrund meiner inzwischen erfolgten schriftlichen Bewerbung ausfragen und gleichzeitig über die vorgesehene Tätigkeit in Korea instruieren lassen. Bereits nach kurzer Zeit stand fest, dass ich den bisherigen Amtsinhaber, Oberleutnant Armin Meyer, im April 1964 ablösen könne. Gleich zu Beginn wurde ich anhand einiger Briefings über die „Dos and Don'ts" im Land der Morgenstille (morning calm) informiert.

Ein Armeeangehöriger begleitete mich eines Tages in Bern noch in ein Schuhgeschäft, wo ich zwei Paar qualitativ hochwertige schwarze Bally-Halbschuhe von der Armee gratis verpasst erhielt. Auf der linken Schulter meiner grünen Offiziersjacke wurde im Zeughaus eine horizontal angefertigte, diskrete, fünf Zentimeter lange rote Anschrift mit „Switzerland" aufgenäht (heute sind auf jeder Militäruniform ein kleines Schweizerkreuz und die Bezeichnung „Suisse"). Nachdem ich noch verschiedene Impfungen über mich ergehen lassen musste – eine sogar gegen die Pest –, wurde mir erst so richtig bewusst, dass ab April 1964 die Armee für mich sorgen würde und bis zur Ankunft in Korea deshalb nichts mehr schiefgehen konnte. Ich erhielt noch eine maßgeschneiderte grüne Offiziersuniform für den Sommer aus leichtem grünem Stoff (ohne Futter). Ferner wurde ich mit neuen grünen Hemden ausgerüstet und erhielt eine speziell für die Mitglieder der Koreamission entwickelte Handtasche, die genau unter die damaligen Flugzeugsitze passte. Zudem wurde mir ein „Passport Spécial" mit einem Visum für die USA ausgehändigt; dabei handelte es sich um ein spezielles Visum für „offizielle Vertreter" befreundeter Staaten.

Dieser beinahe fürsorgliche Service der Schweizer Armee für den Dienst in einem weit entfernten Land kam mir irgendwie vor wie die bis heute berühmte Darstellung auf dem amerikanischen Rekrutierungsplakat, das Uncle Sam darstellt, der für die Armee wirbt (bereits im Ersten Weltkrieg entstanden) – neben der Freiheitsstatue in New York die bedeutendste Nationalfigur der Vereinigten Staaten. Der Titel des Plakats lautet: „I Want You For U. S. Army". Uncle Sam wird dabei als ein hagerer, älterer Mann mit Ziegenbart und schwarzem Zylinder dargestellt, der die Nationalfarben der USA trägt und mit ausgestrecktem Zeigefinger von der Plakatwand auf den Zuschauer streng hinunterblickt und mit dem berühmten Slogan wirbt: „Join The Army And See The World". Dieser Verlockung, mit der Armee – in meinem Fall der Schweizer Armee – noch mehr von der Welt zu sehen, war ich schlussendlich auch erlegen. Ich sollte es nicht bereuen!

Ich wusste damals praktisch nichts über Korea. Dieses Land war sowohl meiner Wahrnehmung als auch derjenigen der meisten Europäer weitgehend entzogen und ein abgelegenes Land geblieben. Wie ich auf einer Weltkarte feststellen konnte, ist Korea eine ungefähr 1'000 Kilometer lange Halbinsel, die ins Japanische Meer hineinragt. 200 Kilometer südöstlich der Südspitze von Korea befinden sich die japanischen Inseln Honshu und Kyushu. Im Westen, über das gelbe Meer, trennen 190 Kilometer Korea und China. Im Norden grenzt das Land an die Mandschurische Ebene, wobei der Fluss Yalu die natürliche Grenze zu Nordostchina bildet. Mit dem russischen Fernen Osten ist die gemeinsame Grenze nur 16 Kilometer lang. Über 70 Prozent der Fläche von Korea ist gebirgig.

In ethnischer Hinsicht ist Korea weitgehend homogen. Trotz der viele Jahrhunderte währenden politischen und kulturellen Vorherrschaft Chinas und zuletzt Japans gelang es den Koreanern, eine eigenständige Kultur und Sprache zu entwickeln.

Nach meinem aufregenden Studienaufenthalt in Amerika und Mexiko 1962/63 hatte ich mich schnell wieder an die tägliche Arbeit als Anwalt gewöhnt; auch die etwas provinzielle Stadt Bern mit ihrer gemütlichen Ausstrahlung erschien mir zunehmend erträglicher zu sein. Der Gedanke, im Kalten Krieg in die vielleicht doch nicht ganz ungefährliche demilitarisierte Zone in Korea umzuziehen, tagtäglich nur unter Männern in einem Camp zu leben und zudem weitab von der Zivilisation, ging mir allmählich etwas unter die Haut und es kamen in mir zunehmend Zweifel auf, ob mein spontaner Entschluss, mich schon wieder weit weg von der Familie und Freunden abzusetzen und gewissermaßen erneut ins Unbekannte einzutauchen, wohl richtig gewesen sei.

Von Bern via New York nach Korea

Plötzlich war es dann aber so weit: Am 14. April 1964, ausgerüstet mit einer von der Armee zur Verfügung gestellten praktischen Handtasche und zwei schweren schwarzen Offizierskoffern, begleitete mich meine Schwester Silvia auf den Berner Bahnhof. Dort traf ich zu einer kurzen Besprechung Auguste Geiser in Zivilkleidung, seines Zeichens Diplomat im Rang eines Botschaftsrates, und schon bald mein neuer Missionschef in Generalsuniform (bis Ende 2007 war immer ein Diplomat in Uniform Delegationsleiter; dies hat sich seither vom militärischen Diplomaten zum diplomatischen Militär gewandelt). In Basel machte ich mich bald darauf mit dem stellvertretenden Missionsleiter (Alternate), Major Albert Christen bekannt. Beim Umsteigen in den deutschen Zug von Basel nach Frankfurt wurden wir von einem Wachtmeister der Bundespolizei in Basel vorsorglich begleitet, und zwar bis Baden-Baden, dem ersten Halt auf deutschem Territorium; diese Maßnahme wurde ergriffen, um zu vermeiden, dass die beiden uniformierten Offiziere mit ihren rot-weiß angemalten Koffern beim Grenzübergang am deutschen Zoll irgendwelche Schereien erdulden mussten oder fälschlicherweise von den deutschen Behörden sogar als Deserteure verdächtigt würden.

Bereits am Mittag trafen wir im komfortablen TEE-Zug in Frankfurt ein, wo wir uns beim „U. S. Forces Transportation Office" meldeten. Anschließend fuhren wir sofort auf den Rhein-Main-Flugplatz der U. S. Air Force, der sich unmittelbar neben dem zivilen Flugplatz befand. Nachdem wir auf der amerikanischen Airbase Rhein-Main angekommen waren, bezogen wir in einem nahe gelegenen Hotel unsere Zimmer. Den Abend verbrachten wir im Zentrum von Frankfurt, wo wir es uns wohl sein ließen und uns eine aktuelle Filmkomödie zu Gemüte führten. Der Titel des Films lautete: „Paris – When It Sizzles". Die sogenannte Tagline lautete: „Relax … It's all right to laugh at this tender love story!" Audrey Hepburn spielte in diesem Film „A sprightly young assistant of a Hollywood screenwriter" zusammen mit William Holden. Seit ich während meiner Gymnasialzeit in Bern im Jahr 1953 die Filmromanze „Roman

Holiday" mit Gregory Peck und Audrey Hepburn gesehen hatte, war ich von dieser Schauspielerin so fasziniert, dass mir sogar ein schwacher Film wie „Paris – When It Sizzles" Freude bereitete.

Am zweiten Tag bestiegen wir ein amerikanisches Militärflugzeug mit Propellern und vier Kolbentriebmotoren, das keine Fenster hatte, vollständig überfüllt und dazu noch schlecht klimatisiert war. So etwas wie „In-flight Entertainment" gab es damals noch nicht. Die maximale Flughöhe lag bei solchen Flugzeugen zwischen 5000 und 7000 Metern. Das schlechte Wetter bewirkte ein ständiges Rütteln der Maschine, sodass ich bei der Ankunft in McGuire in der Nähe von Philadelphia richtig froh war, das fensterlose Transportmittel nach 13 Stunden Flugzeit mit leichter Magenverstimmung schleunigst verlassen zu können, um an die frische Luft zu gelangen. Mit großem Glück erreichten wir um 17 Uhr den letzten Bus nach New York, wo wir nach eineinhalb Stunden eintrafen. Vom New Jersey Turnpike herkommend, bot sich in der Abendsonne eine fantastische Sicht auf die jetzt besonders plastisch wirkenden Wolkenkratzer von Manhattan und die glänzenden Spiegelungen dieser Ansammlung von gewaltigen Türmen im East River. Ich wurde schon auf dem Weg nach New York vollständig Amerika-krank und war vor Freude, wieder in der amerikanischen Metropole zu sein, ganz außer mir. Die Aufregung steigerte sich fast ins Unermessliche, weil es mir am Flugplatz McGuire in letzter Minute gelungen war, meine amerikanische Freundin – die ich während meiner Studienzeit in Chicago 1963 kennen- und schätzen gelernt hatte – telefonisch zu erreichen, und sie versprochen hatte, mich in Manhattan zu treffen.

Mit meinen guten Kenntnissen von Manhattan wurde ich für Major Christen – der Amerika überhaupt nicht kannte – sogleich der routinierte Fremdenführer in Schweizer Uniform. Mehrere Male wurden wir bei unserem Marsch durch Manhattan von Schweizern begrüßt, die nicht schlecht über die beiden strammen Eidgenossen in Offiziersuniform staunten. Plötzlich tauchte eine Schar netter junger Schweizer Touristinnen auf, die mich aufgeregt nach dem Weg zur Fifth Avenue fragten. Ohne zu zögern und als ob ich schon seit langer Zeit in Manhattan wohnen und stets eine Uniform der Schweizer Armee tragen würde, zeigte ich ihnen den richtigen Weg und salutierte lässig, drehte mich um und marschierte mit Christen weiter. Die jungen Damen waren sprachlos und lachten verlegen. Einige Minuten später befanden sich die beiden Offiziere selber an der Fifth Avenue auf dem Weg zum Rockefeller Center. Was für eine neue Überraschung, als ich ganz zufällig einen jungen Amerikaner, Leroy Schwartz, antraf, der sein ganzes Medizinstudium in Bern absolviert hatte, wo ich zum Studieren oftmals den Lesesaal der Stadtbibliothek benützte und an vielen Festen in Bern mit dabei gewesen war. So sprachen wir während circa zehn Minuten auf der 5th Avenue miteinander Berndeutsch (er redete fast ohne Akzent) und schwärmten von der guten gemütlichen Studienzeit in Bern.

Das Rockefeller Ice Scating Rink hatte ich mit „DD", meiner amerikanischen Freundin, als Treffpunkt abgemacht, wobei sie bereits wusste, dass ich in Begleitung eines Majors erscheinen und noch am gleichen Abend wieder nach Philadelphia zurückkehren würde.. Der kleine, aber charmante Ice Scating Rink neben dem riesigen Rockefeller Center war noch in Betrieb und ich musste automatisch an den Film „Sunday in New York" (1963) mit Jane Fonda denken. Nachdem ich DD vier Monate lang nicht mehr gesehen hatte, war es fast ein dramatischer Augenblick, als sie nach kurzer Wartezeit am Treffpunkt auftauchte.

Da Albert Christen schon viel vom berühmten Playboy Club gehört hatte und am liebsten dorthin gehen wollte, beschlossen wir, zu dritt dieses damals begehrte Lokal aufzusuchen. Als wir am Eingang des Playboy Clubs (5 East 59th Street), der 1962 gegründet worden war, angelangt waren, mussten wir zu unserer Enttäuschung feststellen, dass es sich um einen Privatclub handelte und wir ohne einen entsprechenden Schlüssel, der als Mitgliederausweis diente, keine Chance für einen Eintritt hatten. Wie wir am anderen Tag herausfanden, war Playboy-Club-Mitglied zu sein damals ein Statussymbol. Nur circa 20 Prozent der Clubmitglieder, die den berühmten Schlüssel besaßen, frequentierten in Wirklichkeit den Club. Wir hatten aber wieder großes Glück: Ein Amerikaner, der mit seiner Begleiterin ebenfalls am Eingang stand und Mitglied war, erklärte dem Respekt einflößenden Türsteher, der uns zuerst nicht hineinlassen wollte, dass wir seine Gäste seien. So standen wir plötzlich in diesem sagenhaften Club und verbrachten zusammen einen Abend in Hochstimmung. Beim koketten Servieren von Drinks und Essen gingen die Bunnys jeweils in die Knie, sodass der offene Einblick in die Busenwunder den beiden Eidgenossen doch recht verblüffend vorkam. 1964 war Amerika noch stark vom Puritanismus geprägt und die berühmten blonden Playboy-Bunnys mit langen unbedeckten Beinen stellten für die damaligen Zeiten – selbst für Europäer – fast etwas magisch Verbotenes dar. Wir hatten natürlich keine Ahnung, dass Lauren Hutton – „The world's first Supermodel" (25 Mal auf dem Titelbild der Vogue) und berühmte Filmschauspielerin – von 1963 bis 1964 hier als Bunny gearbeitet hatte. Es gehörte zum Konzept des Clubs, dass für die Unterhaltung weltberühmte Entertainer wie Ray Charles, Bing Crosby, Dizzy Gillespie, Peggy Lee und Ginger Rogers auftraten. Der erste Playboy Club wurde 1960 in Chicago eröffnet. Der Club war ein Ausdruck des Zeitgeistes der frühen Sechzigerjahre (als Amerika gerade im Begriff war, das puritanische Zeitalter zu überwinden), jedoch ab 1968 – als die Protestbewegungen gegen den Vietnamkrieg immer vehementer wurden und die nun emanzipierten Flower-Power-Mädchen einen lockereren Lebensstil einführten – nicht mehr so erfolgreich.

Als wir gegen 23 Uhr bezahlen wollten, erklärte das uns bedienende Bunny, dass die hohe Rechnung für uns alle drei bereits beglichen worden sei, und zwar von dem uns völlig unbekannten Amerikaner – nämlich demjenigen, der uns vor der Tür zum Club spontan zum Eintritt als seine Gäste eingeladen hatte. Solche Großzügigkeit eines unbekannten Gastgebers war den beiden Schweizern weder im Militärdienst noch sonst wo widerfahren. Die beiden Militärs mussten nämlich um Mitternacht einen Bus mitten in New York erwischen, der sie in zwei Stunden Fahrtzeit auf die Philadelphia Airbase bringen würde.

Trotz der eher künstlichen Hochstimmung im Club merkte ich während des ganzen Abends, dass ich mich immer noch stark mit meiner amerikanischen Freundin verbunden fühlte und der Abend durch die Anwesenheit meines militärischen Vorgesetzten ziemlich verkrampft und unnatürlich ablief. Wir verspürten ein unwiderstehliches Verlangen, allein zu sein, was aber ein Ding der Unmöglichkeit war. Der Abschied von meiner Freundin in der kühlen New Yorker Nacht war dann mit einigen Tränen und Gedanken an die vielen gemeinsamen schönen und einmaligen Erlebnisse während meiner

Studienzeit in Chicago 1963 verbunden. Ich fühlte mich innerlich zerrissen und Zweifel kamen an der Richtigkeit meines vorschnellen Entschlusses auf, im September 1963 das faszinierende Amerika zu verlassen und damit auch meine große Liebe. War ich gerade dabei, einen weiteren schwerwiegenden Fehler zu begehen? Es gab aber im Moment kein Zurück mehr, mein Vertrag mit der Schweizer Armee war unterschrieben, weshalb es einfach in Richtung Korea weitergehen musste.

Der Autor vor den Wolkenkratzern in New York

Von der amerikanischen Ostküste zur Westküste

Als wir zwei Stunden später wieder auf der Militärbasis bei Philadelphia eintrafen, blieben uns gerade noch zwei Stunden Schlaf im „Bachelors Officers Quarter" (BOQ), bis wir für die Weiterreise nach Kalifornien startbereit sein mussten. Da die MATS (Military Air Transport Service) keine eigenen Flugverbindungen durch Amerika hatte, durften wir – völlig übermüdet – auf dem International Airport von Philadelphia zu unserer Erleichterung eine TWA-Maschine (eine Douglas DC-8, damals einer der modernsten Jets) besteigen, für die wir sogar ein Ticket erster Klasse erhielten, was uns sofort in Hochstimmung versetzte. Diesen Flug genossen wir in vollen Zügen. Wie flugplanmäßig vorgesehen, gab es einen Zwischenstopp in Chicago, wo ich als „postgraduate" Student 1962/63 gelebt hatte. Ich versuchte vergeblich meinen Vorgesetzten davon zu überzeugen, einen Tag in meiner geliebten Stadt einzuschalten. Ich telefonierte auf dem Flugplatz von Chicago fünfzehn Minuten lang mit meinem Studienfreund George Trubow, der bereits eine Riesenparty mit alten Freunden zu meiner Begrüßung organisiert hatte. Von Chicago flogen wir weiter über den landwirtschaftlich genutzten Mittleren Westen und dann über die immer noch mit Schnee bedeckten Rocky Mountains. Die unendliche Weite des Landes wurde mir wieder bewusst, verstärkt durch die Erinnerung an die sechs Tage lange Autofahrt von Chicago nach San Francisco mit einem schweizerischen Studienkollegen, Martin Hitz, der University of Chicago Law School, auf der berühmten Route 66 im Sommer 1963. Als wir uns im Flugzeug San Francisco näherten, sah ich mich in der Erinnerung unwillkürlich wieder mit meinem Studienfreund Martin im brandneuen weißen, riesigen Chevrolet Impala mit offenem Verdeck, lässig am Steuer und mit laut dudelnder Musik durch das mit einem milden Klima gesegnete Kalifornien flitzen. So gewissermaßen als Vorläufer des ein spezielles Lebensgefühl vermittelnden, berühmten Films „Easy Rider" aus dem Jahr 1967 mit Peter Fonda und Dennis Hopper.

In San Francisco angekommen, mussten wir bereits zum dritten Mal seit dem Abflug in Frankfurt unsere Uhren zurückstellen. Mit den sechs großen Koffern ging es über die Oakland Bridge an Berkeley vorbei in zwei Stunden Fahrtzeit zur Travis Air Force Base (in der Bucht von San Francisco und als das „Tor zum Pazifik" bekannt). Es handelte sich um eine große Air Force Base, auf der Dutzende von riesigen Transportflugzeugen und Bomber stationiert waren, und darüber der blaue Himmel Kaliforniens. Verschiedene Baracken waren mit „SAC" angeschrieben. Dabei handelte es sich nicht etwa um einen Ableger des Schweizerischen Alpen-Clubs, sondern um Gebäude des „Strategic Air Command", also dem Rückgrat der amerikanischen Verteidigung. Die Air Force Base erhielt ihren Namen zu Ehren von Brigadier General Robert F. Travis, der in einer B-29 Superfortress abstürzte, die in einer geheimen Mission Nuklearwaffen transportierte.

Weiterflug nach Hawaii

Noch am gleichen, das heißt am vierten Tag flogen wir mit einem Militärflugzeug in Richtung Hawaii weiter, wo wir nach neun Stunden Flugzeit auf der Hickam Air Force Base (AFB) landeten. Wir stellten fest, dass wir seit dem Abflug in Philadelphia bereits vierzig Stunden unterwegs waren. Bei der Ankunft realisierten wir sofort, dass das Klima hier sehr warm und feucht war; und es wurde offensichtlich: Die ziemlich dicken grünen Offiziersuniformen waren nicht Hawaii-tauglich.

Die Hickam Air Force Base liegt am Rande von Honolulu auf der Insel O'ahu in Hawaii. Hickam AFB ist Teil des Militärkomplexes von Pearl Harbor und besteht aus zwölf Quadratkilometern Land. Die Basis ist zu Ehren von Lt. Col. Horace Meek Hickam, einem amerikanischen Flugpionier, benannt. Wir erhielten in einem morschen kleinen Haus auf Holzpfählen auf der Hickam Airbase eine miserable Unterkunft. Am nächsten Tag durften wir aufgrund unserer energischen Reklamationen in eine angenehmere Unterkunft am Eingang von Pearl Harbor wechseln. Beim Frühstück in der Offiziersmesse direkt am Eingangskanal zum Hafen gelegen, konnten wir durch große Glasfenster die in den Hafen einfahrenden Unterseeboote und andere Kriegsschiffe aus nächster Nähe bestaunen. Die Mannschaft der Schiffe, die vor unserer Offiziersmesse vorbeifuhren, salutierte in ihren weißen Uniformen gerade auf unserer Höhe, sodass wir einen Moment lang das Gefühl hatten, der Gruß gelte uns. In Wirklichkeit salutierten die Matrosen bei der Einfahrt vom Kanal in den Hafen und umgekehrt die für uns zuerst nicht sichtbare amerikanische Flagge, welche oberhalb der Offiziersmesse angebracht war. Diese einmalige Atmosphäre der fast geräuschlos langsam ein- und ausfahrenden Schiffe bei strahlendem Wetter erinnerte mich sehr an den Filmklassiker „From Here to Eternity" aus dem Jahr 1953 mit Frank Sinatra, Deborah Kerr, Burt Lancaster und Montgomery Clift über den brutalen japanischen Angriff auf Pearl Harbors Militärinstallationen am 7. Dezember 1941. Bei unserem Zwischenhalt im April 1964 in Pearl Harbor war – wie damals vor 23 Jahren, alles ruhig und friedlich. 1941 zerstörten oder beschädigten die japanischen Flugzeuge in einem minutiös vorbereiteten und perfekt durchgeführten Überraschungsangriff einen Großteil der amerikanischen Pazifikflotte, die im Hafen vor Anker lag. Es gelang den Japanern, gleichzeitig auch die in der Nähe parkierten amerikanischen Flugzeuge zu zerstören oder zu beschädigen, sodass diese nicht mehr in der Lage waren, die japanischen Flugzeuge auf ihrem Rückweg zu ihren Flugzeugträgern zu verfolgen. Beim Angriff starben 3'500 amerikanische Soldaten. Es handelte sich dabei – rein militärisch gesehen – um einen der erfolgreichsten Angriffe aller Zeiten. Der Schock auf die Bevölkerung in Amerika und auf sein Militär war enorm. Als Antwort auf diesen brutalen Überfall erklärte der amerikanische Präsident Roosevelt den Japanern den Krieg. Damit befand sich Amerika aktiv im Zweiten Weltkrieg.

Die Kasernenanlagen, the Big Barracks, von 1941 blieben bis heute erhalten und wurden so belassen, wie sie damals nach dem Angriff aussahen: „As a reminder to never again be caught unprepared".

Der Anblick des Schiffsbauchs des gekenterten Schlachtschiffes „Arizona" machte mir einen nachhaltigen Eindruck. Die damalige Bedrohung durch die Sowjetunion und die sich bereits im Gange befindlichen Gefechte in Vietnam ließen die „Leichtigkeit des Seins" in Hawaii für einen Moment in den Hintergrund rücken.

Amerika wurde nach diesem brutalen und völlig überraschenden Anschlag 1941 sehr wachsam und bis zum Ende des Jahrhunderts war kein Angriff im großen Stil mehr erfolgreich, das heißt, keiner hatte dermaßen tief greifende Auswirkungen für Amerika wie derjenige der Japaner auf Pearl Harbor. Dies hat sich aber anfangs des 21. Jahrhunderts überraschend wieder geändert: Am 11. September 2001 gelang es neunzehn Selbstmordterroristen, Angehörige der islamistischen Terrororganisation al-Qaida, gleichzeitig vier amerikanische Flugzeuge in ihre Gewalt zu bringen. Die Terroristen hatten diese Anschläge jahrelang minutiös vorbereitet. Sie lenkten zwei dieser Flugzeuge in die Türme des World Trade Centers (WTC) in New York (ich saß damals gerade in Zürich in einer Sitzung und konnte den schrecklichen Angriff auf den zweiten Turm des WTC so gewissermaßen live mit ansehen) und denjenigen in das nahe bei Washington gelegene Pentagon. Das vierte mit unbekanntem Anschlagsziel stürzte nach Kämpfen zwischen Entführern, Besatzung und Fluggästen in Pennsylvania ab. Insgesamt starben über 3'000 Menschen bei diesem Terroranschlag, erstmals auf eigenem Festland. Dafür wird heute das Kürzel „9/11" (nine-eleven) verwendet (es erinnert an die Notrufnummer in den USA mit der Schreibweise 911) und erschütterte Amerika fast gleich stark wie der bereits geschilderte Angriff auf Pearl Harbor. 9/11 hatte ebenfalls weitreichende Folgen hinsichtlich der politischen und militärischen Neuausrichtung von Amerika und vergrößerte die Wachsamkeit gegenüber den auf der ganzen Welt operierenden Terrororganisationen; die Anstrengungen für die Flughafen- und Luftsicherheit wurden weltweit verstärkt. Im September 2002 leitete Präsident Bush aus dem Kampf gegen den Terror das Recht der USA auf Präventivkriege ab, was als Bush-Doktrin bekannt wurde. George W. Bush benützte das schreckliche Ereignis auch als Argument für die Einleitung des Kriegs in Afghanistan 2001 und des Irakkriegs 2003. Die beiden blutigen Kriege dauern bis heute an und ein Ende ist vorderhand nicht in Sicht.

Nach diesem kleinen historischen Exkurs von überraschenden Angriffen auf das Territorium der USA und seinen Folgen möchte ich mit unseren Reiseerlebnissen auf dem Weg nach Korea fortfahren.

Den sechsten Tag verbrachten wir hauptsächlich mit Baden und mit Beobachten der Surfer im Meer nach dem Motto des bekannten Songs: „Sun, fun and nothing to do". Ein fröhliches Ereignis war die KODAK-Hula-Show. Mehrere Male am Tag fand für die Touristen eine von der Firma KODAK gesponserte Hula-Show mit blumenbekränzten Südsee-Schönheiten, die sogenannten „Original Hula Dances", statt. Den Abend genossen wir stilvoll in wohlhabender Gesellschaft in einem eleganten Restaurant unmittelbar an der Waikiki Beach mit Sicht aufs Meer und fühlten uns wie im Film La Dolce Vita von Frederico Fellini aus dem Jahr 1960 mit Anita Ekberg und Marcello Mastroianni. Anderntags trafen wir im Hotel Hilton den Food-und-Beverage-Manager, der aus Bern stammte und dort das Gymnasium ein Jahr vor mir besucht hatte. Er zeigte uns den berühmten Berg „Diamond Head" und die ganze Insel. Wir fuhren an den vielen Ananasplantagen vorbei und am Schluss lud er uns zum Essen ein. Der Aufenthalt in Hawaii dauerte nun schon drei Tage, und da es sich bei unserer schönen Reise eigentlich nicht um eine

Ferienreise, sondern um eine offizielle Dienstreise handelte, erkundigten wir uns noch gleichentags bei den zuständigen militärischen Behörden nach dem nächsten Flugzeug nach Tokio. Erst drei Tage später gab es wieder freie Plätze in amerikanischen Militärflugzeugen. Da wir das ungute Gefühl hatten, dass uns von schweizerischer Seite ein Vorwurf gemacht werden könne, zu lange in Hawaii herumgetrödelt zu haben, beschlossen wir, uns direkt ins amerikanische Hauptquartier – inmitten der Hafenanlagen – mit einem amerikanischen Dienstfahrzeug chauffieren zu lassen. Dank forschen Auftretens und einigen Notlügen gelang es erstaunlicherweise, uns bei einem der Kommandanten als wichtige Personen (VIP) darzustellen, sodass schlussendlich der bereits gebuchte Flug von zwei amerikanischen Offizieren gestrichen wurde und wir schon am nächsten, also am siebten Tag seit der Abfahrt in Bern beruhigt und zufrieden nach Japan weiterfliegen konnten. Beim Start fragte mich ein amerikanischer Unteroffizier, ob ich Asien kenne. Als ich dies verneinte, meinte er mit einem verschmitzten Lächeln: „You know it's a real man's world, a real man's world!" Offenbar meinte er damit, dass mir in Asien noch einige diesbezügliche positive Überraschungen bevorstehen würden, von denen ich im Moment gar keine Ahnung hatte.

Notlandung auf Wake Island

Das Schicksal hatte aber für unsere lange Reise nach Korea noch einige weitere Überraschungen vorgesehen. Nach fünf Stunden Flug war eine kurze Zwischenlandung zum Auftanken des Flugzeugs auf Wake Island vorgesehen. Diese winzige Insel liegt ungefähr auf halbem Weg zwischen Hawaii und Tokio. Beim Anflug geriet ein Vogelschwarm in zwei der vier Motoren, was den Piloten zu einer Notlandung zwang und die Passagiere in Schrecken versetzte. Beim Landemanöver hatte ich ziemlich Angst, umso mehr als ich realisierte, dass sich die Piste auf einer ganz schmalen Insel befand und links und rechts nur Wasser zu sehen war. Glücklicherweise machte der Pilot seine Sache gut und die bereits beidseitig auffahrenden Feuerwehrautos konnten wieder abziehen. Ich beruhigte mich etwas, sah dann aber plötzlich am Ende der Rollbahn einen genau dort aufgestellten und etwas verrosteten japanischen Panzer, gewissermaßen als Mahnmal der japanischen Eroberung und Besetzung der Insel im Zweiten Weltkrieg. Sehr bald stand fest, dass die Reparatur des Motors mindestens zehn Stunden dauern würde, bis das beschädigte Aggregat ausgewechselt war. Deshalb wurde den amerikanischen Militärpassagieren und uns Gelegenheit zum Ausruhen gegeben.

Wir wurden in mehrere Militärbaracken geführt, die sich direkt am Meer befanden. Die eisernen Betten, welche alle mit einer Wolldecke ausgestattet waren, erinnerten mich stark an meine Rekrutenschule. Neu für mich war die einfache Konstruktion der Baracken, die eindeutig aus dem Zweiten Weltkrieg stammten. Fenster gab es gar keine, dafür waren die Seitenwände nur einen Meter fünfzig hoch und darüber war der Rest offen bis zur mit Pfeilern verstärkten Decke. Dafür wehte eine kühle Brise direkt in den Schlafsaal hinein und der an der Decke befestigte und ständig surrende Propeller trug ebenfalls zur Kühlung des Raumes bei. Das kräftige Rauschen des Meeres regte meine vom Zweiten Weltkrieg und dem Kalten Krieg geprägte Fantasie so richtig an. Ich konnte mir nun plötzlich den Zweiten Weltkrieg im Pazifik besser vorstellen, bei dem die Amerikaner unter dem Oberkommando von General MacArthur in diesem gewaltigen Raum eine Insel um die andere in blutigen Schlachten durch ein koordiniertes Vorgehen der Land-, Luft- und Seestreitkräfte von den Japanern zurückerobern mussten (Island Hopping).

Wake Island besteht aus drei Koralleninseln von insgesamt 7 Quadratkilometern Fläche, die durch einen Unterwasser-Vulkan geformt wurden. Die blaue Lagune in der Mitte der drei Inseln ist der ehemalige Krater, die Inseln sind Teil des einstigen Kraterrandes. Die Hauptinsel Wake liegt im Südosten des Atolls und ist gerade so lang, dass knapp eine Flugpiste eingerichtet werden konnte. Am 17. Januar 1899 wurde Wake von den USA annektiert und 1935 wurde dort ein Landeplatz gebaut, der als Zwischenstopp für zivile Flugrouten nach Asien diente. Beim Dösen auf dem harten Militärbett stellte ich mir die Angriffe der Japaner auf diese Insel vor: Sie attackierten als eines der ersten Ziele der japanischen Inseloffensive nach Eröffnung des Pazifikkrieges Wake Island, doch diesen Angriff konnte die amerikanische Garnison erfolgreich parieren. Beim zweiten Überfall der Japaner am 23. Dezember 1941 überrollten die Feinde mit einer überlegenen Invasionsflotte Wake Island und überwältigten unter großen gegenseitigen Verlusten die amerikanischen Verteidiger. Im Kalten Krieg, also auch 1964, wurde die Basis von der US Air Force benutzt, die das Atoll bis heute administrativ verwaltet.

Ich selber war als Kind vom Zweiten Weltkrieg – in welchem 55 Millionen Menschen den Tod fanden (davon rund 39 Millionen in Europa und ungefähr 16 Millionen in Asien) – geprägt: So musste mein Vater Aktivdienst leisten und war deshalb häufig weg, erzählte uns Kindern dann immer Geschichten aus dem strengen Militärdienst.

Der Import von Lebens-, Dünge- und Futtermitteln sowohl aus Deutschland wie vonseiten der Alliierten wurde während des ganzen Zweiten Weltkrieges nie völlig unterbrochen. Im Sommer 1940, nach dem Zusammenbruch Frankreichs, zeichneten sich in der Schweiz erstmals Versorgungsschwierigkeiten ab. Der berühmte Plan Wahlen, der zum Ziel hatte, den Selbstversorgungsgrad der Schweiz zu erhöhen, trat in Kraft: Rationierung von Lebensmitteln (Senkung des Kalorienverbrauchs pro Kopf und Tag von 3'200 auf 2'750 kcal), Wiederverwertung von zum Beispiel Küchenabfällen, um Schweine zu mästen, und Umstellung von Viehwirtschaft auf Ackerbau. In unserem Garten wie in den meisten Privatgärten und in städtischen Parkanlagen, unter anderem am Zürcher Bellevue, wurden Kartoffeln angepflanzt. Insgesamt erhöhte die Anbauschlacht den Selbstversorgungsgrad der Schweiz von fünfzig auf sechzig Prozent. Die Lebensmittelrationierung dauerte von 1940 bis 1948 und ich erinnere mich noch gut, dass ich manchmal im ersten Stock über dem Restaurant Kornhauskeller in Bern die Lebensmittelkarten mit farbigen Marken zum Abreißen für die Familie holen musste. Mein Vater hatte aber für uns auf seine Weise noch zusätzlich vorgesorgt: Im gut getarnten zweiten Kassenschrank hatte er einen geheimen und fast heiligen Schokoladevorrat angelegt; ich erinnere mich aber auch an die (illegalen) großen Mehl- und Zuckersäcke, die ein Freund meines Vaters uns am Abend, wenn es bereits dunkel war, nach Hause brachte. Dieser Kriegsvorrat an Lebensmitteln wurde im Estrich aufbewahrt; dabei waren die Mehlsäcke mit vielen großen eisernen Nägeln (ein angeblicher Schutz gegen Würmer) versehen. Als die amerikanischen und britischen Bomber Mailand bombardierten, rief mein Vater alle Familienmitglieder auf die große Terrasse unseres Hauses, damit wir dieses spezielle Donnern von jenseits der Alpen mit anhören konnten in der Vorahnung auf ein baldiges Ende des Zweiten Weltkrieges. Anlässlich der Kapitulation von Deutschland am 8. Mai 1945 in Innsbruck – also einer Erklärung, dass man alles verloren hat und aufgibt – endete ein Krieg, der sechs Jahre lang andauerte und 61 Länder der Welt betraf. Deutschland lag in Trümmern.

In seinem Tagesbefehl vom 8. Mai 1945 erklärte der Oberbefehlshaber der Schweizer Armee, General Henri Guisan: „Schweizer Soldaten! Wir wollen Gott, dem Allmächtigen, danken dafür, dass unser Land von den Schrecken des Krieges verschont blieb. Soldaten, ihr habt euch eures Vaterlandes würdig erwiesen." An diesem Tag läuteten alle Kirchenglocken in der Schweiz und überall sah man tanzende und singende Leute auf den Straßen, die sich umarmten; vor Freude tanzte auch meine ganze Familie auf der großen Terrasse, denn der lang ersehnte Friede war angebrochen.

Ohne dass wir es damals auch nur ahnten, war in Wirklichkeit ein neuer Krieg einer anderen Art am Entstehen. Nämlich der Kalte Krieg, welcher von 1945 bis 1990 dauerte und mich als Jugendlichen und später Erwachsenen während mehr als vier Jahrzehnten bis zu seinem Ende prägte – als ich bereits 55 Jahre alt war. Dieser neue Krieg beeinflusste mein politisches und wirtschaftliches Denken und Handeln. Dies äußerte sich unter anderem darin, dass ich mich für militärische und geopolitische Angelegenheiten immer stark interessierte und lebenslang eine positive Einstellung zum schweizerischen Militärdienst hatte.

Zur Veranschaulichung dieser Zusammenhänge, die vom Zeitgeist geprägt waren, möchte ich anhand eines konkreten Beispiels auf das Jahr 1956 zurückblenden: Am 23. Oktober fuhren insgesamt 1000 sowjetische Panzer in Ungarn ein, um den freiheitlichen Aufstand zu unterdrücken. Ungarische Studenten und später die ungarische staatliche Polizei und die Armee hatten demokratische Freiheiten und die Unabhängigkeit von Ungarn gefordert. Imre Nagy wurde Premierminister und Ungarn trat vom Warschauer Pakt zurück und erklärte seine Unabhängigkeit. Der Roten Armee gelang es am 15. November 1956, den Aufstand endgültig zu unterdrücken. Nagy wurde gefangen und im Juni 1958 in Bulgarien exekutiert. Über 2'550 Ungarn und 700 sowjetische Soldaten wurden getötet. 200'000 Ungarn flohen ins Ausland. Massenarreste und Denunziationen folgten und die Opposition wurde vollständig unterdrückt.

Dieses brutale Vorgehen machte auch den Schweizern große Angst, wurde doch befürchtet, dass die großen Massen von sowjetischen Panzern in kurzer Zeit auch die Schweiz überrollen könnten. Es entstand in der Schweiz eine regelrechte Solidaritätswelle für Ungarn. Viele meiner Mitstudenten halfen, Hilfsgüter für die bedrängten Ungarn zu sammeln und diese nach Ungarn zu transportieren. Eine Menge ungarische Flüchtlinge wurden in der Schweiz aufgenommen und in Schweizer Familien betreut. Ich selber wollte auch einen Beitrag leisten und half freiwillig als Infanteriekorporal und Spezialist für Panzerabwehr, an mehreren Samstagen auf dem Waffenplatz in Bern freiwillige Wehrpflichtige und Zivilisten am Raketenrohr 1958, Kaliber 8,3 Zentimeter, und an sogenannten Molotowcocktails auszubilden. Diese Molotowcocktails hatten sich als billige Waffe in den engen Straßen von Budapest gegen die Panzer sehr bewährt. Auf den Turm oder Motor der damaligen Panzer geworfen, setzten sie diese häufig in Brand. Der Molotowcocktail ist ohne besondere Kenntnisse oder Materialien herstellbar. Wir benützten eine Glasflasche, wobei als Zünder ein in den Flaschenhals gestopfter Lumpen diente, der mit Benzin oder Spiritus getränkt war. Der spezielle Name dieser simplen, aber wirkungsvollen Waffe wurde 1939/40 von finnischen Soldaten und Zivilisten in Anlehnung an Wjatscheslaw Molotow, den damaligen sowjetischen Außenminister Stalins, benützt. Sie setzten Molotowcocktails im „Winterkrieg" erfolgreich gegen russische Panzer ein.

Die Internet-Enzyklopädie Wikipedia beschreibt diese lange unsichere Zeit des Kalten Krieges treffend als einen Konflikt zwischen den Westmächten unter der Führung der USA und dem Ostblock unter der Führung der Sowjetunion, den diese von 1945 bis 1990 mit allen verfügbaren Mitteln, aber unterhalb der Schwelle eines offenen (das heißt, „heißen") Krieges austrugen. Dabei wurden jahrzehntelang auf beiden Seiten ökonomische, politische, propagandistische und militärische Anstrengungen unternommen, bis hin zu Stellvertreterkriegen, um den Einfluss des andern Lagers weltweit einzudämmen oder zurückzudrängen. Der unerbittliche Konkurrenzkampf beider Systeme zeigt sich vor allem an ihrem Wettrüsten, aber auch an den Entwicklungen in den Bereichen Wirtschaft, Kultur, Sport, Wissenschaft und Technologie, so auch an den Raumfahrtprogrammen beider Supermächte.

In der Nachkriegszeit traten die unterschiedlichen Ziele und Interessen der Supermächte bei der Neuordnung der Welt hervor und führten zur Teilung Europas in zwei feindliche Machtblöcke mit zugehörigen Militärbündnissen: der NATO und den Staaten des Warschaupaktes. Deren Ausdehnung entsprach weitgehend der militärischen Präsenz der US-Truppen und der Roten Armee 1945. In Südostasien schufen die USA mit der SEATO ein ähnliches Bündnis. Die Bündnissysteme standen sich hochgerüstet gegenüber und prägten jahrelang eine „bipolare Welt". Aus westlicher Sicht standen dabei „Freiheit und Demokratie" gegen „totalitäre Diktatur" sowie „Marktwirtschaft" gegen „Planwirtschaft". Diese Situation bezeichnete der berühmte US-amerikanische Journalist Walter Lippmann 1947 erstmals mit dem Ausdruck „cold war" (Kalter Krieg).

Die wechselseitige Androhung des Atomkrieges unter dem Begriff Abschreckung beschwor erstmals die mögliche Selbstauslöschung der Menschheit herauf. Der Interessenkonflikt drohte mehrmals militärisch zu eskalieren: in der Berlin-Blockade 1948, während des Korea-Krieges (1950 bis 1953) und besonders in der Kuba-Raketen-Krise im Oktober 1962. Die äußerst gefährliche Cuban Missile Crisis, welche beinahe zu einem Atomkrieg führte, hinterließ bei mir einen tiefen Eindruck und ich erlebte diese beinahe traumatisch im Oktober 1962 als Student in Chicago.

Der berühmte amerikanische Atomphysiker J. Robert Oppenheim umschrieb bildhaft die gegenseitige atomare Abschreckung wie folgt: „The United States and the Soviet Union became like two scorpions in a bottle, each capable of killing the other, but only at the risk of its own life".

Die USA leiteten das Kriegsende mit den Abwürfen von Atombomben auf Hiroshima und Nagasaki im August 1945 ein, worauf Kaiser Hirohito die Kapitulation Japans erklärte. Japan wurde von der amerikanischen Armee unter dem Oberbefehlshaber General MacArthur besetzt. Die Situation im Land war schlecht, die größten Städte weitgehend zerstört. Die USA begannen schon bald, Japan beim Wiederaufbau zu unterstützen, hauptsächlich aus eigenem Interesse; damit wollten die Amerikaner verhindern, dass sich der Kommunismus in Ostasien weiter verbreitete. Über 500 japanische Offiziere hatten gleich nach der Kapitulation Selbstmord begannen, und mehrere Hundert Offiziere wurden nach einer Gerichtsverhandlung hingerichtet. Die letzten Reste von Japans Kriegsmaschinerie wurden aufgelöst. Der Kaiser verlor seine Macht mit der neuen Verfassung, die 1947 in Kraft trat. Er hatte jetzt nur noch symbolische Bedeutung.

Nun zurück zum langen Warten auf einer kleinen feuchtheißen Insel mitten im Pazifischen Ozean: Wir mussten mit den amerikanischen Offizieren und Soldaten auf Wake Island in den Baracken über zehn Stunden warten, bis der beschädigte Motor ausgewechselt war. In dieser Situation führte das nur fünfzig Meter vom Schlafplatz entfernte Rauschen des Pazifischen Ozeans ganz automatisch zum fantasievollen Nachdenken über den vor nur zwei Jahrzehnten stattgefundenen grausamen Krieg im Pazifik. Es war der einzige Krieg, in dem sowohl atomare, von den USA in Japan, als auch biologische und chemische Waffen, beide hauptsächlich von Japan in China, eingesetzt wurden. Den Pazifikkrieg hatte ich zwar nie genau studiert, wusste aber, dass sich die Kampfschauplätze vom Festland auf den weit ausgedehnten pazifischen Seeraum verlagert hatten.

Die Air Base von Wake Island war auch noch bei meiner Landung von großer strategischer Bedeutung, da die meisten damaligen Flugzeuge dort einen Zwischenstopp zum Tanken einlegen mussten. Dieser an sich kleine Flugplatz hatte eine ähnliche Bedeutung wie damals die Flughäfen Shannon in Irland und Gander in Neufundland für die Transatlantikflüge.

Als unsere Maschine wieder startbereit war, waren alle im Halbschlaf entstandenen, irritierenden Vorstellungen über den grausamen Krieg im Pazifik verschwunden und die gute Laune und die Abenteuerlust kehrten wieder zurück. Ich freute mich riesig auf das damals für den Großteil der Europäer unbekannte und geheimnisvolle Japan. Vor dem Abflug erklärte ich meinem Vorgesetzten vorlaut, dass ich am ersten Abend in Tokio mit einer Japanerin ausgehen wolle, ich habe nämlich gehört, dass Asien „a real man's world" sei, was mein Unterfangen doch eigentlich ermöglichen sollte. Major Christen hatte begreiflicherweise nur ein müdes Lächeln für seinen jungen militärischen Begleiter übrig.

Ankunft in Tokio

Auf dem Flug nach Tokio wurde uns irgendwann einmal eröffnet, wir hätten nun die Datumsgrenze überschritten und jeder von uns sei nun einen Tag älter, ob er es wolle oder nicht. Das Älterwerden bereitete mir damals noch kein Kopfzerbrechen.

In Tokio, der im Jahr 1964 größten Stadt der Welt, landeten wir nach einem ruhigen Flug neun Stunden später. Seit dem Abflug in Hawaii waren wir bereits wieder 33 Stunden unterwegs. Der Funkerkorporal der Schweizer Delegation in Panmunjom, Ernst Dinkel, holte uns auf dem Flugplatz ab und brachte uns am frühen Morgen (um 05:30 Uhr) in das Dai-ichi-Hotel, ein gutes Mittelklassehotel in der Nähe des bekannten Einkaufsviertels Ginza. Leider stellte sich heraus, dass wegen unserer stark verspäteten Ankunft die Zimmer nicht mehr reserviert und erst um neun Uhr wieder verfügbar waren. So blieb mir nichts anderes übrig, als mich im Zimmer von Dinkel zu rasieren und anschließend mit den Frühaufstehern des Hotels direkt zum Frühstück zu gehen, wo ich von einer netten Japanerin zuvorkommend bedient wurde; es war nun offenkundig, ich befand mich in einer andern Welt, im für mich unbekannten Fernen Osten.

Allerdings hatte ich mir Japan viel exotischer, gewissermaßen à la „Suzie Wong" vorgestellt. Dass diese für mich damals als geheimnisvoll-romantisch empfundene Liebesgeschichte im Film „The World of Suzie Wong" (1961) mit William Holden und Nancy Kwan in den Hauptrollen in Hongkong und nicht in Tokio gedreht wurde, spielte gar keine Rolle, da ich von beiden Städten keine Ahnung hatte. Asien war einfach Asien: Kleine asiatische Menschen mit Schlitzaugen und einer winzigen Nase sowie einer fremden Sprache und Schrift, die in Ländern mit großer Armut wohnten; dazu kamen unverständliche und andersartige Bräuche und Sitten. Tatsächlich waren damals alle diese Länder – mit Ausnahme von Japan – weltpolitisch und -wirtschaftlich von nur geringer Bedeutung. Amerika zusammen mit Westeuropa und die Sowjetunion dominierten die Welt, der Rest war höchstens als Einflusssphäre der beiden Blöcke wichtig. Die beiden bevölkerungsreichsten Länder der Welt, China und Indien, galten damals als unbedeutende, sehr arme Entwicklungsländer, in die keine Investitionen flossen. Im Geschichtsunterricht der Schule hörten wir wenig bis nichts über die Hochkulturen und die frühere Macht Chinas, Indiens oder Japans. Es ist deshalb verständlich, dass über asiatische Länder in der breiten Bevölkerung des Westens nur wenig bis fast gar nichts bekannt war.

Was wir in Wirklichkeit in Japan vorfanden, war ein hervorragend organisiertes, modernes Industrieland. Kein Wunder, konnte am Vorabend der Olympischen Sommerspiele 1964 der japanische Premierminister, Hayato Ikeda, stolz erklären: „With the 19 postwar years of rapid growth, Japan's national income is approaching the Western European level; we are attempting to do in 20 postwar years what we were unable to do in the 80 years before the war".

Nach dem Frühstück im Dai-ichi-Hotel unternahm ich mit Fk. Kpl. Dinkel eine Stadtrundfahrt durch die von Menschen überfüllte Riesenstadt. Alles war sehr sauber, die meisten Japaner gut gekleidet; die Geschäftsleute trugen alle fast einheitlich aussehende, dunkle Business-Anzüge mit dazugehörendem weißem Hemd, aber im Gegensatz zum damaligen Amerika keine Hüte. Viele der Hochhäuser waren hochmodern und konnten sich schon äußerlich mit denen von New York messen.

Die Untergrundbahn von Tokio war ein Erlebnis der besonderen Art. In den Stoßzeiten wimmelt es nur so von Hunderttausenden von Passagieren. Ein nach unserer Auffassung total überfüllter Zugwagen ist für Japaner in den Stoßzeiten noch halb leer. Es werden immer mehr Leute in den überfüllten Zug gestopft, bis man kaum mehr atmen kann. Zuletzt werden noch einige Passagiere von Bahnbeamten mit den Armen in den Zug hineingepresst und erst dann schließen die Türen. Wir lernten rasch, die Untergrundbahn nicht in den Stoßzeiten zu benützen. Die meisten Stationen waren nur mit japanischen Schriftzeichen ausgewiesen. In unserem kleinen Stadtplan waren sie zum Glück in Japanisch und Englisch angegeben. So konnten wir die einzelnen Metrostationen mit den japanischen Schriftzeichen vergleichen, wobei wir diese jeweils abzählen mussten. Erstaunlicherweise waren wir am Schluss dort, wo wir tatsächlich hingehen wollten.

Über den Mittag konnte ich mich dann endlich zwei Stunden auf dem Bett im Hotelzimmer ausruhen, um anschließend einen Ausflug zu Fuß in die in der Nähe des Hotels gelegene „Ginza" – ein als Hauptgeschäfts- und Vergnügungsviertel bis heute bekannter Stadtteil von Tokio – zu unternehmen. Die Ginza war einer der ersten Teile dieser Riesenstadt, welche der Bucht von Tokio, also dem Meer, abgerungen wurde. Nachdem die Ginza 1872 vollständig niedergebrannt war, wurde sie von einem britischen Architekten und einem britischen Ingenieur komplett neu aufgebaut und erweitert. Nach dem Vorbild von Paris und London entstand so die erste Flaniermeile in Japan. Heute ist der Name „Ginza" gleichbedeutender Ausdruck für „Einkaufsstraße" geworden, so gibt es nun in ganz Japan Ginzas.

Wir waren vor allem von den in den Verkaufsläden ausgestellten, preislich sehr günstigen, modernsten Foto- und Filmkameras beeindruckt.

An der Ginza fielen uns sofort zwei gläserne und fast durchsichtige Türme mit circa sechzehn Stockwerken auf, die wir uns von oben bis unten genau anschauten und die ähnlich wie das bekannte Guggenheim-Museum in New York ohne Treppen konstruiert waren, sodass man sich von oben bis unten in einer Art Schlaufe bewegen konnte. Meiner kleinen achtjährigen Schwester sandte ich eine Postkarte nach Bern mit der Aufschrift „The night view of Mitsubishi Electrical Sky Ring" und schrieb: „Im 6. Stock dieses Glasturmes habe ich heute ‚Zmittag' gegessen. Der oberste Teil des Turmes ist jetzt rot, das heißt, das Wetter wird morgen bewölkt sein. Wenn der obere Teil des Turmes blau beleuchtet ist, dann wird es am andern Tag regnen, und wenn der Turm weiß ist, dann gibt es schönes Wetter. Ich werde Dir einen solchen Turm zum Ausschneiden und Zusammenkleben sofort schicken." Die Dekoration der ausgestellten Verkaufsgegenstände war weitgehend der bevorstehenden (August 1964), in Tokio stattfindenden Sommerolympiade gewidmet. Eine nette Verkäuferin mit einem Pagenhaarschnitt erklärte mir in stark gebrochenem Englisch, dass sie sich als Hostess an der Olympiade beworben habe und deshalb jede Gelegenheit ausnütze, um ihr Englisch zu verbessern. Ich sah meine Chance gekommen und lud sie sogleich zum Nachtessen ein; dabei fragte Mariko mich, ob sie noch eine Kollegin mitnehmen dürfe. Pünktlich um achtzehn Uhr standen Major Christen und ich in unseren Uniformen stramm am Ausgang des Glasturms, wobei Albert Christen der Sache nicht recht traute und einfach gute Miene zu meinem bösen Spiel machte. Es strömten Hunderte von jungen, klein gewachsenen Japanerinnen (die japanische Bevölkerung ist heute infolge der mehr proteinhaltigen Ernährung im Durchschnitt viele Zentimeter gewachsen) an uns vorbei und alle schienen mir genau gleich auszusehen, gleich angezogen und alle hatten eine Pagenfrisur (kurze Fransen über der Stirn und hinten und auf der Seite die Haare glatt und kurz geschnitten).

Die Spannung stieg fast ins Unermessliche. Um 18:10 Uhr dämmerte es mir, dass ich mich bei Albert Christen wahrscheinlich blamieren würde und meine Hochangeberei mit dem Ausführen einer jungen Japanerin am Tag der Ankunft in Tokio nicht stattfinden würde. Plötzlich standen aber die beiden ganz jungen Damen vor uns und lächelten verschmitzt, dabei – wie in Japan üblich – beim Lachen den Kopf etwas zur Seite neigend und die Hand vor den Mund haltend. Wir führten die beiden Japanerinnen in ein nahe gelegenes deutsches Restaurant zum Nachtessen. Sie waren nicht an deutsches Essen gewöhnt, freuten sich aber offensichtlich, mit zwei Ausländern in einem feinen, für sie exotischen Restaurant zu tafeln und dabei ihre wenigen Englischkenntnisse anwenden zu können. Punkt neun Uhr standen unsere beiden charmanten Gäste unverhofft auf – für unsere Verhältnisse fast abrupt –, verabschiedeten sich mit einer tiefen Verbeugung und verschwanden im nächtlichen Gewimmel der Fußgänger. Erst Jahre später fand ich heraus, dass die durchschnittliche Fahrt vom Arbeitsplatz nach Hause in Tokio mindestens zwei Stunden dauert (für reiche Japaner nur eine Stunde, da sie in einer teureren, näher dem Zentrum gelegenen Gegend wohnen) und die Japaner normalerweise nach dem Essen – sobald sich der wichtigste Gast erhebt –, wie von Geisterhand gesteuert, alle fast gleichzeitig aufstehen und nach einer Verbeugung ohne große Abschiedsszene einfach verschwinden.

„Tokyo by night" war sehenswert: Abends erwachte die Zehn-Millionen-Stadt zu einem fast unheimlich lebendigen und fröhlichen Menschengewimmel. Die Lichtreklamen bewegten sich wie in Manhattan und wechselten fortwährend das Bild. Bogen wir als Fußgänger von der Ginza in Nebenstraßen ab, dann erlebten wir ein ruhigeres und romantischeres Nachtleben Tokios. Schön beleuchtete und beschriftete Lampions hingen von kleinen Teehäusern und Bars.

Wie im berühmten lyrischen Song von Louis Armstrong summte ich für mich „What a wonderful world".

Am Morgen des vierten Tages nach unserer Ankunft und den ersten Erfahrungen im Umgang mit Japanern und sogar Japanerinnen verließen wir Tokio auf der Tachikawa Air Force Base, etwa eineinhalb Stunden außerhalb des Zentrums. Wir befanden uns in einem Flugzeug der U.S. Air Force, einer viermotorigen Propellermaschine, und zwar einer „Super Constellation". Die Maschine hob erst auf den allerletzten Metern von der Piste ab und schraubte sich nur langsam in die Höhe. Auf der rechten Seite zeigte sich der zuoberst leicht verschneite Mount Fuji in majestätischer Größe. Dies war eindrücklich, da sich die Propellermaschine immer noch im Steigflug befand, konnten wir den Fuji auf zwei Dritteln seiner Höhe sehen, was mit einem Jet nicht möglich gewesen wäre, da dieser viel schneller an Höhe gewinnt. Der Fujiyama (Berg Fuji) mit seinem 3'776 Meter hohen Gipfel ist der höchste, der heiligste (im Shintoismus) und der schönste Berg Japans. Es ist schwierig für Ausländer zu verstehen, wie ein Berg, der vor allem wegen seines symmetrischen Vulkankegels bewundert wird, das Symbol einer Nation sein kann. Der Krater hat einen Durchmesser von mehr als einem halben Kilometer und ist 250 Meter tief. Das Wort Fuji, das möglicherweise einen Feuergott bezeichnet, ist nicht japanischen Ursprungs, es stammt aus der Sprache der Ainus, jener Ureinwohner des Archipels, die von den Japanern fast ausgerottet worden wären. Bis zur Meijizeit war der Zugang zum Berggipfel für Frauen verboten. Heutzutage gehört der Fuji zu den beliebtesten Touristenzielen in Japan.

Um mit alten Maschinen keine unnötigen Risiken einzugehen, wurde für die MATS-Maschinen ein Kurs gewählt, der von Tokio aus die ganze japanische Hauptinsel überflog (es hatte dort mehrere amerikanische Flugplätze, die im Notfall jederzeit eine Landung ermöglicht hätten) bis hinunter auf die japanische Insel Kyushu. Von dort überquerte das Flugzeug – stark auf und ab schwankend – an der engsten Stelle zwischen Japan und Korea das Meer. Schlussendlich landeten wir nach dreieinhalb Stunden Flug auf der U. S. Airforce Base von Seoul. Dieser Flugplatz war gleichzeitig der zivile Flughafen, wobei zu jener Zeit der zivile Flugverkehr eher gering war und die militärischen Flugbewegungen überwogen.

Ankunft in Korea

Der Flugplatz Kimpo (Air Force Base), im Westen von Seoul gelegen, sah mehr als ärmlich aus: Hangars mit zerbrochenen Fensterscheiben, ein Kontrollturm in Form einer Baracke, die auf einer Holzplattform über einem zerschossenen Gebäude errichtet war. Das primitive Empfangsgebäude befand sich in einer besseren Baracke. Wer den 2001 völlig neu gebauten und stark vergrößerten Inchon International Airport kennt, kann sich den provinziellen und verschlafenen Flugplatz von 1964 nicht mehr vorstellen. Dabei darf man nicht vergessen, dass es nur gute zehn Jahre her war, seit der grausame Koreakrieg 1953 zu Ende gegangen war. Deshalb sah man das Land noch voller Kriegsnarben.

Auf der andern Seite des Empfangsgebäudes wurden wir von einem strammen, um nicht zu sagen zackigen Leutnant, Fred Schreier, dem Verbindungsoffizier der Schweizer Delegation, abgeholt. Es schien, dass dieser Mann alles im Griff hatte, jedenfalls klappte alles vorzüglich. Mit einer grünen Limousine der amerikanischen Armee und einem bewaffneten Militärpolizisten (MP) als Chauffeur fuhren wir zuerst durch das ärmlich wirkende und mit vielen unbekannten Gerüchen versehene Seoul, wobei sich der Verkehr in Grenzen hielt; wir sahen Busse und Trams, die noch aus der Zeit der japanischen Besetzung stammten. Was sofort auffiel, waren die vielen „Kulis", die hoch beladene Handwagen hinter sich herzogen, beziehungsweise schleppten oder vorwärtsschoben, sowie viele ärmlich angezogene Leute mit schwer beladenen Fahrrädern. Die Hauptstraßen im westlich angehauchten Einkaufsviertel rund um das Bando Hotel, die US-Embassy und das Old Chosun Hotel (mit der Pagode im Park) waren immerhin geteert. Die Straße in Richtung Norden nach dem North Gate war eine Zeit lang noch asphaltiert. Nach circa drei Viertelstunden befanden wir uns auf einer schmalen, nicht asphaltierten, sehr staubigen und holprigen Piste. Die Dörfer und Siedlungen mit ihren primitiven Strohhäusern am Straßenrand wurden mit der Zeit immer ärmlicher. Das Familienleben spielte sich meist auf dem Vorplatz ab. Frauen zogen in Reihen den Feldern entlang, anmutig auf dem Kopf einen Tontopf oder eine Blechschüssel tragend. Die Kleidung war nun weiß, koreanisch. Ein zweirädriger Ochsenkarren, mit Stroh beladen, kreuzte die Straße. Wir sahen mehr und mehr Militärcamps und immer weniger Dörfer.

Nach dem Überqueren der gut bewachten Stahlbrücke über den Imjin River befanden wir uns im militärischen Sperrgebiet und es ging circa fünfzehn Kilometer weiter nordwärts in Richtung demilitarisierte Zone auf einer staubigen, mit Schlaglöchern übersäten schmalen Straße. Wir mussten mehrere militärische Kontrollen passieren, was aber mit der amerikanischen Militärlimousine und einem MP-Fahrer kein Problem war. Nach einer elend lang erscheinenden Holperfahrt erreichten wir das „Advanced Camp" der Amerikaner (das vor Panmunjom nördlichste Camp der militärischen Zone) und kurz darauf passierten wir einen über der schmalen Straße befestigten Bogen mit der Aufschrift „Southern Boundary of Demilitarized Zone". Nun befand ich mich zum ersten Mal in der entmilitarisierten Zone und auf dem Weg zum zwei Kilometer entfernten Swiss Camp. Als wir nach der langen Reise endlich im Schweizer Camp heil ankamen und ich die Schweizer Fahne über dem Camp flattern sah, empfand ich eine große Erleichterung, die dreizehn Tage dauernde Reise hinter mir zu haben, und gleichzeitig Neugierde auf den Neuanfang in einem unbekannten Land mit noch unklarer Funktion.

Damit der Leser nicht denkt, ich hätte in meiner Beschreibung des damals armseligen ersten Eindrucks von Seoul und dessen Umgebung übertrieben, zitiere ich aus Fodor's Guide to Japan and East Asia, 1963:

Once a beauty-mark on the Korean thumb, Seoul today is mostly an ugly wart. Twice captured, twice liberated, this city saw cumulative weeks of vicious fighting street by street in the Korean War. From this mass destruction it has not yet wholly recovered. This one-time walled city adjacent to the Han, the „River of Golden Sand" as ancients termed it, was once the pleasure-dome of concubine-crazed Koreans monarchs. Few cities can match it, historically, for maladministration, dark deeds, and bloodshed. It rises from a broad valley, ringed by sharp, very barren peaks, dominated by the San-Kak-San, a three-tiered range called the „Rooster's Comb" ... A depressing highway flanked

Koreanische Frau unterwegs mit ihrer Ware

Markt etwas außerhalb von Seoul

by dusty plane trees, bordered by cheerless two- and three -story buildings gray as the color of rain, is split by a tramline up which bump forlorn old trolleys, relics of the Japanese occupation ... Kimchi, the national dish, is a wet fiery mash of cabbage, leeks, and turnips, treated with red pepper, ginger, and salt, with flakes of fish and shellfish folded in. Everywhere it ferments in vast brown earthenware vats in the dark, issuing like some stinking genii past lids held down by rocks. Kimchi, the visitor will find, is on every Korean breath ... Unless you have a brasslined stomach and a throat of asbestos, you should avoid Korean style food and stick to the hotel restaurant ...

Aufgrund der abschreckenden Beschreibung der Stadt Seoul und des koreanischen Essens in Fodor's Guide von 1963 war es eigentlich verständlich, dass der Tourismus in Korea damals noch völlig in den Kinderschuhen steckte.

Das Swiss Camp

Im Swiss Camp wurde ich von allen schweizerischen Delegationsmitgliedern im außen rot angestrichenen, inwendig gemütlichen Swiss Club freundlich empfangen und den Mitgliedern der Delegation vorgestellt. Der Club war eigentlich auch nichts anderes als eine einfache amerikanische Militärbaracke aus Wellblech – wie alle Unterkünfte im Camp –, jedoch ausgerüstet mit Fernsehapparat, Plattenspieler, Büchern, drei Wochen alten Schweizer Zeitungen, einer Bar und einem Cheminée. Danach erhielt ich in unmittelbarer Nähe in einer anderen Baracke mein Zimmer zugewiesen. In dieser Schlafbaracke (BOQ) waren außer dem Delegationsleiter und seinem Stellvertreter alle übrigen sieben Mitglieder untergebracht. Mein Zimmer war ein Frontzimmer wie auch dasjenige auf der andern Frontseite der Baracke, nämlich jenes von Chief Warrant Officer (CWO) Paul Oberli, dem langjährigen und bewährten Küchenchef und Leiter der Zivilangestellten, deshalb ein wenig größer als die übrigen Zimmer; es enthielt – wie alle Zimmer – einen Einbau-Wandschrank für die Kleider und eine Waschgelegenheit mit fließend warmem und kaltem Wasser sowie einen Rasierstecker. Die Möblierung bestand aus Standardmöbeln der U.-S.-Streitkräfte. Dusche und Toilette waren für alle gemeinsam. Anschließend an den Zimmerbezug konnte ich mein ganz in der Nähe gelegenes Büro mit Schreibmaschine und Kassenschrank besichtigen. Das Schweizer Camp befand sich in einer Art Wäldchen in leicht hügeligem Gelände. Der Delegationsleiter und sein Stellvertreter hatten ihre Unterkünfte auf einer der kleinen Anhöhen. Die beiden bewohnten zusammen eine ganze Baracke, die sogenannte „Wellblech-Villa". Jeder der beiden Chefs hatte neben einem Schlafraum noch ein eigenes Wohnzimmer (living-room). Auf dem allerhöchsten Punkt des Geländes befand sich der Wassertank, der mehrmals pro Woche von amerikanischen Tanklastwagen aufgefüllt werden musste. Die Kantine und die Generalsmesse wurden von den Schweizern und Schweden gemeinsam geführt.

Die demilitarisierte Zone (DMZ), welche insgesamt 4 Kilometer breit ist, wird im nördlichen Teil (2 Kilometer breit) von nordkoreanischen Patrouillen und im südlichen Teil (2 Kilometer breit) von südkoreanischen und amerikanischen Patrouillen bewacht. Die knapp 250 Kilometer lange Demarkationslinie quer über die Halbinsel gilt heute als die bestbewachte Grenze der Welt. Unmittelbar hinter der demilitarisierten Zone befindet sich sowohl im Norden als auch im Süden ein 15 bis 20 Kilometer breites militärisches Sperrgebiet, das von großen und schwer bewaffneten Truppenverbänden kontrolliert wird. Die ganze Halbinsel Korea hat in etwa die Ausmaße wie Großbritannien. Nach einer UN-Schätzung leben in Nordkorea auf einer Fläche, die etwas mehr als einem Drittel der Bundesrepublik Deutschland entspricht, ungefähr 23 Millionen Menschen. In der südlich der Demarkationslinie liegenden Republik Korea leben – obschon Südkorea wesentlich kleiner ist – mehr als doppelt so viele Menschen wie im Norden: 49 Millionen waren es im Jahr 2007. Die demilitarisierte Zone am 38. Breitengrad bietet mit ihren über 90'000 Hektar Land der Natur der koreanischen Halbinsel die vielleicht letzte Zufluchtsstätte. Viele seltene Pflanzen- und Tierarten, wie etwa der Mandschurische Kranich, haben hier ein ungestörtes Refugium gefunden.

Das schwedische und schweizerische Camp liegt circa 300 Meter südlich der Joint Security Area (JSA), die sich genau in der Mitte der 4 Kilometer breiten Zone befindet. Diese Zone unbewohntes Niemandsland zieht sich quer durch ganz Korea hindurch. Einzig die Joint Security Area ist wie eine Art kleine Insel inmitten der DMZ, welche von beiden ehemaligen Kriegsparteien benutzt wird, und hier verläuft die Grenze zwischen Nord- und Südkorea genau durch die Mitte der JSA. Sie geht sogar mitten durch die Konferenzgebäude. Die Mitglieder der Neutral Nations Supervisory Commission (NNSC) und diejenigen der Military Armistice Commission (MAC), aber auch die amerikanischen, südkoreanischen, nordkoreanischen und chinesischen Wachen durften sich damals auf diesen beiden Seiten innerhalb der JSA frei bewegen.

Von Zürich aus kann man heute relativ kostengünstig in einem Jumbo nach nur dreizehn Stunden Flugzeit über Osteuropa, Russland und China auf dem ganz modernen Inchon International Airport landen. Und bald befindet man sich dann auch schon in Seoul, einer heute schönen und modernen Stadt. Das Flugerlebnis ist allerdings kein eigentliches Erlebnis mehr und der Kick, der uns damals lebendig erhielt und den Puls höherschlagen ließ, erlebt der Passagier heute nur noch virtuell bei einem aufregenden Film auf dem Bildschirm der Rückenlehne des vorderen Sitzes. Dagegen dauerte die von mir beschriebene, spannende, aber manchmal auch mühsame Reise mit den im Vergleich zu heute ziemlich kleinen Jets und den nicht sehr hoch fliegenden Propellerflugzeugen – zuerst über den Atlantik nach Amerika und dann über den nicht enden wollenden Pazifik – fast zwei Wochen. Was wir in dieser Zeit bei den aufregenden Zwischenhalten alles erlebten, war einfach einmalig und schlicht großartig. Es war der Beginn einer abenteuerlichen und einmaligen Erlebnisdichte; heute nur noch Erinnerung an etwas Einmaliges, welche uns aber niemand mehr nehmen kann.

Das gespannte Verhältnis zwischen Korea und Japan

Bevor ich das abenteuerliche Leben von 1964 am 38. Breitengrad in Korea beschreibe, scheint es mir wichtig zu sein, das über Jahrhunderte oftmals äußerst schwierige Verhältnis zwischen den beiden Nationen kurz darzustellen, da wir 1964 immer noch ein Nachbeben dieser gespannten Zeiten in Form von politischen Machtwechseln und vielen kämpferischen Studentendemonstrationen durchlebten.

Seit über 400 Jahren bestand zwischen den beiden Ländern eine Feindschaft; damals machte sich der japanische Admiral Toyotomi Hideyoshi auf, China zu erobern, und auf dem Weg dorthin hatte er sich vorgenommen, auch noch Korea zu unterwerfen, gewissermaßen als Basis und Sprungbrett für die vorgesehene nächste große Eroberung. Deshalb fiel im Jahr 1552 ein Heer von 150'000 gut ausgerüsteten Japanern in Korea ein; es wurde wie wild geplündert, vergewaltigt und getötet. Paläste und Tempel wurden bis auf die Grundmauern niedergebrannt, und wertvolle Kunstgegenstände wurden zerstört oder gestohlen. Die damals berühmten Keramik-Töpfer wurden mitsamt der gesamten Dorfbevölkerung nach Japan verfrachtet. Ebenso wurden Tausende von abgeschnittenen Ohren von toten Koreanern nach Japan gebracht. Diese wurden dort auf einen Haufen geschüttet und mit viel Erde überdeckt wie bei einem Grabhügel – und bis in die heutige Zeit als Denkmal an diesen Krieg erhalten. Glücklicherweise gelang es dem koreanischen Admiral Yi Sun-sin, in einigen brillanten Seeschlachten die Oberhand zu gewinnen. Er benützte dabei erfolgreich eine völlig neue Schiffstechnologie, mit Eisen gepanzerte Kriegsschiffe, genannt „geobukseon" (Schildkrötenschiffe). Diese Boote wurden erstmals in einem Bericht von 1413, und zwar zu Zeiten des Herrschers Taejong, erwähnt. Sie waren die koreanischen Kriegsschiffe jener Epoche. Dieser Schiffstyp wurde dann von Admiral Yi Sun Shin vor und nach dem siebenjährigen Krieg zwischen Korea und Japan (1592–1598) effektiv zu einer schlagkräftigen Waffe weiterentwickelt. Die Boote sahen nicht nur wie eine Schildkröte aus, sie hatten wie dieses Tier ein gepanzertes Deck.

Obwohl das Schiff relativ schwer war, hatte man bei der Konstruktion auch auf die Geschwindigkeit geachtet. Das Boot wurde gesegelt und im Kampf oder bei einer Flaute mit 20 Rudern betrieben. Es verfügte über elf Kanonen auf jeder Seite und eine am Bug des Schiffes. Ebenso waren 11,7-Zentimeter-Geschütze dabei, welche Kugeln 600 Meter weit schießen konnten. Kleinere Kanonen mit einer Reichweite von 200 bis 300 Metern schossen Feuerpfeile ab. Das waren Pfeile mit einem mit Schießpulver gefüllten Sack beziehungsweise Pfeile, die in Schießpulver getaucht waren. Das Zwischendeck war für die Ruderer, das Oberdeck für die Kanonen und Kämpfer. Die Galionsfigur am Heck bestand aus einem Drachen und verbarg in sich weitere vier Kanonen; dabei konnte aus dem Drachen noch eine Rauchwolke hochsteigen, welche abschreckend zur psychologischen Kriegsführung eingesetzt wurde. Das von der Besatzung abgeriegelte Dach des Schiffes bestand aus dicken Planken und großen eisernen Stacheln. Diese Stacheln sollten verhindern, dass das Schiff vom Feind gekapert werden konnte. Die japanischen Schiffe waren nämlich höher als die Schildkrötenschiffe, und falls japanische Krieger versuchen sollten, vom höheren japanischen Schiff hinunterzuspringen, riskierte der Feind, aufgespießt zu werden.

Das Hauptquartier von Admiral Yi befand sich in der Hafenstadt Yosu, wo auch die Boote gebaut wurden. Die ersten dieser neuartigen Kriegsschiffe waren gerade zwei Tage vor der Landung der Japaner in Pusan fertiggestellt worden. Obwohl die Japaner Seoul in fünfzehn Tagen erreichten und besetzt hielten, begann Admiral Yi Sun Shin zu kämpfen. Es sei noch angemerkt, dass zur Entlastung der Koreaner auch Truppen der Ming-Dynastie aus China zu Hilfe kamen. Schlussendlich waren 1598 die Japaner gezwungen, den Rückzug aus Korea anzutreten. Erst im Jahr 2002 hatte ich – im Rahmen einer von der Schweizerischen Korea-Vereinigung organisierten Reise – Gelegenheit, ganz im Süden von Korea in einem Hafen ein dem Original nachgebautes Schildkrötenschiff (turtle ship) zu besichtigen.

Die japanischen Ambitionen, in Korea die Macht zu ergreifen, kamen 300 Jahre später wieder auf, und zwar am Ende des 19. Jahrhunderts. Japan war zur ersten modernen Großmacht in Asien aufgestiegen. Japans Kaiserreich erklärte China den Krieg und gewann diesen 1895. Nach einer kriegerischen Rivalität um Korea mit Russland gewann Japan den Krieg zur See und auf dem Land. Die ganze Welt war erstaunt, dass ein „gelbes" Land eine „weiße" Großmacht besiegen konnte. Schritt für Schritt baute Japan seine Autorität in Korea aus. Am 22. August 1910 erreichte dieser Prozess seinen vorläufigen Höhepunkt: Japan, das „Reich der aufgehenden Sonne", erklärte das benachbarte Korea, das „Land der Morgenstille", zu seiner Kolonie.

Der erste Paragraf des sogenannten „Japan-Korea-Zusammenführungsvertrags" lautete: „Der König von Korea, Sun Zong, übergibt die gesamte Herrschaft vollständig und für immer dem japanischen Kaiser." Die Annexion Koreas bedeutete einen wichtigen Meilenstein auf dem Weg der japanischen Expansionspolitik, die seit der Meiji-Restauration von 1868 zu einer nationalen Aufgabe geworden war (Neue Zürcher Zeitung vom 28.8.2010).

Es gab Veränderungen bei den koreanischen „yangban"-Beamten der Choson-Dynastie (es handelte sich dabei um Regierungsbeamte, die das für den öffentlichen Dienst geforderte schwierige Examen gemacht hatten und deshalb über geprüfte Kenntnisse der konfuzianischen klassischen Lehre verfügten). Sie waren das Gegenstück zu den chinesischen Mandarinen und standen den Technikern und Administratoren vor. Die koreanischen „yangban" wurden durch japanische Beamte ersetzt. Die klassische konfuzianische Erziehung wurde durch eine moderne Ausbildung verdrängt. Den Koreanern wurde befohlen, ihre Namen zu ändern, und es war verboten, die koreanische Sprache zu sprechen. Millionen von Koreanern mussten in der Mandschurei für die Japaner in den Krieg, wo sie häufig als Kanonenfutter eingesetzt wurden. Im Jahr 1940 besaßen die Japaner 40 Prozent des koreanischen Landes und 700'000 Japaner lebten und arbeiteten in Korea. Systematisch versuchten die Japaner, den Koreanern das Gefühl für ihre nationale Identität zu zerstören.

Im Feuilleton der Neuen Zürcher Zeitung (25. 1. 2010) wurde über den koreanischen Lyriker Kim Shi Jong geschrieben, dass dieser wegen seiner in rauem Japanisch geschriebenen Gedichte bekannt und in Japan hoch angesehen sei. Mit dem Erlernen des Japanischen hatten die Autoren dieser Generation die eigene Muttersprache verloren. Viele Koreaner mussten nach der Befreiung 1945 erst mühsam

Koreanisch lesen und schreiben lernen. Geboren 1929, wuchs Kim Shi Jong auf der Insel Cheju im kolonialisierten Japan auf. Seit 1948 lebt er als Lyriker in Japan. Die koreanische Sprache, die gesprochene und die geschriebene, wurde wie alles Koreanische als etwas Primitives gebrandmarkt und 1938 ganz verboten.

Die japanische Besetzung dauerte bis zum 15. August 1945. Doch die vergangenen 35 Jahre hatten große Änderungen ins Land gebracht. Eine gesunde Währung wurde eingeführt, Bahn- und Hafenanlagen entstanden, Elektrizitätswerke schossen aus dem Boden und der Außenhandel kam in Schwung. Auf der andern Seite wurde das Land jedoch systematisch ausgebeutet und die technischen Verbesserungen stellten nur ein Mittel zum Zweck dar. Nur viel zu gut war 1964 den älteren Koreanern in Erinnerung geblieben, wie alljährlich im Herbst in Inchon die japanischen Getreideschiffe anlegten, um die Reisernte des Landes aufzunehmen, während die Einheimischen im strengen koreanischen Winter hungerten und sich mit Fisch, Baumrinde, getrockneten Heuschrecken und Gras begnügen mussten.

Ein besonders trauriges Kapitel der Unterdrückung und Ausnützung der Koreaner durch die japanischen Besetzer war die Tatsache, dass zwischen 100'000 und 200'000 junge koreanische Mädchen und nicht verheiratete Frauen von der japanischen Armee in der Zeit der Invasion der Mandschurei von 1931 bis zur Kapitulation im Jahr 1945 als Trostfrauen oder „comfort women" (Wuianbu auf Koreanisch und Ianfu auf Japanisch) benützt wurden, das heißt, sie wurden in Kriegslager verschleppt und dort zum Sex mit japanischen Soldaten gezwungen. Die Mehrheit dieser jungen Frauen stammte aus unteren sozialen Schichten, daneben wurden ältere japanische Prostituierte und junge Frauen aus Taiwan (ebenfalls aus unteren sozialen Schichten) zwangsmäßig rekrutiert. In diesem Zusammenhang sei die Bemerkung erlaubt, dass das „rest & recuperation program for U.S. soldiers" während des Vietnamkrieges ein Beispiel aus jüngerer Zeit dafür ist, dass sich eine staatliche Institution um die physischen Bedürfnisse der Militärs kümmert.

Dank der umsichtigen und milden Behandlung der besiegten Japaner durch die Amerikaner nach der japanischen Kapitulation 1945 fing Japan bereits in den frühen Fünfzigerjahren an, wirtschaftlich rasch zu wachsen. Südkorea hingegen begann erst in der Mitte der Sechzigerjahre mit seiner richtigen Entwicklung. Heute sind beide bedeutende Industrienationen, die in wirtschaftlicher Konkurrenz zueinander stehen, unter anderem bei der Herstellung der besten Schiffe, Autos, Stahlprodukte, Computerchips und Mobiltelefone.

Der Koreakrieg (1950 bis 1953)

„Der vergessene Krieg", so wird der Koreakrieg gerne von Historikern bezeichnet. Quasi im Schatten von Weltkriegen, Vietnamkrieg und später Irak- und Afghanistankrieg stößt er außerhalb von Fachkreisen heute auf wenig Interesse.

Zum besseren Verständnis der Entstehungsgeschichte der Schweizerischen Überwachungskommission in Korea (NNSC) ist eine kurze Darstellung dieses grausamen Krieges und seiner Vorgeschichte von großer Bedeutung. Die schwerwiegenden Folgen belasten bis in die heutige Zeit immer wieder und in fast beängstigender Form das Verhältnis der freien Welt zu Nordkorea.

Nach dem Russisch-Japanischen Krieg von 1905 fasste Japan in Korea Fuß und annektierte das Land schließlich im Jahr 1910. Einen Monat nach dem Abwurf der Atombomben auf Hiroshima und Nagasaki kapitulierte am 14. August 1945 das einst mit Deutschland verbündete Japan. Nach dieser Kapitulation wurde Korea unter den Siegermächten des Zweiten Weltkrieges aufgeteilt. Während der Konferenz in Potsdam im Sommer 1945 waren Truman und Stalin übereingekommen, dass die Übergabe der japanischen Armee nördlich des 38. Breitengrades an die Russen und südlich davon an die Amerikaner erfolgen sollte. Die Truppen der Sowjetunion, die sich erst seit dem 8. August 1945 mit Japan im Krieg befanden, marschierten bezeichnenderweise schon zwei Tage später in Nordkorea ein, während die Amerikaner erst am 8. September eintrafen. Zu diesem Zeitpunkt war aber die Grenze entlang dem 38. Breitengrad bereits von Truppen der Sowjetunion besetzt und hermetisch abgeriegelt. Das südliche Gebiet wurde von den USA okkupiert. Die Alliierten hatten auf der Konferenz von Jalta beschlossen, dass Korea ein vereinigtes, unabhängiges Land unter einer gewählten Regierung werden sollte, legten jedoch keine Details fest. Mit der Bildung einer amerikanisch-russischen Kommission wurde im Dezember 1945 versucht, eine provisorische Regierung für ganz Korea zu errichten, was jedoch schon bei der Regelung des Verfahrens kläglich scheiterte. Nachdem sich erste Anzeichen des bevorstehenden Kalten Kriegs abzeichneten, wollten beide Seiten diesen Beschluss nicht mehr ausführen. Der 38. Breitengrad wurde zur Demarkationslinie.

Die UNO übernahm am 14. November 1947 das Mandat für die Wiedervereinigung. Die USA führten am 10. Mai 1948 unter der Aufsicht der UNO Wahlen durch, mangels Kooperation der Sowjetunion aber nur im Süden. Aus diesen von Beobachtern als unfair oder gefälscht bezeichneten Wahlen ging dann der nach 35 Jahren aus dem Exil in den USA zurückgekehrte Syngman Rhee als Sieger hervor (der damals bereits siebzigjährige Rhee mit amerikanischem Pass hatte einen Abschluss von Harvard und einen PhD von Princeton). Dieser übernahm die Regierungsgeschäfte von den USA am 13. August 1948 und rief am 15. August die Republik Korea aus. Als Reaktion proklamierte der von den Sowjets geförderte Kim Il-Sung am 9. September 1948 die Demokratische Volksrepublik Korea. Kim Il-Sung galt nach westlichen Maßstäben als Diktator. Auch der proamerikanische Syngman Rhee zeigte eindeutig autokratische Tendenzen.

Im September 1948 erklärte die Regierung der Sowjetunion, dass ihre Truppen Korea Ende Dezember verlassen würden. Im Juni 1949 wurde seitens des Südens bestätigt, dass sich amerikanische Truppen ebenfalls zurückgezogen hätten. Unter der Leitung der Sowjetunion wurde der Aufbau des Landes vorangetrieben und es wurde eine äußerst schlagkräftige, mit schwerem russischem Material ausgerüstete Armee aufgestellt. Bereits anfangs 1949 versuchte Kim Il-Sung Stalin zu überzeugen, dass die Zeit für eine konventionelle Invasion des Südens gekommen sei. Stalin lehnte jedoch ab, da die nordkoreanischen Truppen noch recht schlecht ausgebildet waren und er die Reaktion der Amerikaner fürchtete. Im Laufe des Jahres war die nordkoreanische Armee zu einer offensiven Organisation nach dem Vorbild der Sowjetunion ausgerüstet worden und Nordkorea war 1950 dem Süden in jeder Waffengattung deutlich überlegen.

Am 12. Januar 1950 erklärte Dean Acheson, der Außenminister der USA, vor dem National Press Club, dass Amerikas Verteidigungslinie von den Aleuten über Japan, den Ryukyu-Inseln bis zu den Philippinen führen würde. Mit diesem „defensive perimeter" sagte er indirekt, dass die USA nicht um Korea kämpfen würde. Diese unbedachte Äußerung ermutigte Nordkorea und die Sowjetunion, den Konflikt zu suchen. Bei einem Besuch Kims im März/April 1950 in Moskau genehmigte Stalin die Invasion. Die Volksrepublik China lehnte zu diesem Zeitpunkt einen Krieg eher ab. Mao Zedong befürchtete die Destabilisierung der Region und ein gesteigertes Interesse der USA an asiatischen Angelegenheiten. Außerdem sah er seinen Plan in Gefahr, die Kuomintang zu besiegen, die sich nach Taiwan zurückgezogen hatte.

Im hervorragend geschriebenen und spannenden Buch „The Coldest Winter, America and the Korean War" von David Halberstam wird dargestellt, wie die amerikanischen und südkoreanischen Truppen unvorsichtigerweise bereits fünf Jahre nach dem Ende des Zweiten Weltkrieges, das heißt 1950, schlecht ausgebildet und ungenügend bewaffnet waren. Amerika unter Präsident Harry Truman musste seine enormen Kriegsschulden abbauen und vernachlässigte deshalb die Ausbildung und Ausrüstung seiner Armee. Amerika besaß damals das Atomwaffenmonopol und fürchtete sich fälschlicherweise vor keinem Gegner. General MacArthur überwachte von 1945 bis 1951 die Besetzung von Japan. Obschon kritisiert wurde, dass er Kaiser Hirohito und die kaiserliche Familie vor der Verfolgung von Kriegsverbrechen verschonte (über 500 Offiziere hatten gleich nach der Kapitulation Selbstmord begangen, und mehrere Hundert Offiziere wurden nach den Gerichtsverhandlungen hingerichtet), war er für die weitreichenden demokratischen Reformen verantwortlich. Dieser Kaiser war der letzte Kaiser, der noch als lebende Gottheit verehrt wurde; seit 1946 hatte er nur noch eine symbolische Funktion als Staatsoberhaupt. Zu Beginn des Koreakrieges kümmerte sich der Oberkommandierende in Japan mit Erfolg um die neue Verfassung des Landes und überwachte den Wiederaufbau Japans; in diesem Land verfügte Douglas MacArthur als eine Art selbst ernannter Pro-Konsul und Oberbefehlshaber der amerikanischen Besatzungsmacht über eine ungeheure Macht.

Am 25. Juni 1950 überschritten die Truppen der nordkoreanischen Volksarmee überraschend die Grenze. Seoul fiel nach vier Tagen in die Hände der Nordkoreaner. Die UNO verurteilte den Angriff und erhielt von sechzehn anderen Ländern die Zusicherung, gegen die Aggressoren kämpfen zu wollen; aber nur die Engländer und die Türken sandten größere Einheiten von Kampftruppen. Die Amerikaner waren jetzt mitten im Krieg. Der Kalte Krieg zwischen den beiden Supermächten ging nun in eine äußerst intensive und gefährliche Phase in Korea über:

Ähnlich wie bei der zwei Jahre zuvor stattgefundenen Blockade von Westberlin durch die Sowjets und der zwölf Jahre später beinahe zu einem Atomkrieg führenden Kuba-Raketen-Krise (1962) stand die Welt in Korea erneut kurz vor einem heißen Krieg der beiden Blöcke; die dramatische Kuba-Raketen-Krise hatte ich im Oktober 1962 als Student in Chicago selber noch miterlebt.

Der Präsident der USA, Harry S. Truman, hatte sofort, ohne Einwilligung der UNO, Besatzungstruppen aus Japan nach Südkorea verlegt. Die gut ausgebildeten und ausgerüsteten Nordkoreaner zwangen die südkoreanischen Truppen trotz Luftangriffen der US Air Force zum Rückzug. (Die russischen T-34-Tanks waren die besten dieser Zeit; die amerikanischen Berater der südkoreanischen Armee verfügten nur über alte „2.36- inch rocket launchers", die sich schon im Zweiten Weltkrieg als nicht besonders gut erwiesen hatten. Auch die etwas später eingesetzten amerikanischen Sherman-Panzer waren den russischen T-34-Tanks unterlegen! Seoul wurde am 29. Juni erobert und im September 1950 kontrollierten die Nordkoreaner das ganze Land bis auf ein kleines Gebiet im Südosten um Pusan. Die Frontlinie um den heute Pusan-Perimeter genannten Bereich lief von Masan nach Norden, ließ Taegu unter südkoreanischer Kontrolle und bog hier nach Osten ab bis zur Küste kurz vor Pohang. Mit der Versorgung und der Luftunterstützung der USA konnten die Südkoreaner ihre Lage stabilisieren.

Der UNO-Sicherheitsrat (damals noch stark westlich ausgerichtet) autorisierte mit der Resolution '85 ein militärisches Eingreifen, während die vetoberechtigte UdSSR die Sitzung boykottierte, weil die kommunistische Volksrepublik China nicht Mitglied der UNO werden durfte (bis 1971 galt die Republik China auf Taiwan als rechtliche Vertretung Chinas). Sechzehn Mitgliedsländer schickten Truppen oder Sanitätspersonal, aber circa 90 Prozent der Soldaten kamen aus den USA. Gleich zu Beginn des Koreakrieges entsandte die Türkei an die 15'000 Soldaten zur Verstärkung der UN-Truppen. Die türkischen Brigaden entwickelten sich zu einer Art Feuerwehreinheit: Immer wenn es brenzlig wurde, schickte man diese mutigen und tapferen Kämpfer an die Front. Das Oberkommando erhielt der im Zweiten Weltkrieg als oberster Kommandant im Pazifik sehr berühmt gewordene amerikanische General Douglas MacArthur.

Im September 1950 wurde nach einem strategisch genialen Plan von MacArthur und der perfekten Ausführung seiner Truppen mit 80'000 Soldaten die Landung bei Inchon am Gelben Meer (mit bis 10 Meter hohen Wellen, was die amphibischen Landeoperationen erschwerte) durchgeführt und Seoul von den Amerikanern zurückerobert. Mit der Landung im Rücken der Front war die Nachschublinie der Nordkoreaner schlagartig durchschnitten und der gleichzeitige Gegenangriff der 8. amerikanischen Armee und der südkoreanischen Streitkräfte aus dem Pusan-Brückenkopf brachte die nordkoreanischen Truppen in eine schwierige Lage. Die eben noch siegreiche nordkoreanische Armee, die sich in einem energisch geführten Angriff gegen den UNO-Brückenkopf verausgabt hatte, wurde zersprengt, gefangen genommen oder getötet. Der Angriff wurde mit Unterstützung südkoreanischer Verbände bis Pjöngjang vorangetrieben. In weiten Gebieten Südkoreas waren zu dieser Zeit versprengte nordkoreanische Soldaten als Partisanen aktiv, was zu zahllosen unschuldigen Opfern führte.

Südkoreanische Truppen stießen nach Norden vor und überschritten am 30. September den 38. Breitengrad. Die UNO-Truppen erhielten erst am 7. Oktober die Erlaubnis, die Grenze zu überschreiten. Ziel war nunmehr die Wiedervereinigung Koreas.

Mitte Oktober 1950 traf U.S.-Präsident Truman auf Wake Island im Pazifik mit General MacArthur zusammen. Bei dieser Gelegenheit erläuterte der General, dass der Krieg bis zu „Thanksgiving" vorüber sein werde und die Truppen bis Weihnachten wieder in ihre Heimat zurückkehren könnten.

Am 20. Oktober 1950 schritten die Truppen der U.S. First Cavalry Division bereits in Pjöngjang, der nordkoreanischen Hauptstadt, ein. David Halberstam schilderte in seinem bereits erwähnten Buch „The Coldest Winter" darüber Folgendes:

„Still, the word was out: There was going to be a victory parade in Tokyo, and the Cav, because it had fought so well for so long in the Korean campaign, and because it was a favourite of Douglas MacArthur's, the overall commander,

was going to lead it. They were supposed to have their yellow cavalry scarves back for the parade, and the word coming down was that they better be prepared to look parade-ground sharp, not battlefield grizzled: you couldn't after all, march down the Ginza in filthy uniforms and helmets. The men of the Cav were planning to strut a bit when they passed MacArthur's headquarters in the Dai Ichi building. They deserved to strut a bit."

MacArthur war jedoch entschlossen, mit seinen Truppen bis zur chinesischen Grenze vorzustoßen. In Washington gab es unter der obersten militärischen und zivilen Führung der Truman-Administration viele warnende Stimmen, dies nicht zu tun. Ebenso warnten seine Geheimdienstleute zur Vorsicht. Der General ließ sich jedoch von seinem Plan, an den Fluss Yalu vorzudringen, nicht abhalten und dies, obschon sich der grausam kalte koreanische Winter näherte.

Tatsächlich erreichten seine Truppen ohne großen Widerstand bereits im November 1950 den Fluss Yalu an der Grenze zur Mandschurei. Der Oberkommandierende hatte jedoch nicht mit einem Angriff chinesischer Elitetruppen gerechnet, die sich längere Zeit in Nordkorea gut versteckt hielten und den amerikanischen und südkoreanischen Truppen weitgehend die Nachschubwege abschnitten. Das ungestüme Vorwärtsschreiten an den Yalu ohne genügende Absicherung der Nachschubwege rächte sich jetzt bitter. Ein verheerender Fehler, wie sich zeigen sollte. In Wirklichkeit dauerte der blutige Krieg bis Ende Juli 1953; Ruhe und Frieden sind – wie wir noch sehen werden – bis zum heutigen Tag nicht eingekehrt.

Die Chinesen wollten ein vereinigtes Korea unter amerikanischem Einfluss nicht dulden und griffen mit Elitetruppen von zunächst 300'000 Soldaten der sogenannten „Freiwilligenarmee" in Nordkorea ein. China war darauf bedacht, eine offizielle Einbeziehung zu vermeiden, wodurch der Charakter eines Stellvertreterkrieges verstärkt wurde. Vom 26. November bis 13. Dezember 1950 tobte die Schlacht um das Chosin-Reservoir, zugleich wurde von der nordkoreanischen Hafenstadt Hungnam aus unter dem Schutz der US-Flotte eine amphibische Rückzugsoperation durchgeführt. Am 1. Januar 1951 begannen 400'000 chinesische und 100'000 nordkoreanische Soldaten eine Offensive, der die 200'000 Soldaten der UNO-Streitkräfte nicht gewachsen waren. Mit den UNO-Streitkräften flohen viele Zivilisten daraufhin in den Süden. Am 3. Januar 1951 wurde Seoul geräumt und in der Folge eine Verteidigungslinie zwischen dem Gelben Meer und dem Japanischen Meer gebildet. Erst im März 1951 wurde die Stadt wieder von UNO-Truppen besetzt. Ein Großteil der Einwohner wurde von den Kommunisten verschleppt oder beim Widerstand ermordet. Die UNO-Einheiten rückten wieder bis etwa zum 38. Breitengrad vor, der Krieg erstarrte hier in einem Stellungskrieg.

MacArthur verlangte nun sogar öffentlich – entgegen dem Willen der amerikanischen Regierung – eine Ausweitung des Krieges auf China und den Einsatz von Atombomben gegen chinesische Städte. Am 11. April 1951 wurde General MacArthur von Präsident Truman wegen Insubordination entlassen und durch General Matthew Ridgway ersetzt.

Als Douglas MacArthur Japan verließ, säumten 250'000 Japaner die Straßen und viele von ihnen weinten und winkten mit kleinen japanischen und amerikanischen Fähnchen. Riesige Menschenmengen erwarteten ihn in Hawaii, wo er um Mitternacht landete. Eine noch größere Menge erwartete ihn in San Francisco. Als er schlussendlich in New York ankam (für eine nur den größten Stars aus dem Sport, Politik oder Militär vorbehaltene „ticker-tape parade" wird von den Büros in Fetzen gerissenes, weißes Papier in großen Mengen auf die Paradestraße geworfen, sodass es fast wie bei einem Schneesturm aussieht) – erschienen circa sieben Millionen Menschen, doppelt so viele wie bei General Dwight Eisenhower, als er siegreich vom Zweiten Weltkrieg heimkehrte.

Schlussendlich wurde er nach Washington D. C. eingeladen und hielt im Rahmen einer „joint session" des amerikanischen Kongresses eine Abschiedsrede. Als Bewunderer des berühmten Generals hörte ich als sechzehnjähriger Gymnasiast seine „farewell address" im schweizerischen Radio (Radio Beromünster) mit an; seine Rede wurde dreißig Mal von Applaus unterbrochen. Ich werde seine Abschlussworte nie vergessen:

„*Old soldiers never die; they just fade away ... And like the old soldier of that ballad, I now close my military career and just fade away ... an old soldier who tried to do his duty as God gave him the light to see that duty. Good-bye.*"

Die Reaktionen auf die Absetzung des Generals blieben lange Zeit sehr emotional. Arthur Schlesinger und Richard Rovere schrieben in ihrem Buch „The General and the President and the Future of American Foreign Policy" über diese Konfrontation:
„It is doubtful that there has ever been in this country so violent and spontaneous a discharge of political passion as that provoked by the president's dismissal of the general. Certainly there has been nothing to match since the Civil War."

David Halberstam schrieb in seinem bereits erwähnten Buch:
„In a way that few understood at the time, it was kind of a giant antiwar rally, not just anti-Korean War, but probably anti-Cold War as well, a reflection of a kind of national frustration with a conflict that was so unsatisfying and distant and gray and brought so little in the way of victories and seemed so strangely beyond the reach of our absolute weapons ... It was the last hurrah for a great hero of World War II, combined with a powerful, visceral protest by a nation that did not enjoy its new superpower status."

Die letzte große und grausame Schlacht des Krieges dauerte vom 13. September bis zum 15. Oktober 1951 und wurde als Schlacht von „Heartbreak Ridge" bekannt. Die hohen Verluste auf beiden Seiten ohne wesentliche Veränderung der strategischen Lage führten zum gegenseitigen Wunsch nach einem Waffenstillstand. In der verbleibenden Zeit bis zum Waffenstillstand wurde der Druck auf Nordkorea in Form eines von der UNO sanktionierten Bombardements, ausgeführt von der US Air Force, stark intensiviert. Die UdSSR und China sollten so zu Zugeständnissen gezwungen werden. Die Luftangriffe verwüsteten Nordkorea weitgehend. Hunderttausende Zivilisten fielen Bomben und Napalm zum Opfer. Man geht von 500'000 bis 1 Million Opfern allein des Bombenkrieges im engeren Sinn aus. Der Verlust der Zivilbevölkerung infolge Hunger und Frost ist dabei noch gar nicht berücksichtigt.

David Halberstam schreibt ferner über diesen schrecklichen Krieg:
„The new China had barely been born, and yet it had stalemated not only America, the most powerful nation in the world, the recent conquerors of both Japan and Germany, but the entire UN as well, or by their more ideological

scorekeeping, all the imperialist nations of the world and their lackeys and running dogs.
... The Chinese entrance into the war had a profound and long-lasting effect on how Americans looked on the issue of national security. It gave the ultimate push forward for a vision embodied in NSC-68 (National Security Council Report); it was a 58-page classified report issued by the United States National Security Council on April 14, 1950, during the presidency of Harry S. Truman. Written during the formative stage of the Cold War, it has become one of the most significant historical documents of the Cold War). It greatly increased the Pentagon's influence and helped convert the country toward far more of a national security state than it had previously been, so increasing the forces driving that dynamic that in ten years Dwight Eisenhower, in his farewell speech as president, would warn of a ‚military-industrial complex'."

Auf Vorschlag der UdSSR begannen am 10. Juli 1951 in Kaesong in Nordkorea offizielle Waffenstillstandsverhandlungen. Nach weiteren verlustreichen Kämpfen und zähen Verhandlungen wurde am 27. Juli 1953 in Panmunjom ein Waffenstillstandsabkommen zwischen der UNO und Nordkorea abgeschlossen. Es bestätigte im Wesentlichen den 38. Breitengrad als Grenze zwischen Nord- und Südkorea und legte eine vier Kilometer breite entmilitarisierte Zone entlang der Grenze zwischen Nord- und Südkorea fest; außerdem wurde eine neutrale Repatriierungskommission zur Überwachung des Gefangenenaustausches eingesetzt. Dieser Waffenstillstandskommission gehörten Schweden und die Schweiz im südlichen Korea an, Polen und die Tschechoslowakei im nördlichen. Nach dem Fall des „Eisernen Vorhangs" 1989 wurden die Polen und die Tschechen auf Veranlassung Nordkoreas abgezogen.

Der Krieg forderte unter der Zivilbevölkerung nach Schätzungen fast drei Millionen Menschenleben. Ungefähr 40'000 UNO-Soldaten (davon 36'000 Amerikaner), 600'000 koreanische und 670'000 chinesische Soldaten starben bei Kampfhandlungen. Von den rund 30 Millionen Zivilisten auf der koreanischen Halbinsel waren fast eine Million tot und gegen eineinhalb Millionen verletzt. Zehn Millionen koreanische Familien wurden durch den 38. Breitengrad auseinandergerissen. Sie konnten nicht einmal eine Postkarte austauschen, um zu erfahren, ob ihre Familienmitglieder noch lebten oder nicht. Ganze Städte und Landstriche waren wie ausradiert. Alle Eisenbahnbrücken waren zerstört, die Straßen zerbombt. Die Industrie- und Kraftwerke lagen in Trümmern, Häfen und Flugplätze unbrauchbar, Wohnsiedlungen zerschlagen. Das Land lag komplett am Boden.

In der umkämpften Stadt Seoul hatten vier Mal die Kriegsparteien gewechselt, sodass die Stadt am Schluss des Krieges stark beschädigt war; allerdings blieben viele der Vorkriegsbauten genügend intakt, konnten deshalb relativ schnell repariert und mussten nicht vollständig neu gebaut werden. Präsident Syngman Rhee führte sein diktatorisches Regime weiter bis 1961 und floh dann nach einem Aufstand mit seiner Frau nach Hawaii. Er wurde von den Amerikanern weitgehend unterstützt, wobei die Kennedy-Administration zwar gegen die Exzesse des Regimes protestierte, jedoch nur lauwarm.

Zum Schluss dieses Kapitels möchte ich nochmals den großen Kenner des Koreakrieges, David Halberstam, zitieren:

„Perhaps all wars are in some way or another the product of miscalculations. But Korea was a place where almost every key decision on both sides turned on a miscalculation. First, the Americans took Korea off their defense perimeter, which in turn encouraged the varying Communist participants to act. Then, the Soviets gave green light to Kim Il Sung to invade the South, convinced that the Americans would not come in. When the Americans entered the war, they greatly underestimated the skills of the North Korean troops they were going to face, and vastly overestimated how well prepared the first American troops to go into battle were. Later, the American decided to drive north of the thirty-eigth parallel, paying no attention to Chinese warnings."

Die neutrale Überwachungskommission (NNSC) und ihre Mission

Die NNSC (Neutral Nations Supervisory Commission) wurde im erwähnten Waffenstillstandsabkommen (Korean Armistice Agreement) vom 27. Juli 1953 festgelegt, das den Koreakrieg beendete. Zusammen mit der „Military Armistice Commission" (MAC) war die NNSC Teil des Mechanismus, der die Beziehungen zwischen Nordkorea (Democratic People's Republic of Korea) und Südkorea (Republic of Korea) bis heute regelt. Der Begriff „neutral nations" wurde definiert als diejenigen Nationen, die nicht an den Feindseligkeiten in Korea teilgenommen hatten.

Auf Anfrage der UNO entschied sich die Schweiz, im Rahmen der neutralen Überwachungskommission aktiv zu werden und dieses Mandat zu übernehmen. Der Bundesrat beschloss am 13. Juni 1953, fast hundert Wehrmänner in die NNSC zu entsenden. Dieser Entscheid stützte sich auf die vier außenpolitischen Maximen der Neutralität, Disponibilität, Solidarität und Universalität. Der damalige Außenminister, Bundesrat Max Petitpierre, bewertete diesen Entscheid schon damals „als Ausdruck einer aktiven Neutralitätspolitik". Allerdings ging unsere Regierung davon aus, dass dieses Engagement von nicht sehr langer Dauer sein würde.

Am 1. August 1953 traf unter der Leitung von Oberstdivisionär Friedrich Rihner die erste schweizerische NNSC-Delegation, bestehend aus 96 Mitgliedern, in Panmunjom ein. Die erste Reduktion der Delegation fand 1955 statt, als sie auf 41 Mitglieder reduziert wurde. In den folgenden Jahren wurde sie sukzessive weiter verkleinert. Im Jahr 1964 bestand die Delegation noch aus neun schweizerischen Armeeangehörigen. Auch der Bestand der Delegationen von Schweden, Polen und der Tschechoslowakei wurden allmählich abgebaut. Mit dem Fall der Berliner Mauer änderte sich die Zusammensetzung der NNSC: Die Tschechen zogen ihre Beobachter 1993 ab. Die Polen gingen 1995, da Nordkorea ihre Unterstützung stoppte.

Die ursprünglichen Aufgaben der NNSC wurden wie folgt definiert: **„The mission of NNSC shall be to carry out the function of supervision, observation, inspection, and investigation and to report the results of such supervision, observation, inspection and investigation to the Military Armistice Commission."**

Im Einzelnen sah das Armistice Agreement (AA) folgendermaßen aus:
Rotation: Keine Partei darf Truppenverstärkungen nach Korea bringen, also nur Urlauber- und Abkommandiertenverkehr, dazu Ablösungen, wobei pro Monat nicht mehr als 35'000 Mann abgelöst werden dürfen.
Replacement: Kriegsmaterial darf nur als Ersatz für zerstörtes, beschädigtes und verbrauchtes Material eingeführt werden.
Ports of Entry (POE): Kontrolle der POE (wo die festen Teams, die Neutral Nation Inspection Teams, NNIT, stationiert sind), denn nach den Bestimmungen des AA dürfen Material und Personal nur dort eingeführt werden.
Mobile inspection teams (MIT): Ursprünglich zehn, später sechs MIT können Verletzungen des AA auch außerhalb der POE untersuchen.

Die NNSC leitet die Rapporte der NNIT unverzüglich an die Military Armistice Commission (MAC) weiter, die „Analytic Branch" wertet die Rapporte aus und meldet auch das Resultat der Auswertung an das MAC weiter.

Wie aus der Broschüre „50 Jahre Schweizer Militärdelegation Panmunjom Korea (Beilage zur ASMZ 9/2003)" hervorgeht, wurde der Bestand der Schweizer Delegation ursprünglich auf 96 und für die neutrale Heimschaffungskommission (NNRC) auf 50 Mann festgesetzt. Die Frage der Heimschaffung der Kriegsgefangenen wurde durch die Unterzeichnung des Waffenstillstandsvertrags in einem separaten Abkommen geregelt. An dieser Heimschaffungskommission beteiligte sich auch Indien. Leiter der Heimschaffungskommission war Minister Armin Daeniker. Die Tätigkeit dauerte vom 10. September 1953 bis zur Auflösung der Kommission am 21. Februar 1954.

Nebst der Überwachung der Waffenstillstandslinie entlang des 38. Breitengrades wurden zehn mobile Inspektionsteams, bestehend aus je einem Vertreter der vier NNSC-Delegationen, zur Kontrolle von je fünf „Ports of Entry" (POE) gebildet: In Nordkorea waren es Sinuiju, Chongjin, Hungam, Mampo und Sinanju. In Südkorea waren es Inchon, Taegu, Pusan, Kangnung und Kunson. Effektive Kontrollen in Nordkorea waren eigentlich nie möglich, da diese jeweils mindestens 24 Stunden zuvor angekündigt werden mussten. In Südkorea wurden die polnischen und tschechoslowakischen Mitglieder der Spionage bezichtigt. Die Übung wurde abgebrochen. Dadurch entfiel der einzig offizielle Existenzgrund der NNSC, nämlich die Überwachung von insgesamt zehn „Ports of Entry". Was zuerst eher ein technisches Engagement war, nahm immer mehr politische Dimensionen an. Nach dem Rückzug der Inspektionsteams am 9. Juni 1956 nach Panmunjom wurde die NNSC in ihrer ursprünglich geplanten Funktion fast vollständig eingeschränkt. Sie übernahm im Verlauf der Jahre eine auf Panmunjom beschränkte Vermittlerrolle zwischen den Konfliktparteien. Die Delegation der Schweiz wurde bereits ab Juni 1956 auf 14 Mann – in den späteren Jahren dann immer weiter (1964 noch neun Mann) bis auf den heutigen Stand von fünf Offizieren reduziert.

Obschon die NNSC-Delegierten aufgrund eines UNO-Mandats tätig sind, sind sie weder UNO-Blauhelmtruppen noch UNO-Beobachter. Als Angehörige der Streitkräfte ihres Landes haben sie auf unparteiische Weise einen militärisch/diplomatischen Verhandlungs- und Schlichtungsauftrag zu erfüllen (The Swiss Delegation to the NNSC 1953–1993 Panmunjom, Korea, Center for Asia Pacific Studies).

Die bis heute über 800 ehemaligen, schweizerischen Delegierten haben neben ihrer Hauptaufgabe innerhalb der NNSC-Delegation nicht nur fernöstliche Kulturen und Sprachen kennengelernt, sondern auch politische Erkenntnisse zurückgebracht. Für manchen ist der Einsatz in Korea zum Schicksal geworden, indem er dort eine Lebensgefährtin gefunden hat und dadurch ein Leben lang nicht von diesem fernöstlichen Charme losgekommen ist. So heiratete zum Beispiel 1965 unser damaliger Funker Kpl. Ernst Dinkel in der Schweiz eine junge koreanische Frau, die er während seiner Mission in Korea kennengelernt hatte.

Ab Juni 1956 wurden die eigentlichen Kontrollfunktionen vor Ort aufgegeben. Von da an beschränkte man sich darauf, die Angaben der Kriegsparteien über die Ein- und Ausfuhren der Waffen sowie diejenigen von Veränderungen des militärischen Personals auf ein einheitliches Format zu bringen und anschließend der Waffenstillstandskommission (Ceasefire Commission) zu übergeben. Jeden Dienstag fanden die kurzen „Plenary Meetings" der NNSC statt. Daran nahmen die vier Delegationsleiter (alle im Generalsrang) und deren Stellvertreter sowie die vier Sekretäre teil. Diese Meetings wurden zu meiner Zeit sehr formell, fast wie in einem Ritual, innerhalb der Joint Security Area (JSA) in einer blau angestrichenen Armeebaracke abgehalten. Jede Woche gab es zudem als Vorbereitung des Plenary Meetings noch ein „Secretaries' Meeting" der vier Sekretäre mit ihren Stellvertretern (Leutnant Kurt Müller war mein Stellvertreter). In der JSA befanden sich sowohl die außen blau angestrichenen Konferenzräume der MAC als auch diejenigen der NNSC.

Die Aufgabe der MAC ist im Armistice Agreement wie folgt umschrieben: „The general mission of the Military Armistice Commission shall be to supervise the implementation of this armistice agreement and to settle through negotiations any violations of this armistice agreement."

In den südkoreanischen und ganz allgemein in den ostasiatischen Reiseführern stand zu lesen, dass der Besuch in Panmunjom, besonders an einem Tag mit einer Sitzung der Waffenstillstandskommission, ein „Must" darstellt. So besuchten dann fast 2'000 Touristen Panmunjom pro Jahr (heute 180'000). Unter kundiger Führung von amerikanischen Soldaten und unter dem Schutz der amerikanischen Military Police konnten diese Touristen aus aller Welt, aber vorwiegend aus Amerika, einmal im Leben die Kommunisten, das heißt den Inbegriff des Bösen, sehen.

An einem Sitzungstag stellten sich vor Beginn der Sitzung die Wachen beider Parteien bereits auf. Die nordkoreanische Wache kam im Stechschritt daher und machte mit ihren Pluderhosen keinen eleganten Eindruck, anders die groß gewachsenen amerikanischen Wachen. Kurz vor Beginn der Sitzung, die exakt um elf Uhr stattfand, fuhren die nordkoreanischen Wagen russischer Herkunft vor, man hörte die scharfe Kommandostimme eines nordkoreanischen Offiziers, worauf die nordkoreanische Wache Haltung annahm. Dann sah und hörte man das Öffnen und Schließen der Autotüren und der nordkoreanische General, gefolgt von seinen Beisitzern, worunter sich auch ein chinesischer General befand, betrat den Konferenzraum (eine blaue Baracke, bei der die Grenze zwischen Nord- und Südkorea mitten durch den Konferenztisch lief), das sich bereits im Raum an ihren Plätzen befindliche Hilfspersonal – wie Stenografen und Dolmetscher – erhob sich stramm. Wenig später erschien der amerikanische Admiral, Paul Blackburn, in der eleganten Uniform eines U.-S.-Navy-Offiziers als Vorsitzender der südlichen Seite des MAC mit seinem Stab. Er wurde von einem südkoreanischen General und einem britischen Brigadier General begleitet. Die beiden Vorsitzenden der MAC sahen sich einen Moment lang in die Augen und setzten sich dann. Der Vorsitzende der Partei der MAC, der die Sitzung einberufen hatte, begann in seiner Sprache zu sprechen. Alles wurde übersetzt und mithilfe von mehreren Lautsprechern im ganzen Konferenzgebiet (JSA) laut übertragen. Gegenseitig wurden Klagen vorgebracht und Forderungen gestellt (zum Beispiel die amerikanischen Helikopterpiloten, die wegen schlechten Wetters unbewaffnet in nordkoreanisches Gebiet vorgedrungen waren, sollten endlich aus ihrer Gefangenschaft in Nordkorea befreit und wieder zurückgegeben werden) und am Schluss beschimpfte und beleidigte die eine Partei die andere – die Zuschauer und Zuhörer bekamen Hühnerhaut und wurden den Eindruck nicht los, dass hier schon sehr bald ein neuer Krieg losgehen könne. Nach fast 200 Sitzungen in zermürbender Ausweglosigkeit waren sich die ehemaligen Kriegsparteien keinen Schritt näher gekommen.

Zurück zur Arbeit der neutralen Überwachungskommission (NNSC), die an einem andern Wochentag viel weniger spektakulär in einer andern blauen Baracke – wie oben beschrieben – stattgefunden hat. Im Gegensatz zur Waffenstillstandskommission herrschte in der NNSC eine freundschaftliche und kooperative Atmosphäre, die es erlaubte, Probleme in zivilisierter Form zu diskutieren. Die

Mitglieder der neutralen Überwachungskommission waren damals die einzigen Personen, denen die Überschreitung der Demarkationslinie möglich war und die Zugang zu den Hauptquartieren beider Parteien hatten.

Die Arbeit der NNSC wurde für mich nach wenigen Wochen größtenteils zur Routinearbeit. Dennoch war der direkte Kontakt mit den Kommunisten für mich immer wieder eine Herausforderung und in diesem Sinn auch anregend. Es gab damals keinen einzigen Ort auf der Welt, wo der Ost-West-Konflikt so gut studiert und erlebt werden konnte wie hier. Der Blick hinter den Eisernen, beziehungsweise Bambus-Vorhang, gab mir ein wesentlich besseres Verständnis für die weltpolitisch bedeutendsten Entwicklungen der letzten und auch der kommenden Jahre. In der JSA befanden sich nicht nur die Konferenzräume der MAC, sondern auch diejenigen der NNSC.

Die einzig offizielle Existenzgrundlage der neutralen Überwachungskommission, nämlich die Überwachung der insgesamt zwölf „Ports of Entry" wurde – wie bereits ausgeführt – schon bald hinfällig. Was zuerst ein eher technisches Engagement war, nahm immer mehr politische Dimensionen an. Die eigentliche Aufgabe der NNSC – die nirgends im Waffenstillstandsabkommen festgelegt war – bestand nun darin, Beziehungen und damit Kommunikationsmöglichkeiten zu beiden Kriegsparteien zu pflegen und aufrechtzuerhalten. Diese Beschränkung der Tätigkeit der Kommission von den verschiedenen „Ports of Entry" auf Panmunjom erwies sich aber in der Folge als notwendiger und nützlicher denn je. In den vergangenen mehr als fünfzig Jahren entwickelte sich in Panmunjom, der einzigen offen gebliebenen Nahtstelle zwischen den beiden hermetisch abgeriegelten Koreas, eine größere Verhandlungstätigkeit, die nicht nur auf der Ebene der „Military Armistice Commission" (MAC) gepflegt wurde, sondern auch unter den vier neutralen Staaten der NNSC. Deshalb hatten die unglaublich vielen Einladungen mit Cocktailpartys und Nachtessen in Nord- und Südkorea und vor allem in Panmunjom ihre Berechtigung. Nur durch diese zahlreichen persönlichen Kontakte war es möglich, mit den Kriegsparteien auf allen Rangstufen zusammenzukommen, Meinungen in einer lockeren Atmosphäre auszutauschen und auf diese Weise als Vertreter eines neutralen Staates zur Förderung eines verbesserten gegenseitigen Vertrauens beizutragen. Tschou En-lai, von 1949 bis zu seinem Tod im Jahr 1976 Premierminister der Volksrepublik China, bezeichnete nicht umsonst die Neutrale Überwachungskommission als „le seul point de contact dans une mer de non-contacts".

Die mäßigende Präsenz der schweizerischen Mitglieder der NNSC und das permanente stillschweigende Angebot der Guten Dienste in Panmunjom waren eindeutig im Sinne des schweizerischen Mandats, nämlich, eine aktive Hilfe zur Sicherung des Friedens im Land der Morgenstille zu leisten. Die Schweizerische Eidgenossenschaft hat mit diesem Beitrag in Korea einen überzeugenden Beweis aktiver Neutralitätspolitik kundgetan. Jene Beteiligung der Schweiz an militärischen Friedensförderungsmaßnahmen im Ausland hat unserem Land damals und bis heute Ansehen und Anerkennung gebracht.

Die Camps der Schweden und Schweizer mit ihrem Hilfspersonal waren in der südlichen Hälfte der demilitarisierten Zone (DMZ) angesiedelt, und zwar gerade neben der „Joint Security Area" (JSA), sodass wir zu Fuß in vier Minuten zu den Meetings in der JSA gehen konnten. Die Vertreter von Polen und der Tschechoslowakei waren in der nördlichen Hälfte der DMZ angesiedelt und etwas weiter (circa eineinhalb Kilometer) vom 38. Breitengrad entfernt, sodass diese jeweils mit einem nordkoreanischen Fahrer zu den Sitzungen in die JSA kommen mussten. Die Kollegen der Tschechoslowakei und Polens hatten ein wesentlich härteres Leben als wir Schweizer. Sie durften kaum das Lager verlassen, höchstens zu offiziellen Anlässen. Wenn wir von unseren Wochenendausflügen nach Seoul und den häufigen Reisen quer durch Südkorea oder sogar nach Japan, Hongkong und so weiter zu schwärmen begannen, waren sie ziemlich niedergeschlagen. Da wir einige dieser kommunistischen Kollegen mit der Zeit schätzen lernten, kauften wir in ihrem Auftrag zum Beispiel Kameras, die wir im PX oder in Japan für sie erwarben; diese Geste wurde von ihnen sehr geschätzt. Mit ihnen gestaltete sich der Verkehr zwangsläufig enger als mit den asiatischen Genossen. So unterhielten wir uns oft über aktuelle Probleme der Weltpolitik. Wir tauschten auch Bücher und Zeitschriften aus, wobei die Diskussion über gewisse Artikel öfters von alleine an der Unvereinbarkeit der gegensätzlichen Meinungen versiegte. Es ist mir und meinen Kameraden oft aufgefallen, dass junge Kommunisten nachdenklich wurden, wenn sie bei uns im Swiss Camp sahen, in welch unbeschwerter und freier Art wir Schweizer untereinander verkehrten.

Die NNSC während einer ihrer Sitzungen

Das Leben im Camp in den ersten Wochen

Ich möchte jetzt versuchen, das alltägliche Leben im Swiss Camp und unsere Wochenenden und Reisen außerhalb Panmunjoms zu beschreiben. Noch bis zum heutigen Tag und im fortgeschrittenen Alter bin ich von dieser einzigartigen und lehrreichen Zeit in meinem Leben fasziniert.

Alles im Schweizer Compound machte einen provisorischen Eindruck; im Jahr 1964 hätte sich deshalb niemand träumen lassen, dass im Jahr 2010 immer noch Angehörige der Schweizer Armee in diesem Camp, wenn auch mit einem reduzierten Team und unter anderen Bedingungen, dort Dienst leisten würden. Die Gebäude bestanden und bestehen noch heute aus Standardbaracken der U.-S.-Streitkräfte, das heißt, alle in Form von vorgefertigtem Wellblech mit einem halbrunden Dach aus demselben Material. Die meisten Fenster bestanden aus kleinen Klappscheiben in einem Blechrahmen. Isolation gegen Kälte und Hitze war nur fragmentarisch vorhanden. So hatte während des sehr kalten koreanischen Winters jedes Delegationsmitglied einen amerikanischen Schlafsack im Zimmer. Als Aufenthaltsort für das koreanische Hilfspersonal standen noch einige ältere Zelte herum, wobei diese einen kleinen Ofen enthielten mit einem entsprechenden Ofenrohr, das oben aus dem Zelt herausschaute. Die Zelte vermittelten einen Eindruck, wie einfach, um nicht zu sagen, primitiv die Mitglieder der Schweizer Delegation in der Mitte der Fünfzigerjahre verstreut in Camps über ganz Korea, das heißt in den zehn „Ports of Entry", leben mussten. Das Leben der damaligen Schweizer Delegationen muss viel härter und mühsamer gewesen sein als dasjenige der Sechzigerjahre.

Der Delegationsleiter und sein Stellvertreter wohnten, wie bereits erwähnt, auf einer Anhöhe in der „Wellblech-Villa". Auf dem höchsten Punkt des Camps stand der für die Schweden und Schweizer gemeinsame Wassertank. Er enthielt 25'000 Gallonen, was circa 100'000 Litern Wasser entspricht. Das kostbare Wasser wurde mehrmals pro Woche in einem Tanklastwagen herangeschafft.

Da wir normalerweise wie Mönche in unseren sieben Zellen einer gemeinsamen Baracke, im sogenannten „Bachelor Officers

Quarter" (BOQ) wohnten, arbeiteten oder faulenzten, waren alle sieben Männer des BOQ und die beiden privilegierten Chefs der Blech-Villa auf ein gutes gegenseitiges Auskommen angewiesen. Die Funktion oder der Dienstgrad spielte im täglichen internen Leben im Camp der Schweizer eine viel weniger wichtige Rolle als im normalen Militärdienst.

Hingegen spielte die Funktion beziehungsweise der Dienstgrad im offiziellen Umgang gegenüber allen übrigen Militärangehörigen eine wichtige Rolle. Deshalb erhielt der schweizerische Delegationsleiter jeweils den Rang eines Generalmajors (Zwei-Stern-General) und konnte an seinem Dienstwagen auch die rote Generalsflagge mit zwei gelben Sternen aufziehen. Paul Oberli, der legendäre Camp Officer, welcher dreißig Jahre in Panmunjom verbrachte, war durch seine Kochkünste und Buffets in ganz Korea bekannt geworden. Er hatte den Rang eines „Chief Warrant Officer" (CWO) und die beiden Funker-Korporäle, Ernst Dinkel und Max Rüegger, erhielten den Rang eines „Warrant Officer" (WO), damit sie Zugang zu den amerikanischen Facilities für Offiziere hatten, mit uns reisen konnten und auf diese Weise ein höheres Ansehen genossen. Außer den schweizerischen Delegationsmitgliedern waren alle Armeeangehörigen der Schweden, Tschechoslowaken und Polen stolze Berufsoffiziere. Bei den Schweden wurden sämtliche Offiziere eigens für diese Friedensmission mit einem oder zwei Ränge höheren Grad versehen; so wurde zum Beispiel ein Hauptmann zum Oberstleutnant befördert. Solche Rangerhöhungen der Offiziere für die Koreamission galten auch für die beiden kommunistischen Delegationen.

Ohne den Willen, sich in die Gruppe der Swiss Delegation der NNSC voll zu integrieren, wäre das Leben für einen Neuankömmling sehr schwierig gewesen. Zu Beginn meines neuen Mönchseins war mein größtes Handicap, dass ich nicht Jassen konnte und so am Abend beim gemütlichen Zusammensein am Jasstisch im roten Clubhaus eine Art Aussätziger mit einer ansteckenden Krankheit zu werden drohte. Lt. Fred Schreier, unser Verbindungsoffizier, erbarmte sich meiner und gab mir an zwei Abenden je zwei Stunden Nachhilfeunterricht. Als am Ende der zweiten privaten Doppelstunden-Lektion in der hohen Kunst des Jassens immer noch kein Fortschritt und dabei auch keine Freude ersichtlich waren, gab er seine Bemühungen mit mir auf. Meine Rettung war der bereits seit mehr als einem Jahr anwesende Oblt. Mark Schori, unser beliebter Quartiermeister. Es stellte sich nämlich heraus, dass er ebenfalls am Jassen keinen Spaß hatte, sich aber mit seinem köstlichen Spezialdrink, dem leicht süßlich-rahmigen „Brandy Alexander" (4 cl Cognac, 2 cl Crème de Cacao, 4 cl Sahne, Muskatnuss; Anleitung: Geben Sie alle Zutaten zusammen mit Eis in einen Shaker und schütteln alles kräftig durch, gießen Sie den Drink anschließend in eine Cocktailschale und bestreuen Sie diesen mit geriebener Muskatnuss), den er selbst zu fortgeschrittener Stunde mit großer Routine und Können zubereitete und selber servierte, so viele Sympathien gewann. Dadurch konnte eine Art soziales Gegengewicht zu den eifrigen Jassern hergestellt werden und die Gefahr, zu einem Außenseiter zu werden, war dadurch weitgehend gebannt. Da ich mich Mark Schori, von den Koreanern Scho-Ri-san genannt, als Hilfsbarmann anschloss und mich sonst für das Allgemeinwohl nützlich machte, war dieses Problem vom Tisch. Während des Tages bediente uns ein intelligenter und sympathischer Barmann namens Kim. Gratis standen an der Bar stets Tee und Kaffee zur Verfügung. Bis 19 Uhr mussten aber alle „houseboys" das Camp verlassen haben, so auch unser Barmann Kim, der dann – wie alle unsere dienstbaren Geister – südlich der Demarkationslinie in einer einfachen Strohhütte wohnte.

An dieser Bar im Club faszinierten mich von Anfang an zwei volle Whiskyflaschen, die je eine Schlange enthielten. Durch den Alkohol waren die Schlangen so gut konserviert, dass sie immer noch farbig und wie lebendig aussahen. Zur fortgeschrittenen Stunde tranken wir einmal je ein Gläschen davon – gewissermaßen als Mutprobe. Wir fanden heraus, dass dieses Getränk bei den Koreanern sehr beliebt war und als potenzfördernd eingestuft wurde. Ich war schon drei Monate in Korea, als einer der „houseboys", eine Art indischer „snake-charmer", mir den Trick zeigte, wie eine solche Schlange in eine leere Flasche gezaubert werden konnte. Vor dem Club wurde eine der dort häufig herumschleichenden Schlangen am Kopf festgehalten, und zwar mit einem Ast, der an einem Ende zwei v-förmige, auf fünf Zentimeter abgeschnittene dünnere und spitze Zweige hatte (eine Astgabel), sodass sich die Schlange nicht mehr fortbewegen konnte. Nun wurde die offene Flasche mit dem Flaschenhals gegen die Schlange auf den Boden gelegt; man ließ dann die Schlange kurz los, wobei sich diese blitzschnell in die Flasche hineinflüchtete.

Eine weitere Methode unseres koreanischen Schlangenfängers bestand darin, den durch die Astgabel fixierten Kopf der Schlange hinter dem Kopf mit der Hand zu packen und diesen in den Flaschenhals zu schieben. Sobald der letzte Teil der Schlange in der Flasche war, wurde schnell der Korken aufgesetzt und die Flasche normal mit dem Flaschenhals nach oben aufgestellt. Da die Schlange nun immer weniger Luft hatte, kam der Kopf, der Not gehorchend, fast automatisch nach oben. Nun musste nur noch der Whisky nachgeschüttet, die Flasche endgültig verschlossen und auf einem Gestell der Bar, gut sichtbar für alle Besucher, gelagert beziehungsweise zur Schau gestellt werden. Fertig war der Schlangenwhisky zur Degustation, meistens diente er aber vor allem zu vielen anregenden Diskussionen mit Gästen in einer fröhlichen Runde. Das Niemandsland der DMZ war für Schlangen ein ideales Refugium, weshalb es ab Frühlingsbeginn immer viele davon im Camp hatte. Abgesehen von unseren auf Schlangenfang spezialisierten koreanischen Zivilangestellten hatten alle Koreaner eine Höllenangst vor ihnen.

Während meines Studienjahrs in Chicago – ein Jahr zuvor – lernte ich einen andern Drink wesentlich mehr schätzen als den Schlangenwhisky, nämlich den „Tom Collins", dessen köstlicher Inhalt wie folgt zusammengeschüttelt wird: „(1) Pour the gin, lemon juice, and sugar syrup in a collins glass with ice cubes. 2) Stir thoroughly. 3) Top with club soda. 4) Garnish with a cherry and orange slice". Dieser Drink war glücklicherweise auch gerade die Spezialität des Barkeepers Kim. Die seltenen weiblichen Besucherinnen der JSA, die anschließend im Schweizer Club unsere Gäste waren, schätzten dieses Getränk außerordentlich. Nach dem Besuch der angsteinflößenden JSA und vor der Rückfahrt nach Seoul benötigten die – leider seltenen – weiblichen Gäste eine Stärkung im Swiss Club bei den „Merry Mad Monks of the DMZ".

Die Bar wurde öfters zur mitternächtlichen Stunde das Zentrum der geselligen Männerrunde. So soll es sogar einmal vorgekommen sein, dass ein Mitglied der Delegation die viel gelobten Flaschen mit einer Zielscheibe verwechselte und mit einem Gewehr darauf schoss. Der clevere Barmann Kim In Ha war am andern Tag sehr betrübt. Als ich 1978 mit einer Delegation von schweizerischen Geschäftsleuten am Ort der alten Heldentaten war, stellte ich mit großer Freude fest, dass Kim mich sofort wiedererkannte. Als ich ihn fragte, ob er sich noch an diesen peinlichen Vorfall erinnere, schob er vier Flaschen auf dem untersten Tablar links auf die Seite und zeigte mir leicht verschämt die dahinter liegenden Einschusslöcher.

Am 6. Mai 1964 erhielt ich von Cecil E. Combs, Major General, U.S. Air Force (Headquarters United Nations Command, Military Armistice Commission) folgendes Schreiben:

```
Dear First Lieutenant Widmer,

It is my pleasure to extend to you my personal in-
vitation to participate in the festive gatherings of
the „Merry Mad Monks of the DMZ". The attached data
sheet will explain the history and development of
this singular organization. Its purpose, briefly, is
to provide a means of meeting new members and of bid-
ding farewell to departing members. You will receive
a personal invitation to each meeting, which will
usually consist of cocktails, a buffet supper, and
appropriate remarks to arriving and departing Monks.
I invite you to take this opportunity for relaxing
from the grave responsibilities of armistice nego-
tiations and for socializing with others engaged in
this delicate and important task.
```

Fahnenaufzug im Swiss Camp

Nordkoreanische Wachen bei der Arbeit in der Joint Security Area

Scho-Ri-san vor der kleinen Bibliothek im Schweizer Club

Der Autor vor dem Schweizer Club

Jass-Abend im Camp

Ausbruch aus dem Mönchsleben – erste Reise nach Seoul und Umgebung

Das Zehnfingersystem zum Schreibmaschinenschreiben hatte ich in Bern während des Studiums in einem Schnellkurs in einer Handelsschule zu lernen versucht. Da ich diesen Kurs leider nicht regelmäßig besuchte, musste ich in Korea beim Schreiben immer wieder zum System „Kreisender Adler" zurückkehren: mit dem Zeigefinger über den Tasten kreisen, die richtige Taste anpeilen und schnell darauf hauen.

Am 6. Mai 1964 schrieb ich meinen Eltern (1. Brief) auf meiner mechanischen Hermes Baby-Schreibmaschine aus den Fünfzigerjahren unter anderem:

Soeben komme ich vom nördlichen Teil der DMZ zurück. Bei der Friedenspagode, wo seinerzeit der Waffenstillstand unterzeichnet wurde, habe ich einen Baum gepflanzt und mit meinem Namen verewigt. Jede Delegation der NNSC sandte ein paar Baumpflanzer dorthin. Bei dieser Gelegenheit wurde viel fotografiert und anschließend gab es eine Art Picknick. Anwesend waren die Chinesen, die Nordkoreaner, die Polen, die Tschechen und die Schweden. Um 10 Uhr fand das Meeting der NNSC statt, das routinemäßig verlief. Der südkoreanische Won wurde über den letzten Sonntag abgewertet. Meistens bezahlen wir nicht mit der Lokalwährung, sondern mit MPC (Military Payment Certificates), welche dem Dollar entsprechen und mit denen in allen Lokalen und Läden der U.S. Forces in Korea und Japan bezahlt werden kann. Echte US-Dollars werden nicht akzeptiert, schlimmer noch, der Besitz von „Greenbacks" ist illegal und wird bestraft. Nur auf diese Weise kann vermieden werden, dass sich im Land ein Schwarzmarkt mit Devisen entwickelt.
Wie angekündigt, fuhr ich am letzten Wochenende zum ersten Mal nach Seoul, das übrigens schon seit

600 Jahren die Hauptstadt ist. Der amerikanische Driver (ein mit Pistole bewaffneter Militärpolizist) holte mich pünktlich vor meinem Zimmer ab, sagte „Good morning, Sir", salutierte und öffnete für mich hinten rechts die Wagentür zum Einsteigen. Dann fuhren wir die 65 km lange, staubige Straße hinunter nach Seoul, was ungefähr 1 ½ Stunden Fahrzeit beanspruchte. Zuerst war ich sehr enttäuscht von dieser Stadt, da im Vergleich zu Japan hier alles furchtbar unterentwickelt aussah. Nachdem ich mich im großen PX (Postexchange), der sich im riesigen Yongsan Compound (in bester Lage von Seoul) befand – es handelte sich um einen sehr großen amerikanischen Einkaufsladen für die Armeeangehörigen, der eher einem Supermarkt glich –, umgesehen hatte und dabei feststellte, dass hier fast alles – wie in einem Warenhaus, aber noch günstiger – gekauft werden konnte, ging ich in ein für amerikanische Offiziere reserviertes Hotel, zog dort Zivilkleider an und setzte meine Erkundungsreise fort.

Ich ließ mich dann von einem unserer beiden Funker als Fremdenführer mit der Militärlimousine auf den Namsan (Südberg) transportieren. Er befindet sich in der Mitte von Seoul und bildet den ca. 3 Quadratkilometer großen Namsan-Park, ein beliebtes Ausflugsziel in Seoul. Auf seinem Gipfel steht heute der N Seoul Tower, ein noch mal 236 Meter hoher Fernsehturm. Hier stand auch das Bonghwadae, eines der im ganzen Land verteilten Meldefeuer, mit denen Gefahren und Invasionen an den Hof in Seoul gemeldet wurden. Ich habe keinen Stein vom Gipfel hinuntergeworfen. Die Legende sagt nämlich: Wer von dort einen Stein hinunterwirft, trifft unweigerlich den Kopf eines Kim, Park oder Li – die drei am meisten verbreiteten Geschlechtsnamen Koreas. Was mich aber bei meinem ersten Besuch auf dem Namsan besonders beeindruckte, waren die herumstehenden schlanken alten Männer

mit langen imposanten Bärten. Sie rauchten gemütlich an sehr langen und dünnen Pfeifen. Jene Männer wurden Papasans (hara-bu-tchi) genannt. Sie waren ganz in Weiß gekleidet, trugen eine Art Jacke aus dünnem Stoff, der einem Hemd glich, allerdings mit sehr breit geschnittenen langen Ärmeln und einer schlotterigen Hose, die an den Fußknöcheln zusammengebunden war. Auf dem Kopf trugen die Papasans würdig einen eleganten schwarzen zylinderartigen Hut aus fein geflochtenen Pferdeschwanzhaaren. Anschließend fuhren wir den Namsan hinunter und von dort auf den „Walker Hill". Es handelt sich hier um einen anderen Hügel, der sich ca. 15 km vom Stadtzentrum entfernt befindet, von wo man auch eine schöne Aussicht auf die Stadt und den Han River hat. Hier entstand letztes Jahr ein ganz neuer hochmoderner Hotelkomplex (nennt sich heute Sheraton Walker Hill), welchen die koreanische Regierung mit amerikanischen Entwicklungsgeldern finanziert haben soll. Abends wurde uns dort beim Nachtessen eine gute Show mit alten und neuen Schlagern sowie Tanzeinlagen geboten.
Anderntags beschränkte ich mich auf kulturelle Genüsse und fuhr nach Suwon (30 km südlich von Seoul), wo es sehr interessante Festungsanlagen (Hwaseong Fortress) mit vier Haupttoren hat. Diese Stadt soll früher die Sommerresidenz der koreanischen Kaiser gewesen sein. Das Wassertor (Hwahongmun) ist dort besonders berühmt und auch wirklich eindrücklich und architektonisch schön. Wie ihr auf dem beigelegten Foto ersehen könnt, waschen gerade einige Koreanerinnen – die wie überall in Korea ihre kleinen Kinder auf dem Rücken tragen, und dies auch beim Waschen – in ihren farbigen Kleidern die Wäsche der ganzen Familie, und zwar kurz nachdem der Fluss (Suwoncheon) durch sieben voneinander getrennte Bögen unter dem befestigten und früher mit Kanonen geschützten Wassertor durchfließt; dieses berühmte Wassertor war

ein Teil der großen Festungsanlage; anschließend nimmt der Fluss seinen Lauf mitten durch die befestigte Stadt. Diese kleine Stadt schien mir viel sauberer als Seoul mit seinen 2 ½ Millionen Einwohnern zu sein.

Die Schwierigkeiten bei solchen Exkursionen sind die beiden folgenden: Es gibt fast keine koreanischen Fremdenführer mit Englischkenntnissen, da der Tourismus kaum existiert; ferner sind im ganzen Land fast keine Wegweiser vorhanden und die wenigen, die aufgestellt wurden, sind auf Koreanisch angeschrieben. Dazu kommt, dass die amerikanischen Chauffeure nur gerade den Weg von Seoul nach Panmunjom kennen. Es gibt fast keine Amerikaner, die je aus ihrer Base herausgehen und ihre Army Clubs und Shops verlassen. Diese Leute müssen deshalb auch nie ihre US-Dollars gegen Won tauschen. Da sie kaum je privat aus ihrem Compound herauskommen, ist es kein Wunder, dass sie bis am Schluss ihres Aufenthalts in Korea keine Ahnung von Land und Leuten ihres Gastlandes haben. So entsteht eine Quelle von Unverständnis und falschen Urteilen über dieses schöne Land.

Ca. 7 km von Suwon entfernt fanden wir nach dem Besuch der befestigten Stadt das gesuchte Kloster, das wirklich wunderschön war und Wandbemalungen aufwies, die in ihrer Technik einmalig in Korea sein sollen. Für Koreaner scheint dieses Kloster ein beliebter Ausflugsort zu sein, jedenfalls hatte es große Gruppen von Koreanern aus der näheren Umgebung. Eine Gruppe von 20 netten jungen Koreanerinnen sang auf Strohmatten sitzend Lieder. Bald befanden wir uns auch unter dieser Gruppe und sangen mit oder taten wenigstens so. Mein Fahrer, ein strammer Militärpolizist (MP), den ich zur frohen Runde mitnahm, musste ebenfalls ein Lied vorsingen und erhielt dafür kräftig Applaus. Erstaunlich, wie schnell wir in diese sympathische Gruppe integriert waren.

Am Sonntagabend trafen wir vor der Rückreise nach Panmunjom in einem amerikanischen Offiziersclub (eine bessere größere Holzbaracke mit einer farbigen und kitschig dekorierten Bühne, einer gemütlichen Bar und schwach beleuchteten Tischchen zum Essen) in Seoul zwei weitere, schon routinierte schweizerische Mitglieder unserer Delegation. Bei Drinks und Nachtessen hörten wir gespannt – unter vielen amerikanischen Offizieren mit weiblicher Begleitung – auf der mit Scheinwerfern beleuchteten Bühne einem philippinischen Tanz- und Unterhaltungsorchester mit einer jungen attraktiven Sängerin zu. Das Orchester spielte die neuesten amerikanischen und südkoreanischen Hits wie z.B. Hello Dolly! – Louis Armstrong, She Loves You – The Beatles, BlueVelvet – Bobby Vinton. Bevor wir uns nach Panmunjom aufmachen mussten, bat ich das Orchester, nochmals mein koreanisches Lieblingslied „Arirang" zu spielen. Es ist das inner- und außerhalb Koreas am meisten bekannte koreanische Volkslied. „Ari" heißt „schön" und „rang" kann „lieb" bedeuten. Dieses romantische Lied wurde für mich mit der Zeit das melodische Symbol meiner Liebe zu diesem schönen Land.

Es ist erstaunlich, wie alle amerikanischen Offiziere junge koreanische Frauen bei sich haben. Wie mir aber gesagt wurde, sollen die allermeisten in den USA noch eine ältere Ehefrau haben. Außer den amerikanischen Instruktoren und hohen Generälen dürfen die 40'000 Amerikaner (heute immer noch 28'500 Soldaten) in Korea ihre Freundinnen oder Frauen und Kinder nicht mitnehmen. Um 23 Uhr fuhren wir mit den amerikanischen Fahrern in unseren Limousinen (jedem Schweizer stand eine zur Verfügung) durch die dunklen, staubigen und engen Straßen wieder nordwärts unserem Camp entgegen. Auf den letzten 15 bis 20 km, d.h. unmittelbar vor dem Überqueren der Brücke über den Imjin River (dieser Fluss kommt von Norden her und fließt in südlicher Richtung durch die DMZ, um dann in der Nähe von Seoul in den Han River zu münden), die direkt ins militärische Sperrgebiet führt, wurden wir von Wachen kontrolliert. Auch danach passierten wir verschiedene „Check Points" mit schwer bewaffneten südkoreanischen und amerikanischen Wachen. Dank unserem amerikanischen MP-Fahrer und der dunkelgrünen amerikanischen Limousine lief dieses Prozedere äußerst speditiv ab. Entlang der Brücke über den Imjin befand sich auch eine Eisenbahnlinie, welche früher die einzige Verbindung nach Nordkorea war.

Meine Arbeit hier als Generalsekretär der Schweizer Delegation gefällt mir bis jetzt sehr gut und ich hoffe, noch diese Woche etwas für mich arbeiten zu können, da ich mich bis jetzt gründlich einarbeiten musste. Soweit ich es bis jetzt beurteilen kann, werde ich mit den Schweizern im Camp gut auskommen, was sehr wichtig ist, da man sich ständig sieht. Heute Nachmittag um 16 Uhr fahre ich mit dem Chef, Generalkonsul Thiébaud aus Marseille, nach Seoul, da er dort seine große Farewell-Party gibt und demnächst in die Schweiz reisen wird. Sein Nachfolger, Botschaftsrat Auguste Geiser, den ich in Bern unmittelbar vor meiner Abreise kurz kennengelernt hatte, ist bereits unterwegs.

Auffallend war auf dem Land und in Seoul der große Kindersegen. Es ist fast unwahrscheinlich, wie viele Kinder sich am Straßenrand aufhalten. In Seoul und in den Dörfern rufen dem vorbeifahrenden oder vorbeispazierenden Ausländer alle Kinder fröhlich mehrmals „hello" zu und winken mit der Hand. Die Anzahl von unbeaufsichtigten Kindern und Jugendlichen ist so groß, dass es während Hungersnöten vorgekommen sein soll, dass koreanische Mütter ihre Kleinkinder unter amerikanische Motorfahrzeuge geworfen haben, um von den Amerikanern eine Geldentschädigung für ihren Ver-

lust zu erpressen. Viele dieser Kinder sind Kriegswaisen. Autofahren ist hier allerdings ein Albtraum. Die ziemlich unterernährt aussehenden Kinder halten sich scharenweise nicht nur am Straßenrand, sondern mitten auf der Straße auf und weichen auch bei energischem Hupen kaum von der Straße. Es ist deshalb auch nicht verwunderlich, dass mein Fahrer vorgestern einen Unfall hatte, d. h. kurz vor Seoul sprang ihm ein Kind direkt in den Wagen. Glücklicherweise wurde es nur leicht verletzt. Sofort scharten sich etwa 40 Kinder um den Wagen und verstopften die Straße, ein Wunder, dass kein weiterer Unfall passiert ist. Die koreanische Polizei greift nicht ein, sobald sie einen amerikanischen Wagen sieht, und so mussten wir auf die amerikanische Militärpolizei warten.
Ich vergaß noch zu erwähnen, dass die Landschaft südlich von Seoul herrlich ist. Überall wird Reis angepflanzt und die koreanischen Bauern pflügen ihre Felder wie vor 1000 Jahren. Barfuß waten sie durch die Reisfelder („rice-paddies") hinter den Ochsen her. Der Pflug sieht so aus wie bei uns im Mittelalter oder so, wie man das in Spanien auf dem Lande noch heute beobachten kann. Die Bauart der üblichen koreanischen Strohhütten kennt ihr ja von den Reiseberichten meiner Vorgänger her. Auf Englisch nennt man diese Hütten „hutch" und so bezeichnen wir nun in Korea jede Unterkunft als hutch. Unter dem Boden dieser Lehmhäuser wird die Wärme des Küchenfeuers durchgeleitet, sodass eine einfache Bodenheizung (ein etwa 40 bis 50 cm hoher Hohlraum zwischen Erde und Zimmerboden wird von außen geheizt) entsteht. Sofern das Strohhaus genügend isoliert ist, gibt das Haus im Winter genügend Wärme für eine Familie ab. Schuhe werden im Haus nie getragen und die meisten Häuser haben keine Stühle oder Bettgestelle. Die Familien sitzen alle am Boden und schlafen auf weichen, dicken Steppdecken oder Matratzen, die während

des Tages an die Seitenwände gestellt werden. Sobald
das Wetter warm ist, gehen in den Dörfern mit ihren
primitiven Strohhütten von den links und rechts der
Straße gelegenen Rinnen (Abwasserkanäle existieren
nicht) unangenehme Gerüche aus, sodass die Autofenster geschlossen werden müssen. Allerdings müssen infolge des von den Limousinen aufgewirbelten Staubes
ohnehin bei trockenem Wetter die Fenster geschlossen
werden.
Ich hoffe, noch diese Woche etwas juristische Studien
für mich zu treiben und mich vermehrt mit der japanischen und koreanischen Kultur befassen zu können.
Die Repräsentationspflichten absorbieren nämlich relativ viel Zeit, auch wenn es eine angenehme Arbeit
ist. Es ist eben doch wichtig, dass sich jedermann
hier kennt und die Schweiz korrekt vertreten wird.

Bemerkungen zum ausführlichen ersten Brief an meine Eltern:
Die in meinem Schreiben an die Eltern erwähnte Stadt Suwon besuchte ich mit einer nostalgischen Delegation von ehemaligen Mitgliedern der Schweizer Delegation im Jahr 2002 (also anlässlich meiner zweiten nostalgischen Reise nach Korea seit 1964). Heute ist die Stadt mit 650'000 Einwohnern praktisch ein Vorort von Seoul geworden. Die eindrücklichen, jetzt renovierten 5,7 Kilometer langen Stadtmauern des Hwaseong Fortress wurden von der UNESCO zum Welterbe deklariert. Es sei noch bemerkt, dass König Jeongjo der Choson-Dynastie Suwon 1796 zur Hauptstadt machte. Die Befestigungsmauern gehen ganz um den alten Stadtkern herum und können zu Fuß begangen werden; sie bieten eine eindrückliche Sicht auf die Stadt und die hügelige Umgebung. Das imposante Suwon South Gate wurde auch renoviert. Am berühmten Wassertor (Teil der Befestigungsanlage) vermisste ich für einen kurzen Augenblick die im Fluss waschenden Frauen, die ich vor 38 Jahren dort gesehen und fotografiert hatte. Korea hat sich in nur einer Generation von einem sehr armen Agrarland zu einer bedeutenden Industrienation gewandelt.

Die ganze Befestigungsanlage sieht heute viel eindrücklicher aus als damals. Die Rekonstruktion beziehungsweise Renovation im Jahr 1970 der gesamten Anlage war nur deshalb so verblüffend gut gelungen, weil eine ganz exakte und umfassende Dokumentation „Hwaseong Seongyeokuigwe" von zehn Bänden (Records of Hwaseong Fortress Construction) gefunden wurde. Diese stammen bereits aus dem Jahr 1800, also kurz nach dem Tod von König Jeongjo. Zu meiner Enttäuschung, aber zum Vorteil der Bevölkerung gab es praktisch keine einfachen Strohdachhäuser mehr; diese konnten von den Reiseteilnehmern allerdings in der Nähe von Suwon noch in einer Art Freilichtmuseum mit arbeitenden Handwerkern in den traditionellen Kleidern (hanbok) und mit Werkzeugen der damaligen Zeit besichtigt werden. Zu sehen gab es ebenfalls die uns aus der Zeit von 1964 bestens bekannten Strohhäuser mit einer einfachen Bodenheizung, aber auch Haushaltsgeräte von früher. Der Besuch dieser Siedlung – eine Darstellung, wie vor fünfzig oder hundert Jahren gelebt und gearbeitet wurde – ließ unter den schweizerischen Koreaveteranen etwas nostalgische Gefühle aufkommen. Heute sieht man – abgesehen von den Strohhäusern – auch die größeren alten Häuser mit Ziegeldächern im alten koreanischen Stil nur noch ganz selten. Die meisten Koreaner wohnen heute in komfortablen Wohnungen, die sich meistens in kleineren Wohntürmen befinden.

Der in meinem Brief erwähnte riesige Yongsan Compound (Garrison) bestand aus 2,5 Quadratkilometern und befand sich im Yongsan-gu-Distrikt von Seoul. Dort hatte es viele Unterkünfte für Armeeangehörige und Häuser für die höheren Kommandanten, den erwähnten großen Post Exchange, Restaurants, ein Spital und eine zahnärztliche Klinik, „indoor und outdoor sports complexes", eine Bibliothek und so weiter. Die Yongsam Garrison wurde ursprünglich von der imperialen Japanischen Armee gegründet. Im Jahr 1992 wurden 297'000 Quadratmeter Land, inklusive Golfplatz, der Stadt Seoul zurückgegeben und in Yongsan Family Park umgetauft.

Über das in meinem Brief angesprochene Problem der amerikanischen Soldaten und Offiziere mit ihren jungen Koreanerinnen, die nicht alle eigentlich Prostituierte waren, möchte ich noch Folgendes ergänzen: Der Großteil der koreanischen Bevölkerung war damals so arm, dass viele junge Mädchen mit ihrem Beruf, zum Beispiel als Verkäuferinnen, nicht genügend zum Leben hatten. Zudem wohnten sie damals alle noch in Großfamilien und mussten zu deren Unterhalt beitragen. Die Amerikaner, vor allem die Offiziere, verdienten wesentlich mehr, sodass es für viele arme Mädchen naheliegend war, sich in die Offiziersklubs einladen und verwöhnen zu lassen und noch etwas Geld nach Hause in die Großfamilie zu bringen.

In Seoul besuchten wir auch einfache, für uns sehr billige Tearooms, wo wir einige koreanische Studentinnen kennenlernten. Sie ließen sich gelegentlich zum Mittagessen oder zu einer Tasse Tee einladen, lehnten jedoch eine Einladung in einen amerikanischen Club kategorisch ab. Sie waren beim Sightseeing auch nicht bereit, neben uns zu gehen, sondern liefen immer zwanzig Meter vor oder hinter uns her! Der Grund für dieses auf den ersten Blick merkwürdige Verhalten war der folgende: Die mit uns befreundeten Studentinnen wollten bei Freunden und Familienangehörigen nicht für ein sogenanntes „Steady" (mehrmonatige und bezahlte Begleiterin eines amerikanischen Offiziers oder Unteroffiziers) gehalten werden, was unweigerlich zu Beschimpfungen und sogar Ächtung des Mädchens in der eigenen Familie geführt hätte.

Der Autor wird von einem persönlichen Fahrer abgeholt

Landstraße circa 15 Kilometer von Seoul entfernt

Eines der befestigten Tore der Stadt Suwon

Das berühmte Wassertor von Suwon

Wie fand die Kommunikation mit der Außenwelt statt?

Private Briefe zu erhalten war ziemlich umständlich: Diese reisten als normale Post über den Atlantik und quer durch die USA nach San Francisco, von dort als Militärpost über den Pazifik nach Tokio, dann nach Seoul und dann endlich zu uns. Informationen über das Weltgeschehen per Radio oder Fernsehen zu erhalten, war unmöglich.. Es gab nur die redaktionell bescheidene Militär-Zeitung „Stars and Stripes" und nur das Armeeradio AFN. Die von diesem Armeesender gesendete Musik war vorwiegend Country Music und Hill-Billy-Sound. Das AFN betrieb ebenfalls einen militärischen Fernsehsender, weshalb die Tschechoslowaken, Polen, Nordkoreaner und Chinesen scharf auf ein empfangstaugliches Fernsehgerät waren. Daraus erfuhr man kaum etwas über die Weltlage, geschweige denn über Europa und schon gar nichts über die Schweiz. Trotzdem lasen wir alle „Stars and Stripes" täglich. Damals war der Vietnamkrieg in vollem Gang und es waren bereits 20'000 amerikanische Soldaten als sogenannte Berater der südvietnamesischen Armee anwesend. In der amerikanischen Militärzeitung „Stars and Stripes" (Sunday, April 4, 1965 Vol. 21, No. 93 Korea Edition) konnte man Folgendes lesen:

„Several thousand more U.S. military personnel will be sent to the Republic of Vietnam over the coming months, U.S. officials said Friday night. This was disclosed as Ambassador Maxwell D. Taylor conducted a week's strategy review with President Johnson and other Administration leaders and told reporters he sees scant chance of Russia or Communist China intervention in the lingering guerrilla war. Taylor said some more troops would be added to the American forces of about 28'000 now in Southeast Asia countries, though ‚I am not anticipating a large increase'."

Der Chef des Personellen der Schweizer Armee sandte jedoch immer wieder einige schweizerische Zeitungsprodukte wie die „Illustrierte", die „Weltwoche" oder den „Nebelspalter". Diese Zeitungen wurden fast gierig gelesen und anschließend meist heftig darüber diskutiert. Selbst die Telefonverbindung zwischen Seoul und Panmunjom war ein technisch heikles Unterfangen, denn das System war noch manuell und man musste sich durch verschiedene „US-Forces Telephone-Exchanges" (Switchboards) durchfragen. Wenn man Glück hatte, bekam man sogar den richtigen Partner an die Strippe. An eine Verbindung in die Schweiz auf diesem Wege war nicht zu denken – schlicht ein Ding der Unmöglichkeit. Eine Funkverbindung mit Korea konnte dem damaligen Stand der Technik entsprechend nur aus einer Kurzwellenverbindung bestehen. Per Sprechfunk war ab und zu nur gerade ein kurzes Grußwort möglich, deshalb kam nichts anderes als Morsetelegrafie infrage, was weit effizienter und schneller war, als Telegramme per Sprechfunk zu übermitteln (Schrift 50 Jahre Schweizer Militärdelegation in der NNSC Panmunjom Korea 1953–2003, Beilage zur ASMZ 0/2003).

Aus diesem Grund befanden sich in unserer Delegation zwei Funker-Korporäle: Max Rüegger und Ernst Dinkel. Da sich die Kommunikationsmöglichkeiten in den letzten Jahren gewaltig verbessert haben, vermitteln sie der heutigen jungen Generation das Gefühl, große Distanzen (wie zwischen der Schweiz und Asien) seien viel kürzer geworden (crash of distance). Das mobile Telefon (Handy) ist erst seit noch nicht einmal fünfzehn Jahren ein Massenkommunikationsmittel geworden. Das Internet ist noch jünger. Google ist gerade zehn Jahre alt und erst seit wenigen Jahren die globale Suchmaschine.

Das ungute Gefühl, so nahe bei den bedrohlichen Kommunisten zu leben und von der westlichen Außenwelt bis zu einem gewissen Grad logistisch und bezüglich der Kommunikation völlig abgeschnitten zu sein, erlebte ich in der Nacht manchmal als eine unangenehme Isoliertheit, vor allem wenn beim Einschlafen das Rattern der Maschinengewehre der Nordkoreaner zu hören war. Die Amerikaner aus dem Advanced Camp, mit denen wir fast täglich Kontakt hatten, waren für unsere Sicherheit (Bewachung mit Patrouillen in der Nacht), den Unterhalt des Camps, den Nachschub an Essen und Getränken, aber auch für den Transport verantwortlich. Sie lieferten uns auch Spielfilme (zur Unterhaltung der amerikanischen Truppe) der U.S. Forces Motion Picture Services und zusammen mit einem spezialisierten Operateur führten sie diese dreimal pro Woche vor. Die Amerikaner lieferten uns sogar Tennisschläger. All diese amerikanischen Dienstleistungen halfen wesentlich mit, das unangenehme Gefühl eines „Inseldaseins" am Bambusvorhang zu verdrängen und das Mönchsleben am Ende der Welt erträglicher zu machen. Die für uns zuständige amerikanische Vorhut im Advanced Camp bestand aus 450 nur leicht bewaffneten Offizieren und Soldaten, die meisten waren Militärpolizisten. Es hatte dort einen kleinen Laden, einen PX, der aber schon viel größer war als der kleine Laden unseres Camps und deshalb über ein reichhaltigeres Angebot verfügte. Der winzige PX, der nur für das Swiss und Sweden Camp existierte, bot nur das Allernötigste (Zahnpasta, Seife, etc.) während zwei Stunden pro Tag an und wurde von koreanischen Hilfspersonen betrieben.

An den Wochenenden im Sommer durften wir das Schwimmbad im Advanced Camp benutzen. Erstaunlicherweise gab es im tschechoslowakischen und polnischen Camp einen „king size"-Swimmingpool. Verschiedentlich wurden wir dorthin zu einem kühlenden Bad mit anschließendem guten Pilsner Bier eingeladen.

Wasser war ein Luxus, denn jeder Liter musste per Tanklastwagen hergeschafft werden. Der Wassertank für die Schweden und Schweizer befand sich auf dem höchsten Punkt des Camps. Jener aus Holz konstruierte riesige Tank mit 15'000 „Gallon" Wasser sah wie ein überdimensioniertes Fass aus. Mittels einer schmalen und wackeligen Leiter konnte man zuoberst auf den Tank klettern und hatte von dort die beste Aussicht auf die demilitarisierte Zone und den kommunistischen Norden. Als unser Funker Ernst Dinkel erstmals im Swiss Camp ankam, musste er unter der Leitung des bereits altgedienten Quartiermeisters Schori eine Art Mutprobe bestehen: Dinkel musste den Joggingparcours von eineinhalb Kilometern durch die verminte DMZ absolvieren und anschließend, gewissermaßen als Belohnung, die spektakuläre Aussicht zuoberst auf dem Wasserturm genießen. Da das Holz des Tankdeckels ziemlich morsch war, konnte Dinkel ins Wasser hinuntersehen und erblickte zu seinem Schrecken einen toten Vogel und viele größere Insekten, die sich an der Wasseroberfläche in dem desinfizierten Wasser befanden. Als Mark Schori dem Neuling erklärte, dass dieses Wasser nicht nur für die Dusche und die WC-Anlage, sondern auch zum Kochen verwendet würde, wurde Dinkel ziemlich bleich im Gesicht und glitt schnell die Leiter wieder hinunter. Jeder Schweizer, der neu im Camp war, musste sich aufgrund der ungewohnten Wasserqualität ohnehin eine Woche lang mit einer bösen Magenverstimmung abfinden.

Das „Advanced Camp" lag unmittelbar hinter der südlichen Demarkationslinie, also ungefähr zwei Kilometer von unserem Swiss Camp entfernt. Das Swiss Camp wurde von den U.S.-Streitkräften gewissermaßen als eine eigene Einheit betrachtet und somit hatten wir zu allen Ressourcen der Amerikaner Zugang. Da sowohl der schweizerische als auch der schwedische Delegationsleiter Generalsrang hatten, wurde die „Generals Mess" (separater Raum für die beiden Generäle und ihre beiden Stellvertreter) in Bezug auf Lebensmittelzuteilungen privilegiert behandelt.

Es entwickelten sich im Verlaufe der Zeit sehr gute Beziehungen mit den dortigen Offizieren, ja sogar viele Freundschaften. In der amerikanischen Armee gab es eine Art Slang wie zum Beispiel „Can Do" oder „No Sweat" (kein Problem). Diese etwas speziellen Ausdrücke beherrschten wir erstaunlich schnell. Natürlich kamen wir ebenso auf die Idee, unseren Freunden auch einige schweizerdeutsche Slang-Brocken – ins Englische wörtlich übersetzt – beizubringen. So zum Beispiel „Das hilft dir ufs Velo" (das hilft dir auf das Fahrrad), das hieß dann: „This helps you on the bicycle." Es dauerte nicht lange, bis unsere amerikanischen Freunde im Advanced Camp zu unserer Belustigung einige unserer faulen Sprüche ebenfalls konnten.

Das kleine Schwimmbad im Advanced Camp

Weitere Geschichten aus dem Leben am 38. Breitengrad

In einem zweiten Brief vom 12. Mai 1964 an meine Familie in Bern schrieb ich unter anderem:

Ich spiele jeden Tag Tennis, und wenn es so weitergeht, kann ich an den Olympischen Spielen im August in Tokio teilnehmen! Das letzte Wochenende verbrachte ich wiederum in Seoul; leider war das Wetter schlecht, sodass ich auf größere kulturelle Exkursionen verzichten musste, dafür sah ich im „Korea-House" am Sonntagnachmittag Volkstänze, die gut und interessant waren. Auf dem Weg nach Seoul bemerkte ich ungefähr 20 km von der Hauptstadt Frauen, die Straßenarbeiten (Teeren, Schutt herumführen usw.) besorgten. Viele dieser Frauen waren recht gut angezogen (farbige Jäckchen usw.), die meisten noch jung und zum Teil gut aussehend. Ich habe nun Folgendes herausgefunden: Diese Frauen müssen gratis für den Staat arbeiten, da ihre Ehemänner die Steuern nicht bezahlt haben. Mir wurde gesagt, dass dieses abschreckende und fast barbarische System der Steuereintreibung höchst effizient sei.
Viele Amerikaner fühlen sich ganz offensichtlich immer noch als Teil einer Art Besatzungsmacht. Dies äußert sich etwa darin, dass unsere MP-Driver hemmungslos durch Einbahnstraßen fahren und bei Fußgängerstreifen einfach hupen und Vollgas geben. Solch ein Verhalten erinnert mich doch etwas an den Film „The Ugly American" von 1963 mit Marlon Brando. Während des Koreakrieges (und sogar noch während des Vietnamkrieges) benützten amerikanische Soldaten für die feindlichen Asiaten das von den U.S. Marines im frühen 20. Jahrhundert auf den Philippinen geprägte, herabwürdigende Wort „Gooks". Eine verhängnisvolle

Unterschätzung der Fähigkeiten und des Potenzials der Asiaten. Wie ich auf meiner zweiten Reise nach Seoul weiter beobachten konnte, haben die Koreaner ein spezielles System zum lebendigen Schweinetransport per Velo entwickelt: Man gibt den Schweinen billigen Reiswein zum Saufen, bis sie stockvoll sind, und bindet sie dann mit einer Schnur auf dem Gepäckträger des Velos fest – und los geht's zum nächsten Markt, wo mit dem immer noch lebenden Schwein ein Handel abgewickelt werden kann.

Zu meinem Erstaunen stellte ich 42 Jahre später bei einer Reise nach China fest, dass in diesem aufstrebenden Land die grausame Art von Schweinetransport in ländlichen Gegenden noch heute existiert.

In Seoul gab es ein von der amerikanischen Armee subventioniertes und deshalb äußerst günstiges Hotel für Offiziere, zu dem wir grundsätzlich Zugang hatten. Dieses war aber am Wochenende praktisch immer ausgebucht. Unser Quartiermeister Schori kannte aber den bewährten Trick, wie man vorzugehen hatte, wenn das Hotel wieder einmal voll war und man trotzdem ein Zimmer haben wollte: Man musste eine Kiste Bier im Auto von Panmunjom nach Seoul mitnehmen und dann dem koreanischen Angestellten am Empfang sagen: „It's a hot day today, you deserve some cold beer." Dabei stellte man ohne weiteren Kommentar einfach die Kiste auf den Empfangsschalter (die sofort von der Theke verschwand). Danach prüfte der koreanische Angestellte am Empfang nochmals sorgfältig die Reservationen und plötzlich war doch ein Zimmer vorhanden, allerdings auf Kosten eines amerikanischen Offiziers, der zwar reserviert, aber noch nicht eingecheckt hatte.
Noch eine Geschichte aus Seoul: Letzten Sonntagnachmittag wollte ich in einen amerikanischen Offiziers-

club fahren. Mein Driver verpasste den Eingang und fuhr etwas zu weit und benützte den großen Vorplatz des Hauptquartiers der amerikanischen Militärberater zum Wenden des Wagens. Als wir den Vorhof gerade wieder verlassen wollten, winkte ein verärgerter amerikanischer Oberst meinen Fahrer zu sich heran und erklärte ihm, dass ein MP hier mit dem Wagen nicht wenden dürfe. Anschließend wandte er sich zu mir und sprach mich auf Französisch an: „Ah, un officier Suisse." Weiter erklärte er mir, dass er amerikanischer Militärattaché in Bern gewesen sei und mit seiner Familie eines Tages dorthin eine Ferienreise unternehmen wolle. Als ich dann fragte, ob er in Bern am Kollerweg 32 gewohnt habe, war er höchst verblüfft und fragte mich, woher ich dies wisse. Ich sagte ihm, dass diese Liegenschaft meinem Vater gehöre, der sie zwei Mal an amerikanische Militärattachés vermietet habe. Jedenfalls haben meine Kameraden im Swiss Camp nicht schlecht über diese Story gestaunt.
Heute Morgen fand wie jeden Dienstag das NNSC-Meeting statt. An diesem Treffen nahmen in der Regel die vier Delegationsleiter (alle im Generalsrang), die vier Alternatives (Stellvertreter) und die vier Generalsekretäre teil. Anschließend fand – organisiert von meinen drei Kollegen und mir – eine Blitzparty zu Ehren meines sich verabschiedenden Vorgängers, Dr. Armin Meyer, statt, der noch heute Korea verlassen wird. Die bei dieser Gelegenheit eingenommenen Säfte, nämlich polnischer Wodka, tschechoslowakischer Cognac und Pilsner Bier, spüre ich – als Nachbrenner dieses Genusses – bis jetzt, d. h. während ich versuche, diese Zeilen auf ein Blatt zu tippen. Armin Meyer lud uns bei seiner Verabschiedung in Seoul in ein koreanisches Restaurant ein, wo wir die einzigen westlichen Gäste waren und ich zum ersten Mal in meinem Leben in einem Restaurant am Boden sitzend auf einem sehr niedrigen Tisch ein Essen einnahm.

Um 11 Uhr fand im Konferenzgebäude nebenan ein MAC-Secretaries-Meeting statt. Viele Touristen und Militärs kamen aus Seoul, um das Spektakel, fast eine Art Show, anzusehen. Allerdings merkt jeder Besucher in kürzester Zeit, dass hier zwischen Nord- und Südkorea eine Bedrohungslage latent vorhanden ist und deshalb ein fast unheimlich gespanntes Verhältnis vorherrscht. Die Verhandlungen wurden per Lautsprecher sehr laut übertragen, sodass man die Gespräche auf dem ganzen Konferenzgelände hören konnte. Am 26. Januar dieses Jahres sind bei einem solchen Meeting zwei Südkoreaner zum nordkoreanischen Wachthäuschen hinaufgesprungen und haben dort politisches Asyl gefunden. Es hatte sich um Spione aus Südkorea gehandelt, die zugunsten von Nordkorea spioniert haben. Bei solchen Konferenzen bildet sich um das Konferenzgebäude herum ein eigenartiges, fast furchterregendes Bild: Groß gewachsene amerikanische MPs in eleganter Uniform stehen in strammer Haltung herum und dazwischen die eher kleinen nordkoreanischen und chinesischen Wachen in fast schlampigen Uniformen, deren Hosen so aussehen, als wären sie drei Nummern zu groß. Alle diese bewaffneten Wachen schauen aber ziemlich grimmig drein, auch die Amerikaner. Obschon wir Schweizer an diese Szenen bereits gewöhnt sind, bleibt dabei ein mulmiges Gefühl, dass die Gefahr einer neuen Auseinandersetzung der Kriegsparteien nach wie vor vorhanden ist.

Zu dem am Anfang dieses Briefes erwähnten Tennisspiel im Swiss Camp muss ich noch ergänzen, dass ich erst dort mit Spielen angefangen, jedoch vorher nie ein Racket in der Hand gehabt hatte. Das Fehlen eines Tennislehrers führte dazu, dass ich mir trotz meiner Begeisterung für diesen Sport einen unmöglichen Stil zulegte, den ich erst nach vielen Jahren mit Privatstunden in der Schweiz einigermaßen ausbügeln konnte. Trotz aller anfänglichen Fehler machte mir das Tennisspielen großen Spaß. Viele der Bälle flogen wie für Anfänger üblich oftmals über den hohen Maschendraht in die umliegende wilde und schöne Fauna, eine Art Biotop mit seltenen Tieren und Pflanzen. Gorale, eine asiatische Ziegenart, Rehwild, Fuchs, Wildschwein und Luchs leben hier. Die unermüdliche Sharonrose (ihr koreanischer Name ist Mugungwa) blühte auch hier im Sommer. Seit 1990 hat der Strauch den offiziellen Status einer Nationalblume. Kein Wunder, ist doch die DMZ seit dem Waffenstillstandsabkommen von 1953 eine völlig unberührte Natur geblieben und damit für Naturliebhaber eine Versuchung, diese zu erforschen.

Ich wusste aber, dass kurz vor meiner Ankunft in Panmunjom (April 1964) zwei amerikanische Soldaten, die nach den seltenen wilden Pflanzen und Blumen in der DMZ in der Nähe des Advanced Camps gesucht hatten, auf eine Mine getreten waren und dabei beide Füße verloren hatten (das grauenhafte Foto der „Stars and Stripes"-Zeitung war am Anschlagbrett im Swiss Camp einige Zeit aufgehängt gewesen). Sie waren Opfer einer durch Federkraft hochspringenden und auf Kniehöhe explodierenden Personenmine geworden. Wie mir Mark Schori erst beim Durchlesen meines Manuskripts mitteilte, wurden solche Minen „bouncing belly mines" genannt und die beiden GIs waren PFC (Private First Class) Wright und PFC Nyhberg. Der Letztere der beiden stand Mark Schori besonders nahe; denn er war verschwiegen und zumeist chauffierte er ihn (manchmal auch mit seiner Freundin Miss Park) auf seinen Ausflügen. Auch holte er ihn einmal auf der Osan AFB ab (statt im K 16/Kimpo bei Seoul), und zwar als Mark, von Tachikawa kommend, nach einem Flug übelster Sorte mit „one starboard engine on fire" in Osan notlanden musste. Als PFC Nyhberg transportfähig war und mit einem Sanitätsflugzeug nach Japan ausgeflogen werden konnte, begleiteten ihn Paul Oberli und Mark Schori nach Kimpo. Der Unfall ging den beiden ganz gehörig unter die Haut. Leider wurde ebenfalls einer unserer Houseboys Opfer einer „bouncing belly mine", als er für unser Cheminée im Swiss Club Brennholz sammeln wollte.

Es galt beim Tennisspielen fatalerweise unter den Delegationsmitgliedern als kleine Mutprobe, wenn man selber die über den hohen Maschendraht geflogenen Bälle einholen ging. Ich machte zwar hier nicht mit, musste jedoch an mir selber feststellen, dass ich mit zunehmender Dauer meines Aufenthalts in Korea risikofreudiger wurde und daran noch Spaß hatte – nach dem italienischen Motto „vivere pericolosamente". Eine ähnliche Entwicklung, nur etwas weniger ausgeprägt, hatte ich bereits im Militärdienst in der Schweiz beim Handgranaten- oder beim Pistolenschießen für Offiziere festgestellt. Ich werde auf dieses eigenartige Phänomen noch zurückkommen.

Wie auf einer winzigen Insel war unsere Bewegungsfreiheit (mindestens während fünf Wochentagen) drastisch eingeschränkt. Neben dem erwähnten Tennisspiel war die einzig andere Möglichkeit, Sport zu treiben, einen Dauerlauf, heute Jogging genannt, zu absolvieren. Es gab vom Camp aus einen etwas eineinhalb bis zwei Kilometer langen Weg oder vielmehr einen Trampelpfad, der durch die südliche DMZ und wieder zurück zum Camp führte. Immer wieder wurde uns eingeschärft, diesen Weg unter keinen Umständen zu verlassen. Der Weg selbst sei von amerikanischen Spezialisten von Minen befreit worden und deshalb sicher. Doch das umliegende Gelände strotze von Minen und deshalb sei jedes Verlassen des Weges lebensgefährlich. Um fit zu bleiben, benützten mehrere sportliche Delegationsmitglieder diesen Pfad fast täglich. Nach den extremen Sommergewittern wurden Teile des engen Weges weggeschwemmt. Was nun zum Vorschein kam, ließ einem die Haare zu Berge stehen: Es tauchten drei bis vier Minen unter dem schmalen, eineinhalb Meter breiten Weg auf, der während langer Zeit von den Schweizern und Schweden fast täglich zum Jogging benutzt wurde.

Es muss daran erinnert werden, dass der Krieg fünf, wenn nicht sechs Mal über das Gelände der DMZ hin und her ging, und jedes Mal wurden neue Minen vergraben. Es gab Panzer- und Fahrzeugsprengsätze, die von einem Fußgänger oder Jogger nicht ausgelöst werden konnten. Es gab allerdings auch Personenminen; die gemeinsten davon waren diejenigen, welche – wenn ausgelöst – durch Federkraft hochsprangen und etwa auf Kniehöhe explodierten. Die U.S.- und ROK-Patrouillen in der südlichen DMZ hatten in der näheren und weiteren Umgebung von Panmunjom im Durchschnitt ein Mal pro Monat einen Minenunfall.

Übergabe von gefangenen amerikanischen Helikopterpiloten

Am 26. Mai 1964 (3. Brief) schrieb ich folgenden Kommentar nach Hause:

Ich habe mit Genugtuung davon Kenntnis genommen, dass mein Bankkontosaldo nach jahrelanger Aushöhlung nun endlich nicht mehr abnimmt, sondern verblüffenderweise offensichtlich zunimmt. Im Hinblick darauf, dass ich hier sehr gut lebe und trotzdem noch etwas Geld auf die hohe Kante bringen und gleichzeitig die ganze Welt sehen kann, frage ich mich, ob ich den Koreajob (Vertrag von 6 Monaten) nicht doch noch etwas verlängern sollte.

Am 17. Mai 1963 wurde von einem amerikanischen Militärsprecher gemeldet, dass „an 8th Army OH-23 helicopter" über kommunistischem Gebiet von den Nordkoreanern abgeschossen und die beiden Piloten gefangen genommen worden waren. Sie wurden erst ein Jahr später wieder freigelassen und den Amerikanern in die JSA zurückgebracht, vermutlich aufgrund eines Gefangenenaustausches. Sie hatten sich während der Dauer ihrer bitteren Gefangenschaft überhaupt nie gesehen und mussten Erklärungen abgeben, dass sie Verbrecher seien und spioniert hätten.

Apropos schweizerisches Fernsehen, das die Rückgabe der beiden Piloten gezeigt hatte und das ihr sicher mitverfolgt habt: Bei der kürzlich erfolgten Übergabe der gefangenen amerikanischen Helikopterpiloten, die sich vor einem Jahr infolge schlechten Wetters etwas nordwärts der Demarkationslinie verirrt hatten, bestand eine ausgesprochen gespannte Atmosphäre. Für ihr „Verbrechen" mussten sie mehr als ein Jahr im Gefängnis in Nordkorea absitzen.

Auf der amerikanischen Seite der kleinen „Bridge of No Return" hatte ich mich nicht gegenüber den Fotografen aufgestellt, weshalb ihr mich nicht am Fernsehen in der Schweiz gesehen habt. Ich war eben selber Fotograf und stand bei den offiziellen Fotografen und Fernsehleuten auf einem Stuhl und konnte 26 Dias aus nur drei Metern Distanz aufnehmen. Es war ein bewegender Augenblick, als die bleichen, etwas abgemagerten und müde aussehenden Piloten in einem sehr einfachen blauen Übergewand von den Nordkoreanern freigelassen und anschließend sofort mit einer amerikanischen Limousine wegtransportiert wurden ...

Im Folgenden sei an einige wenige Beispiele über die in den letzten Jahrzehnten seit der Unterzeichnung des Waffenstillstandsabkommens von 1953 vorgekommenen, krassen Verletzungen dieses Abkommens erinnert („The Swiss Delegation to the NNSC 1953–1993 Panmunjom"):
November 1966: Während Präsident Johnson Südkorea besucht, werden sieben Männer einer achtköpfigen UNC-Patrouille 800 Meter südlich der DMZ, auf südkoreanischem Boden, von Nordkoreanern getötet.

21. Januar 1968: Eine aus 31 Mann bestehende Guerilla-Gruppe mit dem Auftrag, den Wohnsitz des südkoreanischen Präsidenten, das „Blue House", anzugreifen, wird knapp 300 Meter vor Erreichen des Zieles größtenteils ausgeschaltet.

10. Oktober 1970: Während einer Schlägerei zwischen nordkoreanischen und UNC-Wachen in der Joint Security Area wird ein Offizier der Schweizer Delegation leicht verwundet, als er einen ohnmächtig am Boden liegenden UNC-Wachsoldaten vor angreifenden nordkoreanischen Wachen schützt.

15. Oktober 1974: Eine südkoreanische Patrouille entdeckt rund 10 Kilometer östlich von Panmunjom in der südlichen Hälfte der Demarkationslinie einen ersten, von Nordkoreanern erbauten Infiltrationstunnel.

Anlässlich einer Nostalgiereise für schweizerische Alt-Koreaner 2002 unter der kundigen Führung von Walter Leu (in Panmunjom 1965/66) wurde den Teilnehmern circa 10 Kilometer südlich der DMZ ein sehr tief unter der Erde liegender und gut ausgebauter neuer Tunnel gezeigt, der es ermöglicht hätte, innerhalb einer Stunde ein ganzes nordkoreanisches Regiment durchzuschleusen und dabei den amerikanischen und südkoreanischen Truppen überraschend in den Rücken zu fallen.

18. August 1976: Südkoreanische Arbeiter unter Aufsicht von amerikanischem Militär wollen eine Pappel in der Nähe der „Bridge of No Return" stutzen, um zwischen zwei Checkpoints bessere Sichtverbindung auf die nordkoreanische Seite zu haben. Es kommt zuerst zu mündlichen, dann zu handgreiflichen Auseinandersetzungen mit von nordkoreanischen Wachen herbeigerufenen nordkoreanischen Soldaten. Im Verlaufe der Schlägerei, die offensichtlich geplant ist, werden zwei amerikanische Offiziere mit Äxten erschlagen. Als Reaktion darauf fällen die USA am 21. August 1976 mit einem massiven Aufgebot von 300 Mann die Pappel bis auf einen 3 m hohen Strunk.

Die Spannungen und kriegerischen Vorkommnisse am 38. Breitengrad bestanden somit nicht nur im Jahr 1964, sondern bereits vorher und vor allem auch nachher. Sie dauerten fast ununterbrochen bis heute an, das heißt auch nach mehr als 55 Jahren nach der Unterzeichnung des Waffenstillstandsabkommens. Dabei ist zu bedenken, dass Seoul nur vierzig Kilometer südlich der Grenze zu Nordkorea liegt und sich somit in Reichweite schwerer Artillerie befindet. Ein heute wirtschaftlich vollkommen ruiniertes Land mit einem Regime ohne Zukunftsaussichten unterhält eine der größten Armeen der Welt. Eine aggressive Armee, die unter der DMZ hindurch Tunnel von Norden nach Süden treibt, wovon drei in den Siebzigerjahren entdeckt wurden und ein vierter im Jahr 1990, groß genug für Panzer und Lastwagen. Es wäre auf diesem Weg möglich gewesen, pro Stunde eine ganze Division durchzuschleusen.

Nun zurück zu meinem Schreiben (dritter Brief):
Letzte Woche musste ich für die Amerikaner ein Foto (Brustbild), flankiert von der amerikanischen Flagge, von mir machen lassen. Gratis und franko erhielt ich neben mehreren kleineren Fotos auch vier große Bilder (A4-Format) zugestellt. Wie ihr sofort auf dem Foto feststellen werdet, steht es um meinen Haarwuchs nicht mehr zum Besten. Die neuen, sehr eleganten, sandfarbigen Uniformen für den bevorstehenden heißen Sommer wurden inzwischen vom Eidgenössischen Militärdepartement bewilligt. Nächste Woche fahre ich zur Anprobe nach Seoul.

Die Übergabe der gefangenen Helikopterpiloten

Die Swiss Army beobachtet ihre Kollegen von der US Army bei einem Manöver

Ausflug an einen Bergsee –
Bemerkung über die Religionen

Im Brief vom 26. Mai 1964 (4. Brief) schrieb ich:

Gestern war ich mit drei Kollegen an einem fantastischen Bergsee, dem „Chong-Pyong-Lake". Es handelt sich eigentlich um einen Stausee, der zwei Stunden westlich von Seoul gelegen ist. Man kann dort baden und auf dem See sahen wir reiche europäische Geschäftsleute Wasserski fahren. Meinem Driver erschien dieser schöne Landstrich wie ein Märchen. Am letzten Samstag hatte ich ihn in Seoul zu einem Drink in einer Bar eingeladen. Er sagte mir, dass er nun zum ersten Mal seit acht Monaten wieder in einem richtigen Haus gewesen sei. Alle Amerikaner wohnen – wie auch wir Schweizer – in einer Wellblechbaracke, wobei nicht alle so gut ausstaffiert sind wie die unsrigen. Das Bad im Stausee war erfrischend und nach den staubigen Straßen wirklich eine Wohltat. Den Wagen mussten wir in der Nähe des Staudammes parkieren und dann ging es mit einem Motorboot über den See bis zu einer kleinen Sandbucht. Dort hatte es alle Schikanen wie an einer romantischen Bucht an der französischen Riviera mit Bungalows und einem Restaurant. Was für ein gewaltiger Unterschied zu den primitiven Strohhäusern, die man überall auf dem Land sieht.
In Korea herrscht offenbar keine Religion vor. Es wurde schon gesagt, dass Korea ein Land ohne Religion sei. Einer unserer „houseboys" gab mir einmal zur Antwort, als ich ihn fragte, welcher Religion er eigentlich angehöre: „Früher war ich Christ, jetzt nicht mehr, da es mir wieder besser geht." Die alten koreanischen Religionen, Schamanentum, Konfuzianismus und Buddhismus, sind stark zurückgegangen. Der christliche Glaube hat aber in der letzten Zeit vermehrt Fuß

fassen können. Shintoismus war Staatsreligion während
der japanischen Besetzungszeit; jedoch wurde diese
Religion von den Koreanern nie richtig angenommen,
obgleich die Koreaner von den Japanern gezwungen wurden,
an den shintoistischen Zeremonien teilzunehmen.
Der Hass gegen die Japaner zeigt sich auch heute immer
wieder bei Studentendemonstrationen.

Da es sehr lange her ist, seit ich die in meinem Brief gemachten Bemerkungen über die in Korea vorherrschenden Religionen verfasst habe, bin ich der Sache nochmals nachgegangen und habe festgestellt, dass diese erstaunlicherweise auch heute noch Gültigkeit besitzen. Gemäß „The World Factbook 2007" behauptet knapp die Hälfte der Südkoreaner, sich keiner Religion zugehörig zu fühlen. 23 Prozent glauben an Buddha und die Christen machen ein Viertel der Bevölkerung aus. Es betrachten sich auch nur 0,2 Prozent der Bevölkerung als Konfuzianer, jedoch hat der Konfuzianismus (Ribak) im koreanischen Alltag unbestritten den stärksten Einfluss auf das menschliche Miteinander. Er ist seit 1600 Jahren unverrückbarer Bestandteil der koreanischen Kultur, seine Wertschätzung ist, wenn auch oft unbewusst, immer noch sehr hoch. Der Religionswissenschafter An Byang bezeichnet sein Land als „Supermarkt der Religionen". Wie beim Einkaufen nehmen sich viele Koreaner mal hier ein wenig Religion aus dem Regal oder probieren dort eine neue Sorte Glauben aus. Kommt der Tod, dann braucht man Buddha.

Nächsten Samstag findet im „Advanced Camp" (das nördlichste amerikanische Camp in Korea und dasjenige,
das uns mit Esswaren und Material versorgt sowie
die Wachen und Fahrer stellt) eine Party der „Merry
Mad Monks of the DMZ" statt. Der Zwei-Stern-General
Combs ist der Senior Monk und auch der Vorsitzende
der UNO-Truppen an den MAC (Military Armistice Commission)-Meetings in Panmunjom. General Combs ist
derjenige, der mit den Kommunisten über die Freilassung der beiden Piloten verhandelt hat.

Zu meinem obigen Schreiben (4. Brief) an meine Eltern, das nur für meine Familie in der Schweiz gedacht war, wäre noch nachzutragen, dass beim Ausflug an den schönen Bergsee (Chong-Pyong-Lake) böse Zungen unter vorgehaltener Hand noch die folgende Geschichte flüsterten:

Nach einem guten Essen und dem Konsum von einigen Flaschen des süffigen koreanischen Biers auf der Terrasse des romantischen Restaurants am See habe die junge blonde Gattin eines erfolgreichen schweizerischen Geschäftsmannes in Seoul vorgeschlagen, um Mitternacht sollten alle Anwesenden mit ihr nackt in die Fluten steigen. Diesem Ansinnen hätten auch drei biedere Schweizer Offiziere und sogar die sie begleitenden Koreanerinnen ohne Weiteres Folge geleistet. So wie Gott sie erschuf, hätten sich zur Geisterstunde bei Mondschein alle ins kühle Wasser gestürzt. Wie auch immer es sich mit diesem wilden Gerücht in Wirklichkeit verhalten hat, noch lange wurde von diesem schönen und aufregenden Ausflug gesprochen!

Es wird noch wärmer – endlich neue Sommeruniformen

Die Hitze setzte uns jede Woche etwas mehr zu und jedes Delegationsmitglied versuchte auf seine Art, diesem unangenehmen Zustand zu entrinnen. Einzig im Swiss Club waren zwei „air conditioner" in die Wand eingebaut. Deshalb hielt sich in den heißen Sommertagen auch tagsüber fast die gesamte Delegation dort auf. Dass Klimaanlagen nicht ohne Tücken sind, zeigt die folgende Geschichte: Eines unserer Delegationsmitglieder, der eine starke Körperbehaarung aufwies, litt ganz gewaltig an der – wie er sich ausdrückte – „Affenhitze" im Sommer und konnte deshalb seit einiger Zeit nachts nicht mehr schlafen. In seiner Verzweiflung kam er an einem warmen Sommerabend auf die Idee, im Swiss Club zu übernachten. Er legte sich aufs Sofa, direkt unter den Air Conditioner. Endlich konnte er wieder einmal gut schlafen. Die dunkelgrünen Armee-Ventilatoren in jedem Zimmer hatten ihm nie genügend Kühlung verschafft. Leider konnte sich unser Kamerad am folgenden Morgen überhaupt nicht mehr bewegen, er hatte sich den größten „Gsüchti" (Rheuma)-Anfall seines Lebens geholt und humpelte während drei Tagen wie ein alter Zittergreis in gebückter Haltung am Stock im Camp herum.

Am 30. Mai 1964 (5. Brief) schrieb ich nach Hause:

```
Es ist 16 Uhr und ich sitze in meinem Zimmer nur mit
einer Turnhose bekleidet. In Korea mit seinem kon-
tinentalen Klima fängt es nun an, richtig warm zu
werden. Ich schätze die Temperatur auf circa 30 Grad
Celsius. Im Verlaufe der nächsten Monate soll es dann
zusätzlich noch sehr feucht werden. Die Nordkoreaner
haben jetzt auch auf Sommer umgestellt und sind nun
recht elegant mit leichten weißen Uniformkitteln be-
kleidet. Nächste Woche wird die Schweizer Delegation
erstmals in ihrer Geschichte mit einer maßgeschnei-
derten eleganten und leichten Sommer-Kaki-Uniform
bekleidet sein. Trägt man zu dieser Uniform noch ein
```

weißes Hemd, dann sind die Sennenschweizer plötzlich der letzte modische Schrei im Orient und die Amerikaner bekommen Minderwertigkeitskomplexe. Ein Gurt wird dabei nicht mehr getragen. Der Stoff ist der gleiche wie derjenige, den die U.S. Marines stolz im Ausgang tragen. (Das U.S. Marine Corps hat weltweit Bekanntheit in mehreren Kriegen erlangt, wie auch in der ersten Zeile der Hymne des Marine Corps zu erkennen ist: „From the halls of Montezuma to the shores of Tripoli".) Ich habe mir bereits aus demselben Stoff einen Zivilkittel bestellt. Auf diese Weise werde ich mich in Seoul blitzschnell in einen Zivilisten verwandeln können, da die militärischen Hosen gleich aussehen wie die zivilen.

Zu den Sommer-Kakiuniformen ist noch folgende wahre Geschichte der Überwindung des militärischen Amtsschimmels in Bern nachzutragen: Es war schon seit geraumer Zeit ein Anliegen der Schweizer Delegation in Panmunjom, im Sommer eine dem subtropischen Klima angepasste Uniform tragen zu dürfen. Es wurden offenbar über Jahre diesbezügliche Vorstöße in Bern unternommen mit der Begründung, dass der in verschiedenen Armeen verwendete Kaki-Stoff für die heißen Sommermonate zum Tragen ideal wäre. Ein hoher militärischer Beamter in Bern hatte an dieser revolutionären Idee, dass einige Schweizer Offiziere nicht – wie es sich nach Dienstreglement gehörte – die eher dicke grüne Uniform im Sommer tragen wollten, sondern eine leichte Kaki-Uniform (und dazu vorschriftswidrig ohne Gürtel), gar kein Verständnis. Unser damaliger Delegationsleiter, Auguste Geiser, beim Schreiben von solchen Gesuchen diplomatisch versiert, kam nach einer Lagebeurteilung zum Schluss, dass das zu vermeidende Reizwort „Kaki" war. Tatsächlich musste es ja auch nicht unbedingt Kaki sein. In seinem Bericht schrieb unser Generalmajor dann, dass jetzt alle Angebote nochmals sorgfältig geprüft worden seien und dass jetzt ein gut geeigneter „sandfarbiger" Stoff gefunden worden sei, der gegenüber dem konventionellen Kaki im Farbton heller sei und sich von dem in anderen Armeen verwendeten Kaki-Farbton klar abhebe. Die gesamte Delegation bitte deshalb um Erlaubnis, von diesem Stoff die lang ersehnte Sommeruniform herstellen zu dürfen. Zu unserer Erleichterung wurde das Gesuch in kürzester Zeit bewilligt. Diese neue sandfarbige Uniform, die wir mit Stolz trugen, war einer „Kaki"-Uniform zum Verwechseln ähnlich!

Eine korrekte Uniform gemäß dem Dienstreglement tragen wir immer, wenn wir nach Seoul gehen oder Besucher im Camp haben. Sonst verwenden wir im Camp oder bei Ausflügen in die Umgebung des Camps manchmal auch amerikanische Uniformteile.

Nächste Woche werde ich noch zusätzlich ein bis zwei Maßanzüge machen lassen, das Stück für CHF 120. Seit der Abwertung in Korea erhält man für einen harten Dollar (damals CHF 4.30) nicht mehr nur 130 Won,

Die Mitglieder der Schweizer Delegation freuen sich über ihre neuen, leichteren Sommeruniformen

sondern 254 Won. Natürlich sind schon verschiedene Produkte im Zuge der Abwertung teurer geworden, trotzdem macht man jetzt mit dem Kauf von Kleidern, Antiquitäten usw. das große Geschäft. Für Papi habe ich einen Pack Ginsengwurzeln gekauft (1400 Won) und für den Rest der Familie Ginsengtee. Dieser Tee wird in den Tearooms von Seoul ebenfalls serviert und der Volksmund schreibt besagtem Getränk allerhand stimulierende Wirkungen zu. Die Wurzeln kann man auch für den Ginsengschnaps verwenden, aber auch – wie mir gestern ein nordkoreanischer Oberstleutnant erklärt hat – als Einlage für die Hühnersuppe – wobei nur ein kleines Stück davon verwendet werden dürfe.

Kaesong, eine Stadt in Nordkorea

In einem Schreiben vom 31. Mai 1964 (6. Brief) an meine Familie erzählte ich:

Gestern Abend war ich zum ersten Mal in meinem Leben in einem kommunistischen Land, und zwar in der nahe gelegenen Stadt Kaesong (dem Ginsengzentrum). Vom 10. bis zum Ende des 14. Jahrhunderts war sie mit kurzen Unterbrechungen Hauptstadt des koreanischen Königreiches Koryo und beherbergte damals 800'000 Einwohner (heute 300'000). Erst als 1392 die Chosen-Dynastie die Macht übernahm, wurde Seoul die Hauptstadt.
In der Joint Security Area (JSA) wurden Major Christen und ich von einem nordkoreanischen Verbindungsoffizier abgeholt, und zwar in einem miesen russischen Wagen. Dieser Offizier musste sich mit einem fürchterlichen kommunistischen Parfüm eingesprüht haben, dem gleichen, das man an allen diesen Brüdern riechen kann. Mit dem nordkoreanischen Fahrer ging es sogleich über die berühmte „Bridge of No Return". Unmittelbar davor befindet sich der letzte amerikanische Wachtposten und auf der nördlichen Seite der circa 100 Meter langen schmalen Brücke war der erste nordkoreanische Wachtposten stationiert. Auf dieser Brücke wurden seinerzeit Gefangene ausgetauscht. Die nach Nordkorea zurückkehrenden Kommunisten zogen sich hier jeweils nackt aus und warfen ihre imperialistischen Gefangenenkleider, welche ihnen die Amerikaner gegeben hatten, fort und marschierten dann im Adamskostüm ins nördliche Paradies über die Brücke. Die Fahrt ging dann weiter, an der Friedenspagode (hier wurde der Waffenstillstandsvertrag unterzeichnet) vorbei, dann am tschechischen und polnischen Camp entlang und mit großer Geschwindigkeit über eine holprige

und verstaubte Straße weiter nordwärts. Die Menschen am Straßenrand grüßten alle ehrfurchtsvoll (wie offenbar in allen kommunistischen Ländern), die noch nicht schulpflichtigen Kinder verbeugten sich und die sehr hübsch uniformierten Schulmädchen blieben stehen, verbeugten sich ebenfalls und grüßten dazu mit einer speziell eingedrillten Handbewegung. Kurz vor Kaesong wurde die Straße plötzlich sehr gut und alles war äußerst sauber, die Häuser waren weiß angestrichen. Ihr werdet staunen, aber: Die Stadt machte einen wesentlich besseren Eindruck als alle Städte, die ich bisher in Südkorea gesehen hatte. Auf den Feldern sah ich an langen Ästen, die in den Boden gesteckt waren, rote Fahnen im Wind flattern, was bedeutete, dass Soldaten den Bauern beim Reispflanzen halfen. Alles „freiwillig" natürlich. Am Straßenrand hatte es dann von Zeit zu Zeit noch riesige Propaganda-Reklamen, so zum Beispiel ein gigantisches Bild, das einen groß gewachsenen, selbstbewussten nordkoreanischen Freiheitskämpfer zeigte; in der Hand hielt er eine rote Fahne und mit einem wohlgezielten Fußtritt verstampfte er einen kleinen amerikanischen GI.
In der Kaserne von Kaesong wurden wir von Oberst Han und einem zweiten nordkoreanischen Offizier empfangen. Ebenfalls anwesend waren zwei hohe chinesische Offiziere. Einer davon sprach ein blendendes Oxford-Englisch und hatte einen sehr kultivierten Kopf (im Gegensatz zu den eher bäuerlich aussehenden übrigen Offizieren). Wie ich dann vernahm, handelte es sich bei diesem Mann um den Sohn eines ehemaligen Mandarins, der in seiner Jugend von einem englischen Hauslehrer unterrichtet wurde.. Die Nordkoreaner zeigten uns dann voller Stolz das Haus der „Pioniere" für Kinder. Diese Art der Kinderbetreuung ist zwar bei uns in der Schweiz schon seit den Zeiten des bekannten Erziehers Pestalozzi eine Selbstverständlichkeit, aber im Vergleich zu den vielen Tausenden

von vernachlässigten Straßenkindern in Südkorea ein großer Fortschritt. Das Essen war vorzüglich. Sogar das Brot gebacken aus einem Teig, der unserem gehaltvollen und kernigen Vierkorn-Brot ähnlich war. Wenn der Kommunismus so wie die Liebe durch den Magen gehen würde, wäre ich Kommunist geworden. Von einem Knecht (einem Unteroffizier) wurde ständig Ginsengschnaps in die Gläser gefüllt und unmittelbar vor dem Hinunterschlucken sagten die Kommunisten „gambe", was auf Chinesisch „in einem Zug austrinken" bedeutet. Die ersten drei Schnäpse schüttete ich tapfer hinunter, dann stellte ich aber fest, dass der neben mir sitzende nordkoreanische Oberstleutnant mogelte, indem er den Schnaps im Mund behielt, dann zu einem Wasserglas griff und vorgab, jetzt Wasser zu trinken; in Wirklichkeit aber ließ er den im Mund zurückbehaltenen Schnaps diskret ins Wasserglas zurücklaufen. Auch die beiden Chinesen mogelten, was die Brüder aber nicht daran hinderte, beim vierten „gambe" – das ich nicht mehr gewillt war, zu trinken – enttäuschte Gesichter aufzusetzen. Leider machte ich etwas später noch zwei Mal „gambe". Bei der Rückfahrt in der russischen Limousine fühlte ich mich noch sehr wohl – dies änderte sich jedoch unglücklicherweise etwas später. Ihr werdet jetzt sicher begreifen, warum der Kommunismus – anders als die Liebe – bei mir nicht durch den Magen gegangen ist. Zwei Wochen später sahen wir Kindertheater-Vorführungen in Kaesong, die wirklich ausgezeichnet waren. Es war irgendwie rührend, als beim Abschied unserer Delegation mehr als 100 Kinder im Alter von 4 bis 12 Jahren Spalier standen und im Takt klatschten, bis wir mit dem nordkoreanischen Fahrer im russischen Auto in südlicher Richtung verschwanden …

Bei diesen Fahrten nach Nordkorea – einige Zeit später nach Pjöngjang – kam mir der ketzerische Gedanke, ob das südkoreanische Entwicklungsmodell tatsächlich dem nordkoreanischen überlegen sei. In Südkorea sah man eine große Armut; der Anblick der vielen verwaisten und verwahrlosten Straßenkinder tat weh, die Korruption grassierte und die demokratische Bewegung, gerade bei den Studenten, wurde brutal unterdrückt. Die Bautätigkeit stagnierte weitgehend. Dafür sahen wir im Norden viele neue Wohnblöcke, allerdings mit einem niedrigen Qualitätsstandard. Die schulpflichtigen Kinder waren uniformiert und sauber angezogen. Allerdings wurde es mir bald einmal bewusst, dass möglicherweise das südliche liberale Entwicklungsmodell auf lange Sicht dem Norden überlegen sein könnte.

Heute befindet sich im grenznahen Kaesong eine Sonderwirtschaftszone, wo südkoreanische Firmen nach weitgehend marktwirtschaftlichen Gesichtspunkten tätig sein können. Sie stoßen dabei aber immer wieder auf den Widerstand nordkoreanischer Behörden.

Wie wir alle wissen, holte Südkorea mit einiger Verspätung dann zu einem gewaltigen Sprung nach vorne auf, der sich bis in die Gegenwart fortsetzt. Nordkorea hingegen verarmte und musste sogar Hungersnöte in Kauf nehmen. Auf diese gewaltige wirtschaftliche Leistung der südkoreanischen Nation, verbunden mit einem sehr langsamen Demokratisierungsprozess, werde ich später noch genauer zu sprechen kommen.

Nordkoreanische Arbeiter auf ihrem Weg in die Fabrik

Reise nach Hongkong und Macao

Das enge Zusammenleben in Panmunjom gab einem manchmal das Gefühl, in einem luxuriösen Gefängnis zu sein, und schürte die Wanderlust. Im Camp wurde viel von den großartigen Reisen meiner Kameraden und unserer Vorgänger gesprochen. Von meinen Kollegen hörte ich, dass erstaunlicherweise die Kosten des Transports auch für ausgedehnte Ferienreisen von der amerikanischen Armee bezahlt wurden, sofern amerikanische Militärflugzeuge benutzt werden konnten. Diese Chance wollte ich mir natürlich nicht entgehen lassen und beschloss, die erste Reise nach Hongkong zu unternehmen. Albert Christen und Max Rüegger begleiteten mich kurz entschlossen auf dieser Reise.

Den Eltern schrieb ich über unseren Ausflug am 18. Juni 1964 (7. Brief) Folgendes:

Meine Hongkongreise war in jeder Beziehung großartig. Wir wohnten im größten Hotel des Orients, dem riesigen Hongkong Hilton mit 750 Zimmern, das 1961 eröffnet (und 1995 abgerissen) wurde. Allerdings verbrachten wir die ersten beiden Nächte in einer ziemlich primitiven Flohbude, aber umso mehr wussten wir dann den Luxus des Hiltons zu schätzen. Das Hotel gewährte uns als Militärangehörige sogar 35 Prozent Rabatt. Sogleich nach der Ankunft erschien ein orientalisch gekleideter oder verkleideter Kuli, der aus einem schönen Krug von teurem Porzellan unterwürfig Tee einschenkte. Der Direktor ist ein Schweizer. Im Zimmer fand ich am zweiten Tag eine große Flasche Whisky und einen Früchtekorb mit einem Kartengruß des General Managers und des Purchasing Managers. Gestern ließ ich mir im Hotel für USD 50 einen eleganten Maßanzug aus Seide schneidern. Neben dem Luxus gibt es in Hongkong auch sehr große Armut.

Eines der schwierigsten Probleme diesbezüglich ist das Flüchtlingsproblem. Die Flüchtlinge wurden in Gebieten angesiedelt, die nicht gerade appetitlich aussehen; allerdings müssen ständig neue Unterkünfte für diese armen Leute errichtet werden, sodass es fast nicht möglich ist, alle damit verbundenen Schwierigkeiten in den Griff zu bekommen. In ganz Hongkong wird fieberhaft gebaut. Es entstehen im Zentrum der Stadt prächtige Geschäftshäuser, welche im Aussehen und von der Qualität her den amerikanischen in keiner Weise nachstehen. Hongkong hat heute 3,4 Millionen Einwohner (2008 waren es bereits über 7 Millionen). Allerdings hätte es auf einer Nachbarinsel, die größer als Hongkong ist, noch mehr Platz. Leider gibt es auf dieser Insel kein Wasser, wie auch auf den vielen kleineren zur Kronkolonie gehörenden Inseln, sodass sie unbewohnt sind. Wasser ist das Hauptproblem dieser imposanten Hafenstadt, wo man Waren aus aller Welt zu relativ niedrigen Preisen erhält. Seit einem Jahr hat es in Hongkong nicht mehr geregnet, aber ausgerechnet am ersten Tag unserer Ankunft begann es in Strömen zu gießen, sehr zur Erleichterung der Hongkong-Bevölkerung. Vor dem Regenfall hatten die Einwohner nur an einem einzigen Tag pro Woche Wasser und dies nur während drei Stunden. In dieser Zeit musste die ganze Familie baden und alle vorhandenen Geräte mit Wasser füllen, um für die verbleibenden sechs Tage der Woche irgendwie Wasser zu haben. Das Hilton Hotel hat seine eigene Quelle und kennt deshalb dieses Problem nicht. Allerdings wird nun eine Wasserpipeline nach Rotchina gebaut, sodass bald mehr von dem kostbaren Nass vorhanden sein wird. Die Hongkong-Regierung verfügt über 12 große Wasserschiffe, die das Wasser an der Mündung eines Flusses jeweils holen. Zudem wird nun ein großer Stausee gebaut, sodass in Zukunft die Wasserversorgung der Stadt sichergestellt sein sollte. Hongkong umfasst nicht nur 236 Inseln und Inselchen (die meisten ohne Wasser), sondern auch einen Teil des Festlandes. Allerdings ist der größte Teil des Festlandes von China nur gemietet und fällt 1997 an China zurück (die sogenannten New Territories). Am 2. Tag unseres Aufenthalts wurden wir vom schweizerischen Ciba Direktor Ammann zum Mittagessen im Hotel Mandarin, dem wohl teuersten Hotel des Orients, eingeladen. Um von der einen Hafenseite, wo sich unser Hotel befand, auf die andere Seite (mit dem Hotel Mandarin) zu gelangen, benutzten wir die romantische „Star Ferry", ein Fährschiff, das den Fahrverkehr zwischen beiden Seiten des „Duftenden Hafens" sicherstellt, so die Bedeutung des Namens Hongkong im lokalen chinesischen Dialekt. Das Restaurant befand sich zuoberst im Hotel und bot einen spektakulären Ausblick auf den Hafen mit großen Schiffen, aber hauptsächlich den vielen Dschunken mit braunen Segeln. Auch von meinem Zimmer im Hilton, das sich im 16. Stock befand, genoss ich die einmalige Wunderaussicht. Herr Ammann musste für den kleinen Imbiss CHF 420 für vier Personen auslegen. So billig ist Hongkong! Am gleichen Abend wurden wir vom Purchasing Manager des Hilton Hotels im „Eagles Nest" zum Dinner Dance zuoberst im 24. Stock eingeladen. Dieser Herr Matti ist in China geboren und aufgewachsen (sein Vater hatte 5 Hotels in China). Erst 1948 befand er sich zum ersten Mal in der Schweiz, wo er Berndeutsch gelernt hatte. Er besuchte dann die Hotelfachschule in Lausanne. Durch Matti lernten wir sehr viel über das wirkliche Leben in Hongkong. Er hat uns vorgestern noch in einen sehr schönen Nachtclub mitgenommen. Richard Matti war selber auch in Korea (1953/54). Wir haben ihn deshalb für die 1.-August-Feier nach Panmunjom eingeladen.

Im Fodor Guide (to Japan and East Asia) von 1963 wurde Hongkong sehr treffend wie folgt beschrieben:

„*A twelfth century, Sung Dynasty legend tells of a wise man who prophesied that one day Hong Kong would be the place where ‚a million lights shall glow‘.*

Hong Kong is the West Berlin of Asia. Crammed with refugees, its political future shadowed by the Communist colossus which borders it, this British Crown Colony is a boom town in which Asia and the West meet, do business, live for today, and shrug their shoulders at the future.

The colony is a vast jigsaw puzzle of varied pieces which interlock in a single fascinating picture. Here are the world of Suzie Wong and groups of small English lads on the green playing field of Hong Kong Cricket Club. Here are the opium sentenced Walled City, the squatters' huts, the air-conditioned skyscrapers, and the rice fields worked by farmers who live just as their ancestors did centuries ago. Yachts sail alongside junks and sampans in the beautiful harbor where ships of every nation lie at anchor. The clatter of mah jong tiles merges with the strains of The St. Louis Blues, or shrill voices singing Cantonese operas.

Since 1811, when Capt. Charles Elliot, R. N., became the laughing stock of England for accepting this colony as a price of war, its growth has been interrupted only once, during the Japanese occupation from 1941 to 1945. Hong Kong was founded for business and exists for business. It is governed well, but always with an eye to what free enterprise business interests want. Yet, it has always been, and remains today an exotic, exciting, and beautiful place ... To the million and a half refugees here, the colony offers safety from China's new masters, but often at the price of near starvation in a hillside shanty. To the diplomat or newspaper-man it is a listening post from which portentous rumblings inside China can be heard. For the Communist it is a window to the West. To the businessman it is a place where any man with enough nerve and capital might reap fantastic profits on a short-term investment ..."

Im Jahr 1997 fand die Übergabe Hongkongs von Großbritannien an China statt. Damit wurde die Stadt eine „Special Administrative Region" (SAR) von China, und zwar nach dem offiziellen Slogan, „one country, two systems".

Den letzten Tag der Reise benützten wir zu einem Ausflug nach Macao, das nur acht Square Miles groß ist. Macao wurde 1557 von den Portugiesen gegründet und ist die älteste ausländische Niederlassung in China. Ein Pekinger Kaiser schenkte Macao seinerzeit den Portugiesen, weil sie mit den Seeräubern im Südchinesischen Meer aufgeräumt hatten. Zum Besuch dieser kleinen Halbinsel benützten wir ein hochmodernes „Hydrofoilboat", das bis 45 Meilen pro Stunde fahren kann und deshalb beim rasanten Fahren zwei Stabilisatoren, ähnlich wie Flossen, herauslässt und so gewissermaßen über dem Wasser schwebt. Die Fahrt dauerte bloß 1 Stunde und 15 Minuten; ein gewöhnliches Schiff benötigt dafür vier Stunden. Was für ein Gegensatz zu den vielen malerischen chinesischen Dschunken, die langsam mit ihren rot-braunen Segeln vorwärtsgleiten. Täglich gelingt 30 bis 40 Chinesen vom Festland die Flucht nach Macao, das noch heute mit einem Hauch von Portugal umgeben ist. In einem Antiquitätenladen habe ich für USD 35 eine alte handgemalte Bilderrolle (scroll) gekauft. Sie stellt einen vornehmen Mann mit schwarzem Hut und langem Bart mit einem kleinen Kind unter blühenden Ästen eines Baums dar; leider ist das Bild von Würmern etwas angefressen, den Schaden werde ich jetzt aber in Seoul oder Tokio reparieren lassen. In diesem winzigen Laden voller wunderbarer Kunstschätze sprach niemand Englisch und die Besitzer kannten nicht einmal den Wert des Dollars im Verhältnis zur Lokalwährung. Da ich mich erst am letzten Tag meiner Ferienreise nach Macao begab, war ich leider finanziell schon abgebrannt und konnte deshalb nicht noch mehr kaufen. Ich werde nun demnächst das Bild einem mir gutgesinnten chinesischen Offizier zeigen (er hat mich übrigens nach Peking eingeladen), um herauszufinden, wie wertvoll mein Fund ist. Man muss nämlich noch wissen, dass solche Waren oft von den Flüchtlingen aus Rotchina mitgenommen werden. Die wenigen amerikanischen Touristen dürfen diese Kunst-Antiquitäten aus Rotchina nicht in die USA mitnehmen; falls die Antiquitäten aus Hongkong stammen, müssen sie von einem „Comprehensive Certificate of Origin" begleitet sein, das heißt, der Verkäufer muss glaubhaft darlegen können, dass die Antiquitäten bereits vor 1950 in seinem Besitz waren. Alte Scrolls und Bilder dürfen auf keinen Fall in die USA exportiert werden.

Von der Ruine der alten St.-Paul's-Kirche aus dem Jahr 1602 ist nur die schöne und eindrückliche Fassade übrig geblieben, da der Rest des Gebäudes 1835 abgebrannt ist. Viele Touristen haben hier ein orientalisches Las Vegas mit Spielhöllen erwartet sowie in den engen Straßen von den letzten Opiumpfeifen verrauchte Restaurants und Mädchen, die in Bambuskäfigen gefangen gehalten werden. In Wirklichkeit ist Macao viel weniger aufregend als Hongkong, dafür aber ein ruhiger und erholsamer Ort mit vielen Schatten spendenden Bäumen in den etwas europäisch anmutenden Boulevards.

Im Reiseführer Lonely Planet (8th edition, 2002) wird festgehalten: *„In 1999, under the Sino-Portuguese Pact, Macau was returned to China as a Special Administrative Region (SAR). Like Hongkong, Macau is to enjoy a ‚high degree of autonomy' in all matters, except defense and foreign affairs for 50 years. While Macau is a popular destination for Hongkong residents lured by the city's many casinos, it has much more than gambling. You'll find a fascinating fusion of Mediterranean and Asian architecture, food, lifestyles and temperaments. Macau is a colourful palette of pastels and ordered greenery is so tidy, it ranks second to Singapore as the cleanest city in Asia."*

Eindrücke vom Hafen in Macao

Fischverkäufer in Macao bei der Arbeit

Der Autor während einer Rikschafahrt

Kirchenruine in Macao

Anmerkungen zur asiatischen Kultur – koreanischer Lebensstandard

Am 30. Juni 1964 schrieb ich meinen Eltern (8. Brief):

Mit der Hitze wird es nun schon fast kritisch. Gestern und auch heute wieder beträgt die Temperatur an der Sonne 38 Grad Celsius, was einen doch langsam nervös macht. Allerdings soll nächstens die Regenzeit beginnen, was dann eine merkliche Abkühlung mit sich bringen wird. Anbei sende ich euch zwei vor meinem Zimmer aufgenommene Fotos, die das in Macao gekaufte Scroll zeigen. Der Mann, der das Bild vor der Blechwand meiner Unterkunft hoch hält, ist Lt. Fred Schreier. Die Übersetzung der Schriftzeichen auf der linken oberen Hälfte der Tuschzeichnung lautet: Es wurde im Februar in einem Bambusdorf gemacht von Guan Chong.
Gegenwärtig lese ich ein ausgezeichnetes Buch von Edwin O. Reischauer (1910-1990), das er zusammen mit John Fairbank geschrieben hat: „East Asia The Great Tradition". Im Vorwort wird über den Harvard-Professor Reischauer geschrieben:
He was the leading U.S. educator and noted scholar of the history and culture of Japan and of East Asia. From 1961–66, he was the U.S. ambassador to Japan. During World War II, Reischauer was the Japan expert for the U.S. Army Intelligence Service, and a myth developed that he prevented the atomic bombing of the Japanese city of temples, Kyoto, during the war …

Schon beim Lesen der Einleitung ist mir vieles über Asien aufgegangen und klarer geworden. Wenn man mich fragen würde, in welcher größeren geografischen Gegend ich mich im Moment befinde, würde ich ohne Zögern antworten: Ich befinde mich im Fernen Osten. Der Begriff „Ferner Osten" stammt eindeutig aus Europa und geht davon aus, dass Europa das Zentrum der Welt ist. Schon für die Amerikaner wäre diese Gegend eigentlich „Ferner Westen". Richtig ist deshalb, diesen Teil der Welt „Ostasien" zu nennen (unter Südostasien versteht man Vietnam, Burma, Thailand, Kambodscha, Laos, Malaysia, Indonesien und die Philippinen). Sowohl in Europa als auch in Amerika werden meines Erachtens die folgenden Faktoren von Ostasien zu wenig berücksichtigt: 1.) Die ungeheure Größe dieser Länder, vor allem auch bezüglich der enorm hohen Einwohnerzahlen. 2.) Die steigende Macht und 3.) Die herrschende kulturelle Lücke zwischen Ost und West.

Das alte China war schon bezüglich der Bevölkerungsgröße zumindest gleich groß wie das römische Imperium. Heute beherbergt China bekanntlich mehr als ein Viertel der Menschheit. Java, eine der Inseln von Indonesien, hat eine Bevölkerung von 40 Millionen und ist nur ungefähr gleich groß wie der Gliedstaat New York. Mehr als 90 Millionen Japaner leben in einem Land, das kleiner ist als Kalifornien. Die Menschen Ostasiens machen zusammen fast ein Drittel der Menschheit aus!

In einem 2003 publizierten Buch von Konrad Seitz „China – Eine Weltmacht kehrt zurück" schreibt der Autor über die Qin-Dynastie und Han-Dynastie (von 221 v. Chr. bis 220 n. Chr.), das heißt über das andere Großreich neben Rom Folgendes:

In den 440 Jahren von 221 v. Chr. bis 220 n. Chr. stand China unter dem ersten Kaiser der Qin Shi Huangdi und der ihm folgenden Han-Dynastie dem Römischen Reich als zweites Großreich am andern Ende Eurasiens gegenüber. Beide Reiche waren nach Bevölkerungszahl, Fläche und Länge des Straßennetzes einander gleich. Das Römische Reich, eine Föderation von Stadtstaaten rund um das Mittelmeer, war weit höher urbanisiert. Es übertraf das Han-Reich durch die Pracht und Monumentalität seiner öffentlichen Bauten: Amphitheater (wie das Kolosseum in Rom), Badeanlagen, Basiliken; nur die Kaiserpaläste waren einander gleichwertig, und zu den unterirdischen Grabpalästen der chinesischen Kaiser gab es umgekehrt im Römischen Reich nichts Vergleichbares. Weit voraus war das Han-Reich Rom andererseits in der Agrartechnik sowie in der Eisentechnologie – es hatte insgesamt die produktivere Wirtschaft. Zwischen den beiden Reichen bestanden keine direkten Beziehungen; es waren getrennte Welten. Rom importierte über Zwischenhändler Seide aus China, die es mit Gold bezahlen musste, weshalb Plinius der Ältere im ersten Jahrhundert nach Christus klagte, alles Gold fließe nach Asien ab.

Beide Reiche brachen zusammen unter dem Ansturm von Barbarenhorden aus dem Norden. Beide übernahmen in den Zeiten des Zerfalls eine fremde Erlösungsreligion: Die Römer das Christentum, die Chinesen den Buddhismus. Doch danach endete die Parallelität. Westeuropa sank im 6. Jahrhundert für zweihundert Jahre in ein dunkles Zeitalter, in dem die griechisch-römische Kultur unterging; Ostrom wurde im 7. Jahrhundert durch das Vordringen der Araber auf den Balkan und die Türkei reduziert. Das Chinesische Reich dagegen erstand unter den Sui-Tang-Dynastien (589–906) aufs Neue und in größerem Glanz als jemals zuvor. Es war nun ohne Rivalen und blieb über tausend Jahre die am höchsten entwickelte Zivilisation der Welt – bis dann mit Beginn des 17. Jahrhunderts Europa nach vorne rückte.

Weiter schrieb ich in diesem achten Brief:

Bis vor Kurzem waren diese dicht besiedelten Gebiete von untergeordneter Bedeutung für den Westen. Erst in den letzten Jahrzehnten ist man sich im Westen bewusst geworden, dass in einer rapid schrumpfenden Welt das hier lebende Drittel der Menschheit unser eigenes Leben und unsere Zivilisation beeinflusst. Der Krieg der Amerikaner gegen die Japaner im Zweiten Weltkrieg, der Koreakrieg anfangs der 1950er-Jahre gegen die Nordkoreaner und Chinesen und der Vietnamkrieg (1965-975) gegen den Vietcong führten uns dies eindeutig vor Augen.

Die Macht der Völker Ostasiens nahm in den letzten Jahren viel schneller zu als die der westlichen Länder. 1854 genügte noch eine kleine Flotte von Kriegsschiffen, die Japaner dazu zu zwingen, ihre Häfen für die Welt zu öffnen. Nur 90 Jahre später war die voll mobilisierte Macht Amerikas notwendig, um Japan von seinen imperialistischen Zielen abzubringen. Im 19. Jahrhundert konnten westliche Kanonenboote und Truppen ungestraft irgendeinen Hafen Chinas besetzen. Bereits 1951 waren die Chinesen fähig, die Amerikaner und die UNO-Truppen am 38. Breitengrad zum Stillstand zu zwingen.

Vor nicht allzu langer Zeit lebten die Menschen des Westens und diejenigen von Ostasien in einer völlig anderen Welt. Der kulturelle und wirtschaftliche Unterschied zwischen dem Osten und Westen nimmt sicher ab, und zwar je schneller wir uns alle bemühen, die andersartigen Kulturen zu verstehen. Nur so kann man richtig begreifen, was sich heute in diesen Ländern abspielt. Mit jeder neuen Phase der Entwicklung – sei es bei den Transportmöglichkeiten, beim politischen System, den Familienbeziehungen etc. – nähern sich die beiden Welten im Vergleich zu früher immer mehr an. So kann langsam eine Art Weltkultur entstehen.

Bezüglich des Lebensstandards bestehen aber immer noch unvorstellbare Unterschiede. Für die Koreaner beispielsweise muss es hart sein, die Amerikaner täglich vor ihrer Nase zu sehen und dabei zu beobachten, wie jeder GI sich Sachen kaufen kann, die sich sogar ein Universitätsprofessor überhaupt nie leisten kann; da er nämlich im Monat nur USD 50 verdient (was zehn Tage meines Soldes entspricht) und mit diesem Lohn die ganze Familie durchbringen muss. Ein Oberstleutnant der ROK-Armee verdient übrigens ebenfalls USD 50 im Monat. Dabei gilt es zu bedenken, dass es sich bei diesen erwähnten Salären um Spitzensaläre handelt. In Seoul gibt es Tausende und Abertausende von Universitätsabsolventen, die für einen Hungerlohn im Vergleich zu ihrer Ausbildung lächerliche Arbeiten verrichten müssen. Unser Barmann Kim im Schweizer Club hat ebenfalls einen Universitätsabschluss!

Schlimmer als in Korea sieht meiner Meinung nach die Situation in Südostasien aus. Die Regierungen von Kambodscha und Thailand glauben schon jetzt, dass der Krieg für die Amerikaner in Laos und Vietnam verloren gehen wird und dass sie sich deshalb rechtzeitig auf freundlichen Fuß mit den Chinesen stellen müssen. Amerikanische Touristen können deshalb heute nicht mehr in diese Länder einreisen.

Nur elf Jahre nach meinem Koreaaufenthalt (1964) verloren die Amerikaner 1975 sogar den Krieg in Vietnam und mussten unter demütigenden Umständen den Rückzug antreten. Dabei handelte es sich um den längsten Krieg in der amerikanischen Geschichte und den unpopulärsten des 20. Jahrhunderts. Fast 60'000 Amerikaner und ungefähr drei bis vier Millionen Vietnamesen verloren ihr Leben. Bei diesem Krieg ging es nicht einmal um vitale Interessen von Amerika. Der Zwischenfall im Golf von Tonkin, der Präsident Johnson dazu verleitete, sich vom Kongress die nötigen Vollmachten erteilen zu lassen, um im Jahr 1965 reguläre Truppenverbände nach Vietnam zu entsenden, hatte für beide Kriegsparteien verheerende Folgen.

Koreanische Papa-san in ihrer traditionellen Kleidung

Als ich mit meiner Frau 1977 auf einer Ferienreise von Atlanta nach Charleston (South Carolina) flog, wurde ein vor uns sitzender Passagier, der mager und etwas eingefallen wirkte, von der Besatzung außerordentlich zuvorkommend behandelt. Wir beide merkten sofort, welchen bekannten Mann in Zivil wir unmittelbar vor uns hatten: Vierstern-General Willliams C. Westmoreland (1914 bis 2005), der einst imponierende Oberkommandant aller Truppen in Vietnam. Es gelang ihm bis 1967, den Vormarsch des Vietcongs in ländliche Gebiete zu stoppen.

Anders als etwa Dwight Eisenhower oder Colin Powers gehörte Westmoreland zu den vom Glück verlassenen Generälen, etwa so wie der Indianerjäger George Armstrong Custer, mit dem der Historiker Arthur Schlesinger ihn verglich. Seine Dienstzeit als Oberbefehlshaber der US-Truppen in Vietnam zwischen 1964 und 1968 war gekennzeichnet von der Aufstockung der U.-S.-Truppen von 20'000 auf 550'000 Mann. Deren Einsatz beschrieb Westmoreland – zunehmend wahrheitswidrig – immer wieder so: „Wir gewinnen langsam, aber stetig." Im Januar 1968 unternahmen nordvietnamesische und Vietcong-Truppen unter dem nordvietnamesischen General Vo Nguyen Giap, auf breitester Front, mit mehr als 80'000 Kämpfern an mehr als hundert Stellen gleichzeitig die groß angelegte Tet-Offensive. Diese startete als Überraschungsangriff am Vorabend des vietnamesischen Neujahrsfestes, dem Tet. Es wurde klar, dass Westmorelands Strategie die kommunistische Guerilla in ihrem Aktionsfeld keineswegs zerschlagen hatte. Erst als General Westmoreland nach der Tet-Offensive zusätzlich 220'000 Soldaten verlangte, weigerte sich Präsident Johnson, dies zu tun, und löste ihn ab. Von diesem Zeitpunkt an kämpfte Westmoreland an einer ganz anderen Front weiter: Er kämpfte nur noch um seinen guten Ruf. Bis zu seiner Pensionierung 1972 diente er mit minimalem Einfluss als Chief of Staff of the Army.

Studentendemonstrationen

An der Seoul National University befanden sich einige Hundert Studenten im Hungerstreik. Im ganzen Land solidarisierten sich die Studenten mit denen in Seoul. Die Lage wurde sogar für das Regime von General Park kritisch, weshalb Truppenverstärkungen nach Seoul beordert wurden. Die Demonstrationen in Seoul gegen das Regime von Park Chung Hee fanden meistens auf dem weiten Platz mit dem Denkmal des Schildkröten-Boots von Admiral Yi Sun Shin statt.

Meinen Eltern hatte ich im vorherigen Kapitel beziehungsweise Brief nicht geschrieben, dass diese Studentendemonstrationen für westliche Leute und insbesondere Amerikaner, die sich nahe bei diesen Demonstrationen aufhielten, sehr gefährlich sein konnten. Ein Beispiel: Kaum war ich in Korea angekommen, geriet ein junger amerikanischer Offizier mit seinem Dienstwagen mitten in eine Demonstration. Der Wagen wurde von den aufgebrachten Demonstranten gekippt, das Fahrzeug fing an zu brennen und der Offizier, der den Wagen nicht rechtzeitig verlassen konnte, starb dabei. Ich selber kam in Seoul mit meinem Dienstwagen an einem Sonntagnachmittag gleich zwei Mal in eine solche Demonstration mit meinem amerikanischen MP-Fahrer. Links und rechts von dem nur noch höchstens im Schritttempo fahrenden Auto rannten demonstrierende Studenten mit ernst aussehenden Gesichtern und mit Stöcken bewaffnet vorbei auf dem Weg zu ihrem Bestimmungsort. Eingedenk des erwähnten tragischen Unfalls fing ich an Blut zu schwitzen. Die Studenten konnten ja nicht wissen, dass ich ein „neutraler Schweizer" war. Es ging dann aber glücklicherweise alles gut und etwas später bogen wir schnell in eine völlig ruhige Nebenstraße ein und parkierten den Wagen. Mit dem Fahrer zusammen fand ich nach kurzer Zeit einen Tearoom, wo wir in aller Ruhe Jazzmusik hören konnten. Was für ein Gegensatz zu den ganz in der Nähe stattfindenden und ziemlich angsteinflößenden Studentendemonstrationen auf einer der Hauptachsen Seouls.

Fred Schreier hatte schon damals gute Kontakte zu französischen und amerikanischen Abwehrspezialisten und wusste deshalb in der Regel ungefähr, wann sich wieder ein politischer Machtkampf mit

Demonstrationen anbahnte. Ich fing dann auch an, ein Netz von koreanischen Freunden aufzubauen, und es gelang mir einmal, auf den Tag genau vorauszusagen, wann eine große Studenten- und Gewerkschaftsdemonstration geplant war. Da meine Voraussage exakt stimmte, war mein Renommee im Schweizer Camp für kurze Zeit gesichert.

Am 4. Juni 1964 konnte man im „Berner Tagblatt" Folgendes lesen:
„Südkorea ist Schauplatz eines auf die Straße getragenen Machtkampfes zwischen Regierung und Opposition. Mit Kriegsrecht hofft die Regierung des Präsidenten und Generals Park, Demonstrationen von Schülern und Studenten im Keim ersticken zu können. Gleiche Demonstrationen hatten einst das Regime des Präsidenten Syngman Rhee gestürzt."

Am 5. Juni stand in der gleichen Zeitung:
„Die regierungsfeindlichen Studentenunruhen haben sich auf alle wichtigen Provinzstädte ausgedehnt. Wiederholt ereigneten sich blutige Zusammenstöße zwischen demonstrierenden Studenten und der Polizei, die mit Gummiknüppeln und Tränengas gegen die Manifestanten vorging. Der südkoreanische Präsident Park Chung-hee – der im Mai 1961 die Macht an sich riss – hat mehrere Professoren und Studenten, die für die Unruhen verantwortlich sein sollten, verhaften lassen. In der Hauptstadt, wo nach wie vor Kriegsrecht in Kraft ist, treffen laufend Truppenverstärkungen ein. In den südkoreanischen Zeitungen werden die Unruhen auf Regierungsbefehl nur beiläufig erwähnt."

In einem weiteren Zeitungsbericht des „Bund" wird noch präzisiert:
„Von glaubwürdiger Seite war zu vernehmen, dass seit der Proklamation des Notstandes in der südkoreanischen Hauptstadt rund 300 Personen, Professoren, Journalisten oder Politiker festgenommen worden sind. Die Regierung und das Notstandskommando veröffentlichen am Freitag eine Reihe von weiteren Beschlüssen: 1. Alle religiösen Versammlungen oder solche unter freiem Himmel sind verboten; 2. Die Primarschulen werden am Montag wieder geöffnet; 3. Die Semesterferien beginnen sofort anstatt erst im Juli; 4. 500 Funktionäre, die in die Betrugsaffäre verwickelt sind, werden bestraft; 5. Alle Schulen der Stadt Kwangju, 300 km südlich von Seoul, wo am Freitag rund 1'000 Studenten regierungsfeindliche Kundgebungen durchführten, werden geschlossen; 6. Von 22 bis 4 Uhr ist ein Ausgehverbot erlassen worden."

Ausflug auf die Insel Wolmido

Ende Juni beschlossen Mark Schori und ich, an einem Wochenende die Insel Wolmido zu besuchen. Während des Koreakrieges landete auf dieser Insel, vom Gelben Meer her, unter der Führung von General MacArthur das 5. U.-S.-Marineregiment (als Teil der UN-Streitkräfte) und konnte dadurch den Nordkoreanern, die bereits vor Pusan ganz im Süden der Halbinsel standen, den Nachschub vom Norden her abschneiden. Das gab dem Krieg eine neue Wende. Dort, wo in den frühen Morgenstunden des 15. September 1950 die Invasionstruppen an Land gingen, stand damals ein Gedenkstein mit einem Bronze-Flachrelief, das General MacArthur darstellte, wie er an der Spitze seiner mutigen Männer durchs knietiefe Wasser watet. Anlässlich der Erstellung des Internationalen Flughafens Seoul-Inchon wurde die Insel Wolmido planiert und ist heute Bestandteil des Pistensystems. Diesen Arbeiten fiel leider auch der Gedenkstein zum Opfer.

Da es damals nicht einfach war, ohne Lokalkenntnisse an diesen schönen Ort zu gelangen, fragte Mark seine Freundin Park Myung Ja vom Korea Tourist Bureau (KTB), ob sie uns bei diesem Unternehmen begleiten würde. Sie schlug dann vor, noch eine andere Englisch sprechende Kollegin, Park Choung Ae, mitzunehmen.

Wolmido war dem Hafen von Inchon vorgelagert. Nach einer kurzen Rundreise um die Insel hatten wir die naheliegende Idee, dort schwimmen zu gehen, wobei die beiden jungen Damen es vorzogen, noch am Ufer auf uns zu warten. Am Anfang ging alles gut und wir freuten uns über das kühlende Bad im Gelben Meer. Hier an dieser Stelle herrscht ein mächtiger Gezeitenhub vor, was erklärt, warum die großen Hafenanlagen Koreas an der Südküste zu finden sind. Bis zu neun Metern hebt und senkt sich dort das Wasser bei Ebbe und Flut. Wir waren uns aber leider nicht bewusst, dass die sehr hohen Gezeiten starke Strömungen verursachen. Plötzlich stellten wir fest, dass wir immer stärker aufs Meer hinausgetrieben wurden. Mit der allergrößten Kraftanstrengung gelang es uns, den Abstand zum felsigen Ufer nicht größer werden zu lassen. Zu unserem großen Glück konnte ein wachhabender amerikanischer Soldat uns dann helfen, wieder ans Ufer zurückzukommen. Gerade in dem Moment, als wir ziemlich erschreckt und tief atmend wieder am Ufer standen, tauchte ein amerikanischer Militärpolizist (MP) auf und forderte uns auf, sofort mit ihm ins nächste „Dispensary" (Krankenzimmer) mitzukommen; dort würde uns nämlich ein Arzt vorsorglicherweise zwei Impfungen („shots") gegen die im Meer aufgelesenen Krankheiten verabreichen. Das Baden im Gelben Meer sei nämlich auch wegen der großen Wasserverschmutzung sehr gefährlich. Ich holte dann rasch meinen MP-Fahrer, der auch Badehosen trug, herbei. Dieser erfasste die Situation blitzschnell und erklärte seinem uniformierten Kollegen, ohne rot zu werden, ich sei der Schweizer Botschafter in Seoul. Darauf entschuldigte sich der MP und erklärte, dass er in diesem Falle nicht über mich und meinen Begleiter verfügen dürfe.

Shopping – Überschwemmungen

Am 5. Juli (Sonntag) 1964 (9. Brief) schrieb ich nach Hause:

... Ich werde nächstens einen zweiten Fotoapparat kaufen, und zwar eine Yashika-44 (4x4 cm TLR). Bei diesem Modell handelt es sich um eine Kopie einer Baby-Rolleiflex. Dieser Apparat kostet hier nur USD 40. Langsam bekomme ich nämlich Freude am Fotografieren. Und im Hinblick auf meine geplanten Reisen dürfte sich diese Anschaffung lohnen. Nächstens werde ich noch ein gutes Sony-Transistorradio kaufen und einen neuen Anzug (dunkelblauer Blazer mit US-Navy-Knöpfen). Somit werde ich bei meiner Rückkehr in die Schweiz für die nächsten fünf Jahre mit feinen Maßanzügen ausgestattet sein.
Wenn sich Ende Juni die erste Monsunfront der Halbinsel nähert, beginnt Changma, die einmonatige Regenzeit. Zusammen mit den Temperaturen steigt auch die Luftfeuchtigkeit teilweise bis 90 Prozent. Die Nächte bringen keine Abkühlung. Kein Wunder, dass das Klima hier im Moment ganz mies ist. Nachdem Ende Juni eine Affenhitze vorgeherrscht hat, fing am 1. Juli die Regenzeit an, und zwar gründlich. In einer einzigen Woche hatte es so stark geregnet, dass das Wasser 35 Zentimeter hoch in den Straßen stand. Diese Überschwemmungen waren so gravierend, dass die Amerikaner im Advanced Camp nur noch mit Lastwagen oder Jeeps nach Seoul gelangen konnten.

In der Zeitung „Der Bund" vom 15. September 1963 stand folgende verspätete Meldung:
„Riesige Überschwemmungen und Erdrutsche als Folge heftiger Regenfälle haben in Korea bisher mindestens 170 Todesopfer gefordert und mehr als 28'000 Menschen obdachlos gemacht. 212 Menschen werden vermisst,

und mindestens ein Teil von ihnen ist vermutlich ertrunken. Die Zahl der Verletzten wurde mit 100 angegeben. Die Überschwemmungen traten auf, nachdem im Gebiet der Hauptstadt Seoul innerhalb von drei Stunden zehn Zentimeter Regen gefallen waren. Straßen und Gassen verwandelten sich in Flüsse, während normale Bäche und Flüsse überall über die Ufer traten. Tiefer gelegene Häuser und Keller wurden überschwemmt. Mindestens 500 Häuser wurden vollständig zerstört und gegen 5'000 sind unbewohnbar."

Die durch Gewitter hervorgerufene Abkühlung ist zwar sehr zu begrüßen, nicht aber die einsetzende Feuchtigkeit. Es ist hier nun nämlich wie in einer Waschküche, alles ist feucht; was ich nicht in den großen Schrank in meinem Zimmer versorge, wird sofort nass und grau; im Schrank ist nämlich eine starke Glühbirne eingebaut, die so viel Wärme ausstrahlt, dass die Kleider und Fotos trocken bleiben. In Seoul hat es merkwürdigerweise wesentlich weniger geregnet und in Pusan überhaupt nicht.

Mit den vielen obligatorischen Partys hat es sich jetzt glücklicherweise gebessert. Gemäß Party-Kontrolle habe ich deren 36 hinter mir und alle samt und sonders militärischer Natur. Letzten Donnerstag gaben Major Christen und ich eine Party für den sympathischen Oberst Han (mit Übersetzer) und für einen chinesischen Obersten (ebenfalls mit Übersetzer). Eigentlich wollten wir die Party im gemütlichen Swiss Club geben, aber die Nordseite war damit nicht einverstanden mit der Begründung, dass seit einem Zwischenfall in unserem Club 1961 nie mehr Nordkoreaner oder Chinesen unseren Club betreten hätten. So hielten wir eine Fondue-Bourguignon-Party in der „Conference Area" ab. Es war ein großer Erfolg. Oberst Han hat in Südkorea einen Bruder, der einen hohen Posten in einem südkoreanischen Ministerium innehat; die Mutter der beiden Brüder lebt noch heute in Taegu.

Leider konnte ich nicht wie erwartet nach Japan auf die schweizerische Botschaft als Kurier mit der vertraulichen Post gehen, obschon ich turnusgemäß an der Reihe gewesen wäre. Es herrscht hier offenbar der merkwürdige Brauch vor, dass ein neu Ankommender zuerst zwei Mal beim Turnus übersprungen wird. Bleibe ich nur sechs Monate in Korea, so komme ich zu kurz, da ich dann erst im September wieder drankäme. Geht man nämlich alle dreieinhalb Monate als Kurier, so kann man Japan gratis und franko ansehen, da der Kurier das fürstliche Taggeld von USD 10 erhält. Im nächsten Brief werde ich euch etwas über die Schriftzeichen Koreas erklären.

Bemerkungen zur koreanischen Kultur

Am 9. Juli 1964 (10. Brief) schrieb ich meiner Familie:

Vorerst noch einige grundsätzliche Bemerkungen über die koreanische Kultur, welche im Westen schwer unterschätzt wird:
Die alte chinesische Zivilisation begegnete eigentlich nie klimatischen Hindernissen in ihrer Verbreitung in südlicher Richtung und drang deshalb stets weiter vor. Die Völker Zentralchinas und Südchinas, die sprachlich und kulturell sehr eng verwandt waren mit dem alten China (im Norden Chinas gelegen), wurden allmählich nicht nur in die chinesische Kultur mit einbezogen, sondern auch ein Teil des chinesischen Kaiserreichs. Nur in Vietnam wurde die chinesische Zivilisation nicht auch von einer politischen Einheit umgeben. Die Vietnamesen sprechen zwar eine Sprache, die in ihren Wurzeln mit denen Chinas verwandt ist, und ihre höhere Kultur muss größtenteils von China abgeleitet werden. Auch waren sie für lange Zeit unter chinesischer Herrschaft. Trotzdem gelang es ihnen, innerhalb der ostasiatischen Zivilisation eine nationale kulturelle Eigenständigkeit zu entwickeln. Vietnam war eben auch Gegenströmungen aus Westasien ausgesetzt, das heißt von Indien und sogar noch weiter aus dem Westen (Frankreich). Dies erklärt, weshalb Südostasien – obschon klimatisch wie China an die Reiskultur gebunden – nie in die kulturelle Zone Chinas aufgesogen wurde. In früheren Zeiten hatte diese Gegend ihre Wurzeln im hindu- und buddhistischen Indien. Aus diesem Grund breitete sich der Islam über Malaysia und Indonesien aus und das Christentum fand auf den Philippinen Eingang. Trotz der vielen chinesischen Einwanderer in Südost-

asien blieben ihre Niederlassungen kulturelle Inseln in einer vorwiegend ausländischen Zivilisation.
Ganz anders aber war die Lage im Osten Chinas: Hier fand die chinesische Zivilisation weder klimatische noch kulturelle Hindernisse. Korea und Japan waren geeignet für eine bäuerliche Zivilisation und vor allem für eine intensive Reiskultur. Die Ureinwohner dieser Gegenden waren sprachlich und kulturell sehr andersartig als das frühe China, aber sie blieben unberührt von einer höheren Kultur, mit Ausnahme des Buddhismus, der aus Indien und andern Elementen der süd- und westasiatischen Kulturen kam, die aber – wie vor allem der Buddhismus – über China selber ihren Weg nach Korea und Japan fanden. Deshalb wurden diese Länder vollkommen in die südasiatische Zivilisation aufgesogen, beziehungsweise integriert. Für mehr als 1000 Jahre glichen die höheren Kulturen Koreas und Japans derjenigen Chinas in vielen Beziehungen so stark, dass sie fast identisch aussahen. So war zum Beispiel in Korea die Literatur während langer Zeit praktisch nicht von derjenigen Chinas zu unterscheiden. In Bezug auf das Temperament sind die Chinesen, Koreaner und Japaner im Vergleich zu andern kulturellen Zonen unbedingt Ostasiaten. Trotz der hier nur angedeuteten kulturellen gemeinsamen Grundlagen entwickelten sich natürlich im Verlaufe der Zeit gravierende Unterschiede. Sogar bezüglich der Gewohnheiten des täglichen Lebens haben die Chinesen, Koreaner und Japaner völlig verschiedene Stile entwickelt, sogar mit größerem Unterschied als die verschiedenen Völker Europas untereinander.
Bevor die westliche Kleidermode – in Korea wird außer in Seoul mehrheitlich auf dem Lande noch nicht „western-style clothing" getragen – sich auch in Ostasien verbreitete, unterschieden sich koreanische und japanische Kleidung vollkommen, und zwar praktisch bei jedem Berufsstand; während in Europa nur

unter den Bauern wesentliche Unterschiede in der Kleidung bestanden. So unterscheidet sich zum Beispiel der Schnitt der traditionell weißen Bekleidung Koreas grundsätzlich vom Schwarz oder Dunkelblau der Chinesen, ganz abgesehen davon, dass sich der Schnitt in der Bekleidung in keiner Weise ähnelt.
Ebenso sind sich die koreanischen, japanischen und chinesischen Häuser nicht im Geringsten ähnlich: In China ist das Backsteinhaus am verbreitetsten, in Korea die Lehmhütte und in Japan die leichten Holzhäuser mit ihren bekannten Eigenarten im Stil. Im Innern ihrer Häuser sitzen die Chinesen auf Stühlen, die Koreaner und Japaner auf Kissen am Boden. Ebenso ist das Heizungssystem völlig verschieden. Diese Andersartigkeiten bestehen auch bezüglich des Essens. Im nächsten Brief werde ich euch etwas über die koreanische Schrift erzählen, die relativ einfach ist, das heißt wie unsere Schrift im Deutschen auch nur 24 Zeichen/Buchstaben kennt.
Die Studentenunruhen sind jetzt vorbei, allerdings ist das Kriegsrecht noch nicht aufgehoben. Die Scharfmacher unter den Studenten wurden von Kriegsgerichten verurteilt. Die Unzufriedenheit unter der Bevölkerung und insbesondere unter den Studenten ist natürlich nicht beseitigt. Es ist nun aber einer Regierung einfach nicht möglich, ein Land aus dem Nichts (im Gegensatz zu Japan, das schon vor dem Zweiten Weltkrieg eine hoch entwickelte Industrie, einen gut funktionierenden Beamtenstab und gut ausgebildete Leute besaß) in zehn Jahren auf einen westlichen Lebensstandard zu bringen.

Reise nach Pusan

Am 29. Juli 1964 (11. Brief) schrieb ich meinen Lieben nach Bern:
Das Wetter in Panmunjom ist zwar wieder schön, jedoch lähmend heiß. An der Sonne wird es oft 38 Grad Celsius und in meinem Zimmer und Büro ist es tagsüber konstant 34 Grad.
Wie bereits angekündigt, verbrachte ich die vergangene Woche im Süden Südkoreas. Heute vor zehn Tagen, das heißt am 19. Juli, flog ich mit zwei anderen Delegationsmitgliedern (Schori und Dinkel) in einer Fokker F-27 Friendship der koreanischen Luftfahrtgesellschaft (KAL) nach Pusan. Dies nahm bloß 55 Minuten in Anspruch, wobei die Zeit durch die von einer charmanten koreanischen Stewardess servierte Trunksame noch versüßt wurde. Von oben sieht Korea sehr gebirgig aus, was man zwar im Voraus weiß, aber dennoch aus der Vogelperspektive recht eindrücklich ist. Habe ich euch eigentlich schon erzählt, dass das Bergsteigen der große Nationalsport der Koreaner ist? Mit kolossaler Ausrüstung (Beil, sehr hohe Schuhe, Hut, Feldflasche etc.) sieht man überall in Korea Gruppen von 5 bis 20 Koreanern und Koreanerinnen zusammen die Berge („Höger") besteigen.
In Pusan klappte alles wie am Schnürchen. Die Schiffsladung – bestehend aus unserem Diplomatengut (Wein, Schnaps und Käse) und Hilfsgütern für das Franziskaner-Kloster der „Barmherzigen Schwestern vom heiligen Kreuz" – Kloster Ingenbohl – hatten wir relativ schnell und ohne Aufpreis durch den Zoll gemogelt (unter Beihilfe von einigen Bestechungs-Zigarettenpäckchen); am Mittwochmorgen fuhren wir mit den „zollfreien" Hilfsgütern bei den Schweizer Ordensschwestern in Pusan vor und luden ihre mit der gleichen Ladung angekommenen Kisten vor dem Spital ab.

Sie luden uns dann zum Mittagessen im Kloster ein und zeigten uns das im Bau begriffene, in wunderschöner Landschaft gelegene neue Spital. Die Bauleitung hatte ein frommer Innerschweizer Architekt. Wie wir von einer Schwester hörten, wurde der Bau aus Almosen finanziert und dürfte einige Millionen kosten.

Wir waren auf einem amerikanischen Compound (Camp Hialeah) untergebracht, und zwar – dank dem Organisationstalent von Fred Schreier – äußerst komfortabel: Man stellte uns ein kleines Haus mit fünf Zimmern zur Verfügung und am Morgen erschien jeweils ein dienstbarer Geist, der die Zimmer aufräumte, Schuhe putzte und die Wäsche besorgte. Alles für CHF 2 pro Tag! Überdies konnten wir gratis essen und erhielten am Dienstagnachmittag einen Jeep mit Fahrer, der uns in ein altes, hoch in den Bergen hinter Pusan gelegenes Kloster (Pomo) führte. Von dort fuhren wir dann in ein kleineres Kloster, wo uns die freundlichen Mönche willkommen hießen. Auch dieses kleine Kloster war wundervoll gelegen und äußerst sauber. Es sah dort wie auf einer Schweizer Alp aus. Man muss noch wissen, dass in der Zeit der Koryo-Dynastie die Buddhisten aus den Städten und Dörfern verbannt wurden und deshalb anfingen, ihre Klöster in den Bergen zu bauen.

Wie vielerorts in Korea sieht man auch in der Gegend von Pusan in den Dörfern klein gewachsene Männer, die mit einer Hand einen Karren ziehen und mit einer Schere in der anderen Hand großen Lärm veranstalten. Dies ist nicht etwa – wie ich fälschlicherweise zuerst annahm – ein Scherenschleifer, sondern der „Candyman", das heißt ein Bonbonverkäufer (Süßwarenverkäufer). Ähnlich wie in Mexiko die kleinen, armen Knaben Kaugummi (Schiggles) verkaufen, so verkaufen hier diese kleinen Kerle Icecream (Aiskeiki). Für Touristen aus dem Westen – deren Magenfunktionen ein Minimum an Hygiene voraussetzen – hatte damals so-

wohl der Genuss der Aiskeiki wie auch derjenige der Candies (Bonbons) kurze Zeit nach dem Verzehr verheerende Folgen.
Am Mittwochmorgen besuchten wir noch die acht Kilometer östlich der Stadt Pusan gelegenen Gräber des United Nations Cemetery. Dort sind 2'266 Soldaten der Länder begraben, die Teil der UN-Truppen im Koreakrieg gewesen waren. Die Fahnen von diesen sechzehn Nationen wehten im Wind über den Gräbern auf Halbmast. Dort flatterte auch eine türkische Flagge. Auf den Gräbern der türkischen Brigade hatte es keine Kreuze, sondern den Halbmond. Gleich zu Beginn des Koreakrieges entsandten die Türken 15'000 Soldaten zur Verstärkung der UN-Truppen. Die türkischen Brigaden entwickelten sich zu einer Art Feuerwehreinheit: Immer wenn es brenzlig wurde, schickte man sie an die Front. Besonders im Kampf gegen die Chinesen, die sich nachts meistens verschoben, zeigten die Türken enormen Mut und Kampfgeist. Die chinesische Taktik war es, immer wieder zu versuchen, kleinere Einheiten der 8. Armee aufzureiben. Über tausend türkische Soldaten starben auf den Schlachtfeldern. Aufgrund der hohen Arbeitslosenrate und der ungenügenden Ernährung hat es heute überall im Land viele Diebe, besonders im Umfeld von Militärcamps. Dort gibt es für das unerwünschte Diebesgesindel nebst Lebensmitteln, Treibstoffkanistern, Transistorradios jede Menge andere interessante Beute. Diese im „GI"-Slang als „Slicky-boys" bezeichneten Diebe sind zu einer richtigen Plage geworden. In Seoul meiden sie aber wie der Teufel das Türken-Camp, weil kaum einer der von den Türken erwischten Eindringlinge ohne sehr schwere körperliche Schäden davonkommt.
Zum Schluss noch etwas ganz anderes: Ein Bauarbeiter verdient am Tag ungefähr 120 Won, ein Oberstleutnant der ROK-Armee 10'000 Won und eine Lehrerin 12'000 Won (für 250 Won erhält man 1 USD).

Den Mittwochnachmittag benutzten wir dazu, die berühmte Beach von Haeunda, 15 Kilometer westlich von Pusan gelegen, mit unserer Anwesenheit zu beehren (solche arroganten Redewendungen benutzten wir damals). Dieser Strand galt und gilt als der beste der Südküste und als eines der acht „scenic wonders of Korea". Auch in der Schweizer Delegation war Haeunda ein Begriff, selbst im Winter, nicht zuletzt wegen der vielen sogenannten Hot Spring Hotels mit netten und gut massierenden Koreanerinnen. Die Amerikaner sind auch hier sehr gut eingerichtet: Mit einem bequemen „Beachbus" fährt man gratis vom Compound direkt vor den dortigen amerikanischen Club, der unmittelbaren Zugang zum Meer hat. Die nur an das männliche Militär gewöhnten Augen der beiden „Merry Mad Monks of the DMZ" erfreuten sich nicht nur am schönen Strand und der zweckmäßigen Hotelanlage, sondern auch an den weiblichen Badegästen. Mit unseren (damals noch) schlanken und durchtrainierten Körpern und insbesondere den behaarten Oberkörpern zogen wir an diesem malerischen Strand die neugierigen lokalen Damen an, fast wie das Licht die Motten.

Es fiel uns nicht leicht, deren Fängen schwimmend zu entwischen, um den letzten Beachbus für die Rückfahrt noch knapp zu erreichen!

Am nächsten Morgen musste Ernst Dinkel mit der in Pusan gelöschten Ladung, d. h. mit den beiden gut vernagelten Kisten voll von Schweizerkäse (gratis geliefert von der Schweizerischen Käseunion), Weißwein, Walliser Rotwein und Schweizer Schokolade, inklusive hitzefester Lindt-Pralinen, allein mit der Eisenbahn nach Seoul zurückfahren. Es handelte sich um eine kostbare Fracht, dauerte es doch sechs Monate vom Bestellen dieser Güter bis zu deren Eintreffen. Die Waren wurden per Funk von Panmunjom in Bülach bestellt und anschließend auf den langen Weg nach Korea geschickt. In Seoul am Bahnhof stand dann bereits ein amerikanischer „deuze and a half"-Truck bereit. Da es viele Diebe, sogenannte „Slicky Boys" hatte, saß ein Militärpolizist hinter dem Steuer und die kostbare Fracht wurde durch einen weiteren, bewaffneten Militärpolizisten bewacht.

Am Donnerstagnachmittag befanden sich Mark Schori und ich bereits wieder in der Luft. Diesmal aber nur mit einer schlecht besetzten und klapprigen DC-3, einer entmilitarisierten C-47 aus ehemaligen U.-S.-Air-Force-Restbeständen, da Cheju City lediglich über eine Graspiste verfügte. Der anstrengende und offizielle Teil unserer Reise war vorbei und wir flogen für ein verlängertes Wochenende nach Chejudo, der größten koreanischen Insel.

Dinkel und Scho-Ri-san beim Baden an der Haeundae-Beach

Reisfelder und Dörfer mit Strohhütten vor der Ladung

Wochenende in Chejudo

Das im Namen der Insel Chejudo angehängte „do" heißt auf Koreanisch „Insel". Sie liegt im Ostchinesischen Meer, circa 300 Kilometer südwestlich von Pusan entfernt und ungefähr auf der Höhe der japanischen Insel Kyushu. Die Insel weist subtropisches Klima auf und kennt auch in der Winterzeit keinen Schnee. Ja, es soll sogar möglich sein, dort noch an Weihnachten zu baden. Sie wird vom höchsten Berg Südkoreas, dem Halla-san, einem erloschenen Vulkankegel, dominiert. Bei Bergen bedeutet „san" stets ehrfurchtsvoll „Herr".

Bei einer von Walter Leu (ehemaliger Merry Mad Monk of the DMZ) geführten Reise für „Alt-Koreaner" durch Südkorea im Jahr 2002 begann das Programm nach einer Zwischenlandung auf dem Flugplatz von Seoul auf der Ferieninsel Chejudo, gewissermaßen zur Erholung nach der langen Flugreise. Die ungeheuren Veränderungen der Infrastruktur, die seit 1964 auf dieser subtropischen Insel stattgefunden haben, konnte ich anfänglich nur mit Staunen zur Kenntnis nehmen. Ich hatte nur eine leichte Verbesserung der Infrastruktur meiner in der Erinnerung verhafteten romantischen Ferieninsel erwartet. Wir waren in einem schön gelegenen Luxushotel mit eigenem Strand untergebracht. Fast alle schönen Strände der Insel wurden von Hotelüberbauungen dominiert. Auf der Insel wimmelte es von Konferenztouristen und gewöhnlichen Touristen aus aller Herren Länder, jedoch auffallend vielen Japanern. Die ehemals blühenden Wiesen hatten sich in manikürte Golfplätze verwandelt. Als wir uns nach der Ankunft am späten Nachmittag um 19 Uhr in der Lobby-Bar sammelten, um zum gemeinsamen Nachtessen zu schreiten, konnten wir schöne und hoch elegant angezogene Koreanerinnen bewundern, die sich lebhaft unterhielten. Nach und nach wurden sie von japanischen Geschäftsherren abgeholt und verschwanden in den Hotelzimmern.

Alle Alt-Koreaner freuten sich auf ein Essen in einem typisch koreanischen Restaurant, die meist im Familienverbund effizient geführt werden. Walter Leu führte uns zu einem solchen Etablissement. Vorerst galt es aber, ein nicht bedachtes Problem zu überwinden:

Beim vorgesehenen Sitzen am Boden klagten einige der vor mehreren Jahrzehnten noch sportlich und elastisch gewesenen Offiziere über Schwierigkeiten beim Sitzen am Boden ohne Lehne, und dies erst noch an einem sehr niedrigen Tisch. Sie lösten souverän das Problem, indem sie sich einen Sitzplatz für den Rücken an einer Wand des Restaurants aussuchten und so bequem die Beine unter dem Tisch platzieren konnten. Hans Egger prägte dann in Anlehnung an William Shakespeare (der seinen Richard III. sagen ließ: „Ein Pferd, ein Pferd, mein Königreich für ein Pferd") den Spruch: „Ein Königreich für eine Wand". Dieser Spruch wurde im Verlaufe der Reise bei jedem neuen koreanischen Restaurant, in welchem am Boden gegessen wurde, wieder hochaktuell. Als sich dann alle einigermaßen bequem niedergelassen hatten, wurde sofort für die auf koreanisches Essen erpichten Teilnehmer das sehr bekannte koreanische Gericht Bulgogi (wörtlich übersetzt: Feuerfleisch; damit soll die Zubereitungsart, nämlich offenes Feuer und dies direkt auf dem Tisch, zum Ausdruck gebracht werden) bestellt. Es wird aus in einer Marinade aus Sojasoße, Frühlingszwiebeln und Gewürzen eingelegtem Rindfleisch hergestellt. Das Fleisch zerteilte man mundgerecht mit einer Schere direkt am Tisch in dünne Vierecke oder Streifen und bereitet es anschließend ebenfalls am Tisch auf einem Grill zu, wobei der aufsteigende Rauch niemanden störte. Als die Fleischstücke fertig gegrillt waren, wurden diese auf ein Salatblatt gelegt und je nach persönlicher Vorliebe zusammen mit Sojasoße (Ganjang), Chilipaste (Gochu Jang), frischem Krautsalat, Kimchi, Knoblauch oder andern Zutaten in dieses Salatblatt eingerollt, mit den Fingern als komplettes Bündel in den Mund geschoben und gegessen. Anstelle normaler Salatblätter wurden gerne auch Sesamblätter verwendet. Die Stimmung nach dem langen Flug war nun wieder schlicht großartig und ich dachte für mich: Korea hat dich wieder! The good old times are here again!

Im neuen Reiseführer Lonely Planet von 2007 wird Jejudo (amerikanische Schreibweise) heute wie folgt in der Einführung beschrieben:

„Hawaii, the Mediterranean, Disneyland, paradise ... Jejudo has been compared to all four, and each part is at least partly true. The volcanic island features swaying palm trees, cactus plants, scuba diving and much more. Jedu-

do is Korean's holiday and honeymoon island, where even bank tellers spot colourful, open-necked aloha shirts. Most spectacular though are the volcanic landscapes. South Korea's highest mountain, Halla-san (1950 m), is a special national park with varied ecological zones, cute little roe deer and wonderful azalea blooms in May. Despite being just 85 km from the mainland, Jejudo was little visited for centuries. As a result, it acquired its own history, traditions, dress, architecture and dialect. Over the years, the island developed a unique architectural style: stone houses with a thatched roof that was tied down by a rope against the strong winds. Like the rest of the country, the past few decades have seen the island change radically – most of the coast line is now built up and many farm pastures have been turned into golf courses. Jejudo is an oval shaped island, 70 km long by 30 km wide. The island also attracts business and professional conferences, so your hotel might be swarming with Asian dentists or telecom execs from five continents."

Allerdings wurde im Reiseführer nicht erwähnt, dass es auf Chejudo seit jeher und noch immer die Familienform des Matriarchats gibt. Deshalb besagt ein uraltes Sprichwort denn auch, dass Chejudo die Insel mit zu viel Wind, zu vielen Steinen und zu vielen Frauen sei! Bekannteste Vertreterinnen sind die berühmten „Seefrauen" (Haenyo): Frauen aller Altersgruppen, die „topless" oder neuerdings mit Neopren-Anzügen und einzig mit einer Taucherbrille ausgerüstet – also ohne Sauerstoffflaschen, bis 20 Meter tief nach Schwämmen, Seegras, Muscheln und Seeigeln tauchen. Sie bleiben dabei etliche Stunden ununterbrochen im Wasser und als Folge ihres kräftezehrenden Berufs ist ihre Lebenserwartung entsprechend gering. Heute sind sie leider zu Touristenattraktionen für potenzielle Voyeure verkommen!

Wir konnten aus Zeitgründen damals nicht überprüfen, wie das Matriarchat auf der Insel genau funktionierte. Offenbar lebt sogar heute in den südchinesischen Bergen der Provinz Yunnan das Volk der Mosuo von 40'000 Menschen noch in einem Matriarchat. Die Männer wohnen ein Leben lang zu Hause bei ihren Müttern. Die Frauen dagegen haben alles: Status, Geld und Liebhaber ohne Ende (Neue Zürcher Zeitung am Sonntag vom 14.2.2010).

Zur Zeit unseres Besuchs im Jahr 1964 hatte die im Lonely Planet beschriebene luxuriöse Rummelplatz-Atmosphäre glücklicherweise noch nicht Einzug gehalten. Im Gegenteil, es herrschte tiefes bäuerliches Mittelalter und das vom Korea Tourist Bureau (KTB) auf einer Klippe in Sogwipo eben erst fertiggestellte Hotel war ein mutiger Versuch, Touristen auf die noch völlig unverdorbene Insel zu bringen.

Bezüglich der Landwirtschaft ist noch zu erwähnen, dass Chejudo der einzige Ort in Südkorea war, wo Vieh gezüchtet wurde. Ein irischer Priester versuchte, den Einwohnern rationellere Landwirtschaftsmethoden zu vermitteln, und das mit großem Erfolg. Gestern kamen in zwei ROK-Air-Force-Flugzeugen 1'000 Schweine mit schwarzer Haut an. Der Priester hatte es durchgesetzt, dass er von der UNO und anderen Organisationen mit Geld unterstützt wurde, damit er in großem Stil auf der Insel Schweine züchten konnte. Die berühmten wild lebenden Pferde in Chejudo sind dagegen Nachfahren der mongolischen Kriegspferde und werden nicht gezüchtet, da sie sich auf natürlichem Wege reproduzieren.

Während Chejudo heute verkehrsmäßig voll erschlossen ist, war das Reisen für uns „Rundaugen" damals noch sehr schwierig. Die Straßen waren schlecht – zumeist nicht asphaltiert – und die wenigen Wegweiser nur in koreanischer Sprache. Eine brauchbare Landkarte suchte man vergebens. Da Park Myung Ja, die Freundin von Scho-Ri-San (Schori), herausgefunden hatte, dass das einzige einigermaßen komfortable Hotel in Sogwipo vom Korean Tourist Bureau (KTB) betrieben wurde, nahm er sich die Freiheit, die KTB-Dame und ihre Kollegin Choung Ae gleich als Reisebegleiterinnen anzuheuern. Wohl oder übel musste ich diesem „fait accompli" zustimmen. Daher überlasse ich es ihm, den weiteren Reiseverlauf zu schildern:

„Nach der Landung auf der holprigen Graspiste von Cheju City wurden wir von zwei strahlenden jungen Frauen begrüßt und gleich zu einem Jeepfahrer mit einem Gefährt aus dem Koreakrieg geführt. Die Absicht war, die Insel zu umrunden und uns auf halber Strecke – am südlichsten Punkt – in Sogwipo von den Strapazen der Pusan-Mission zu erholen. Die Landstraße, welche zeitweise eher einem Bachbett glich, setzte nicht nur den des Fahrens in einem Jeep ungewohnten Damen, sondern auch unserer Klapperkiste zu. Bei der hochsommerlichen Hitze in einem mit vier Sitzen ausgerüsteten Jeep zu fünft eingepfercht, war dies nicht weiter verwunderlich! Auf offener Strecke quittierte unser Gefährt mit einem dumpfen Knall bald einmal den Dienst und es wurde abrupt still, sehr still sogar. Zu hören war einzig das Sirren der aufdringlichen Mücken und Bremen. Das allseitige Unbehagen war praktisch greifbar! Wohl versuchte der Fahrer äußerst dilettantisch und bis zur Erschöpfung der Batterie, den Motor wieder zu starten. Letztlich blieb uns aber nichts anderes übrig, als den Weg ins nächste Dorf – samt Reisetaschen – unter die Füße zu nehmen. Auf uns allein gestellt, wären Derrick und ich wohl verzweifelt, doch unsere Begleiterinnen hatten die Situation rasch unter Kontrolle. Der Chauffeur erhielt den knappen Auftrag, am andern Morgen – wie auch immer – entweder mit einem reparierten oder einem neuen Vehikel zur Stelle zu sein.

Im Dorf hielten wir darauf Ausschau nach einer Übernachtungsgelegenheit und fanden diese in einem einfachen, strohbedachten ‚Yog-wan' (Gasthaus). Zum Nachtessen wurde uns gebratenes Hähnchen und Reis aufgetischt und sogar lauwarmes Bier fehlte nicht. Für die ganze Reisegesellschaft gab es einen einzigen, stickigen Raum mit ‚On-dul-bang ma-ru', ein mit Reispapier beklebter, harter Gipsboden, unter welchem im Winter die warme Luft der Heizung zirkuliert. Für sämtliche Gäste stand nur eine einsame, winzige koreanische Toilette zur Verfügung: In einem stinkigen Kämmerlein nebenan befand sich am Boden eine 50 mal 15 Zentimeter große Öffnung, über die man zur Verrichtung des Geschäfts in Hockstellung zu kauern hatte. Darunter stand ein Fäkalbehälter, der von einer bestimmten Berufsgattung periodisch abtransportiert und irgendwo geleert wurde. Wehe dem, der nicht daran gedacht hatte, Toilettenpapier oder etwas Ähnliches mitzunehmen, denn dieser Luxus hatte hier noch nicht Einzug gehalten. Auf einer dünnen Decke, von Fliegen und Mücken geplagt, verbrachten wir eine unkomfortable Nacht. Während es für uns Männer nur etwas unangenehm war, mussten unsere beiden Begleiterinnen viele böse Blicke und giftige Maßregelungen einstecken. Dies, weil es zur damaligen Zeit für junge unverheiratete Frauen absolut unziemlich war, mit Männern im gleichen Raum zu schlafen, und überdies noch mit zwei ‚Ko-tscheng-i' (Rundaugen mit Langnasen). Obwohl wir uns durchaus gentlemanlike verhielten.

Am andern Morgen trauten wir unseren Augen kaum, als wir vor dem ‚Yog-wan' auf unseren Fahrer stießen, der überdies mit einem bequemen Fahrzeug, einem in die Jahre gekommenen Landrover, auf uns wartete. Wie er das geschafft hatte, war uns schleierhaft, aber offensichtlich hatte der ihm von meiner Freundin Myung Ja verpasste Auftrag seine Wirkung nicht verfehlt. Mit dem Landrover kamen wir nun recht gut vorwärts und konnten uns an der wunderschönen, üppig grünen Landschaft, den wogenden Reisfeldern und den verschlafenen Dörfern – mit durchweg strohbedeckten Häusern – erfreuen. Praktisch vor jedem Dorfeingang stießen wir auf ‚Tol-haru-bang'-Figuren (steinerne ‚Großväter', die traditionell die Schutzpatrone darstellen und die Bewohner bewachen). Sie sind ein Wahrzeichen von Chejudo und heute nur noch dort anzutreffen. Während der ganzen Fahrt hatten wir den Vulkankegel des Hall-san im Blickfeld, doch unvermittelt – nicht allzu weit von unserem Ziel Sogwipo entfernt – tauchte am Horizont eine grasbedeckte Kuppe auf, die einem Panettone glich. Vom langen Sitzen etwas ungelenk geworden, hatten Derrick und ich die famose Idee, diesen ‚Berg' zu bezwingen. Gesagt, getan! In einer Teestube parkierten wir unsere koreanischen Begleiterinnen und unter der unbarmherzig sengenden Sonne, schwitzend und pustend – natürlich ohne Tranksame – erreichten wir schließlich den Gipfel. Die wunderbare Aussicht aufs Ostchinesische Meer und die gesamte Insel war überwältigend. Wir freuten uns über die gelungene ‚Schweizer Erstbesteigung', doch wegen der wartenden Damen – vom schlechten Gewissen getrieben, nahmen wir unverzüglich den Abstieg in Angriff. Erst sehr viel später realisierten wir, dass das ein ganz grober kultureller Fauxpas gewesen war, und ärgerten uns entsprechend: Der vermeintliche Panettone-Berg erwies sich als der sagenumwobene, 395 Meter hohe Sanbang-san. Die Legende besagt nämlich, diese Kuppe sei eigentlich die Spitze des Halla-san. Ein Jäger habe mit Pfeil und Bogen einen Hirsch erlegen wollen, diesen jedoch verfehlt, und mit dem Pfeil den Himmelsgott getroffen. Das habe ihn derart erzürnt, dass er vom Halla-san die Spitze abriss und ihn in Richtung Meer warf, wodurch der Sanbang-san entstand. Außerdem hatten wir in unserer Eile auch nicht bemerkt, dass noch eine Tropfsteingrotte und zwei antike Tempel aus der Koryo-Dynastie (918–1392 n. Chr.) zu bewundern gewesen wären. Einerseits waren damals touristische Sehenswürdigkeiten noch nicht markiert und anderseits wollten wir die Geduld unserer beiden Frauen nicht über Gebühr strapazieren.

Nach einer ereignislosen Fahrt erreichten wir schließlich am späten Nachmittag das ersehnte neu erstellte KTB-Tourist-Hotel in Sogwipo. Wir waren die einzigen Gäste und zudem die ersten ‚Westerners'. Aufgrund eines Empfehlungsschreibens der KTB-Zentrale in Seoul, das sich meine Freundin Myung Ja beim General Manager beschafft hatte, wurden wir mit der gebotenen Ehrfurcht als VIPs begrüßt. Nach all dem, was sich seit unserem Start in Cheju City zugetragen hatte (Panne, rustikale Übernachtung, Erstbesteigung bei Bruthitze), schenkten wir der Hotelanlage keine allzu große Beachtung, sondern hatten nur ein Ziel vor Augen: Wir wollten uns duschen, die Kleider wechseln, etwas ausruhen und uns für das Abendessen fertig machen. Als wir das – für damalige Maßstäbe – geräumige und komfortable Zimmer (mit Klimaanlage) verließen und in die beginnende Dämmerung heraustraten, glaubten wir zu träumen. Der Weg zu einer Art Pergola war mit lodernden Pechfackeln beleuchtet und dort befand sich ein mit einem weißen Tischtuch bedeckter, mit Blumen dekorierter Tisch; selbst die Servietten fehlten nicht. Als dann noch unsere Damen anrauschten, adrett herausgeputzt, mit duftenden Hibiskusblüten im pechschwarzen Haar, konnte man das Knistern der romantischen Stimmung praktisch hören. Man stelle sich vor: Zwei einsame Schweizer Knaben, weit weg von der Heimat, unter dem mit Sternen übersäten Himmel Südkoreas voll dem Charme Asiens ausgesetzt ... Ja, das war etwas Einzigartiges! Wir wurden abwechselnd mit koreanischen und westlichen Leckerbissen verwöhnt und auf wundersame Weise stand für die Herren der Schöpfung unvermittelt ein Glas französischer Rotwein auf dem Tisch (koreanische Frauen aus gutem Hause trinken keinen Alkohol). Wir verbrachten einen unendlich schönen Abend und bei interessanten Gesprächen wurden uns Sitten und Gebräuche unseres – leider armen – Gastlandes nähergebracht.

Am andern Morgen, bei weiterhin strahlender Sonne und tiefblauem Himmel, staunten wir nicht schlecht, als wir den prachtvollen Blumengarten vor dem Hotel bemerkten. Mit großem Aufwand und viel Liebe waren auf dem felsigen Boden der Klippe über dem Meer Rhododendren, Weihnachtssterne, Orchideen in allen Farben, Bougainvillea und natürlich die koreanische hellviolette Nationalblume ‚Mu-gung-wha' (die unvergängliche Blume) angepflanzt worden. Da unser Hotel über keinen Swimmingpool verfügte, spazierten Derrick und ich nach dem Frühstück zum unweit gelegenen Chongbong-Wasserfall, wahrscheinlich dem einzigen Wasserfall in Asien, der direkt ins Meer abfällt. In der leichten Brandung amüsierten wir uns köstlich und versuchten wagemutig in die Nähe des tosenden Wassers zu schwimmen. Das war Entspannung und Wellness pur, so wie wir uns es vorgestellt hatten. Die ultimative Überraschung war indessen, als unsere mittlerweile auch munter gewordenen Begleiterinnen mit eisgekühlten Wassermelonen-Schnitzen anrückten und uns damit beglückten. Da uns der Landrover bis zum Abend zur Verfügung stand, besuchten wir anschließend die Sehenswürdigkeiten in der näheren und weiteren Umgebung von Sogwipo. So gab es unter anderem noch einen zweiten Wasserfall und Tropfsteinhöhlen zu besichtigen und selbstverständlich durfte ein Abstecher zu den ‚Haen-yo', den ‚Seefrauen', nicht fehlen. Es war wirklich kaum zu glauben, wie lange die Taucherinnen unter Wasser blieben, bis sie mit Netzen, gefüllt mit Schwämmen, Muscheln und anderem Meeresgetier, wieder auftauchten. Der Tag verflog im Nu, wobei es der kundigen Leitung nicht ermangelte. Eingedenk unserer schmerzlichen Erfahrungen auf der Hinfahrt hatten wir den ganzen Sonntag für die Rückreise reserviert. Am frühen Morgen nahmen wir daher mit Wehmut Abschied von diesem paradiesischen Flecken mit seinem zuvorkommenden Hotelmanager und seinem freundlichen Personal. Die Fahrt zum Flugplatz nach Cheju City ging einem wohl tief in die Knochen und war eher mühsam, aber erfreulicherweise wurden wir dieses Mal von bösem Ungemach oder Pannen verschont."

So weit die zutreffende Schilderung von Scho-Ri-san.

Als wir auf dem Flugplatz eintrafen, stand die uns wohlbekannte DC-3 der KAL schon zum Abflug bereit. Wie bei der Hinreise war vorerst ein Flug nach Pusan vorgesehen und darauf, am späteren Abend, ein Flug von dort nach Seoul-Kimpo. Als unsere Touristik-Profis einchecken wollten, erklärte ihnen die Angestellte am Schalter jedoch, ohne mit der Wimper zu zucken, es gebe keine Plätze mehr für uns. Dies, obwohl der Rückflug für alle vier Passagiere schon Tage zuvor telefonisch bestätigt worden war. Da packte mich eine enorme Wut und ich sah nur noch rot. Nachdem ich mich im Büro ausgetobt hatte, alle Bemühungen unserer Reiseleiterinnen nicht fruchteten und auch der Hinweis auf unsere Wichtigkeit keinen Eindruck machte, begaben wir uns ins kleine Flugplatzrestaurant, um das weitere Vorgehen zu diskutieren. Am nächsten Tag sollten die Frauen nämlich an der Arbeit im KTB in Seoul sein und Mark Schori und ich am Wochenrapport in Panmunjom. Beim Studieren der Menükarte bemerkte ich am Nebentisch Air-Force-Offiziere der ROK. Ein Blitz schnellte durch mein beim Faulenzen träge gewordenes Hirn und sogleich erkundigte ich mich bei ihnen, ob sie zufällig nach Seoul fliegen würden. Sie luden mich und die ganze Reisegesellschaft ein, mit ihnen im Frachtflugzeug, ebenfalls einer C-47 (Militärversion), direkt zurück nach Seoul zu fliegen. Genau zehn Minuten später saßen wir in der Maschine, die – nach dem Schweinetransport vom vergangenen Mittwoch – noch immer bestialisch nach Schweinen roch. Dafür landeten wir eineinhalb Stunden später in Seoul und dazu alles gratis. Pas mal!

Die Herren Dinkel und Schori vor dem Eingang zum BOQ im Camp Hialeah in Pusan

Das Innere der DC3 während des Rückflugs nach Seoul. Beim letzten Flug diente das Flugzeug als Schweinetransporter

Die 1.-August-Feier im Swiss Camp

Auf die Regenzeit im Juli (Changma) folgt Hanyeoreum, der Hochsommer im August. Die Regenfront hat sich dann Richtung Norden über die Halbinsel fortbewegt. Die Sonne strahlt wieder vom blauen Himmel. In der Folge steigen die Temperaturen schlagartig an: 38 Grad Celsius sind keine Seltenheit.

Wie bereits ausgeführt, verlagerte sich im Verlaufe der Jahre die Rolle der NNSC zunehmend in Richtung diplomatische Verbindungsstelle zwischen Nord und Süd. Gezwungenermaßen wurden dadurch die Kontakte aller Delegationsmitglieder zu den verschiedenen Stellen beider Parteien intensiviert, was unter anderem zu einer massiven Ausweitung der gesellschaftlichen Aktivitäten der Delegation führte. Alle Anlässe wurden nach meinen Beobachtungen sehr professionell und nach den international gültigen diplomatischen Regeln durchgeführt.

Einer der Höhepunkte im Delegationsleben war der Schweizer Nationalfeiertag. Nachdem unsere Delegation jeweils am „4th of July" von den Amerikanern zu ihrem Nationalfeiertag eingeladen wurden, mussten wir uns am 1. August im gebührenden Rahmen revanchieren. Wie immer in solchen Fällen lag die Hauptlast der Vorbereitungsarbeiten auf den Schultern von Paul Oberli und seinem Team von gut geschultem und langjährigem koreanischem Hilfspersonal. Auch der Delegationsleiter und der Verbindungsoffizier waren für die Einladungen und die exakte Durchführung des Protokolls bei solchen Großanlässen gefordert.

Zum Glück hatte der Hochsommer begonnen und an diesem 1. August 1964 begrüßte uns ein schöner koreanischer Sommertag mit strahlender Sonne. Das ganze Camp war blitzblank geputzt. Unsere für diesen Anlass mit kurzärmligen weißen Hemden und schwarzem Propeller angezogenen koreanischen Kellner bauten unmittelbar auf der Terrasse hinter dem Swiss Club eine Gartenwirtschaft mit weißen Tischtüchern auf. Auch eine mit vielen vorzüglichen Getränkeflaschen (so zum Beispiel erlesenen Weinen aus der Schweiz) bestückte Bar wurde eingerichtet. Bereits im Verlauf des

Nachmittags kamen unsere Gäste angefahren. Das am Abend elegant servierte Essen war vorzüglich und erinnerte in keiner Weise an die übliche Militärkost. Unter den Gästen befanden sich Vertreter der übrigen NNSC-Delegationen, dann natürlich auch unsere amerikanischen Freunde sowie Delegationen von verschiedenen Ländern des UN Command. Es fehlten lediglich die Nordkoreaner und die Chinesen. Auf diese Weise enstand sogar fast so etwas wie eine Folklore-Show von Offizieren in den verschiedensten Gala-Uniformen. Natürlich waren auch Zivilpersonen eingeladen. Dabei handelte es sich in der Regel um Bekannte des Delegationsleiters und seines Stellvertreters, wobei sich auch diese Leute für den Anlass feierlich angezogen hatten (und dies inmitten des wilden Niemandslandes am 38. Breitengrad und einer damals eher mühsamen Anfahrtsstrecke). Ein weiterer besonderer Gast war ein erfolgreicher schweizerischer Geschäftsmann mit seiner Frau aus Seoul. Paul Benz war sein Name und er handelte mit Pharmazeutika. Er war damals einer der ganz wenigen Schweizer mit Wohnsitz in Korea.

Gegen Abend wurden die Lampions angezündet und die ganze, eher nüchterne Umgebung des Swiss Clubs verwandelte sich in eine Art Sommernachtsfest der speziellen Art. Als neben dem Club auch

An der 1.-August-Feier im Swiss Camp

noch ein großes 1.-August-Feuer angezündet wurde, war die gute Stimmung auf dem Höhepunkt angelangt. Unser Delegationschef, Auguste Geiser, hielt die Ansprache und erklärte dabei für unsere ausländischen Gäste, was es in der Schweiz mit dem Brauch der 1.-August-Feier auf sich hat. So gegen Mitternacht klang die Party aus, die Gäste verabschiedeten sich und ließen sich nach Hause chauffieren.

Es dürfte ungefähr meine 50. Party gewesen sein, an der ich in meiner Funktion einfach teilnehmen musste, wobei mir alle diese Anlässe gut gefielen, mit Ausnahme derjenigen im Norden, die oftmals langweilig und mühsam waren. Für den korrekten Ablauf solcher Veranstaltungen hatte uns das Eidgenössische Departement für auswärtige Angelegenheiten (EDA) eine Art Knigge für korrekte Tischordnung (wer sitzt wo), korrekte Anreden und korrekt geschriebene Briefe mitgegeben. Als ich einmal ein Schreiben an die Botschaft der Schweiz in Tokio fälschlicherweise mit „Schweizer Botschaft" (anstelle von Schweizerische Botschaft) anschrieb, erhielt ich vom Generalmajor Geiser eine grobe Belehrung für meinen unverzeihlichen Fauxpas.

Der Golf-von-Tonkin-Vorfall

Mit Datum vom 6. August 1964 erhielt meine Familie in der Schweiz folgendes Schreiben vom stellvertretenden Chef des Personellen der Armee, Oberst Marguth:

```
Anfragen von Ihrer Seite veranlassen mich, Ihnen
mitzuteilen, dass wir heute ein Telegramm aus Pan-
munjom folgenden Inhalts erhielten:
„Erhielten Aufforderung für Evakuationsvorbereitung. -
Sonst alles in Ordnung."
Nach unserer Auffassung besteht im Moment kein Grund
zur Beunruhigung. Die allfällige Evakuation ist seit
Beginn der Mission organisiert, wobei die USA-Armee
verbindliche Befehle für die Sicherheit der Schweden
und Schweizer erhalten hat. Sobald wir irgendwelche,
Sie interessierende Meldungen erhalten, werden wir
Sie umgehend benachrichtigen.
```

Beim Golf-von-Tonkin-Vorfall handelte es sich um zwei verschiedene Begebenheiten zwischen Seekräften von Nordvietnam und den USA im Golf von Tonkin. Dieser relativ unbedeutende Vorfall wurde dem amerikanischen Publikum als Rechtfertigung für einen Großaufmarsch von amerikanischen Streitkräften in Südostasien und vor allem in Vietnam dargestellt. 1965 fing Präsident Johnson mit der Eskalation des Krieges an, mit Bodentruppen und Einsätzen der Luftwaffe gegen Ziele in Nordvietnam. Auf dem Höhepunkt des amerikanischen Aufmarsches im Jahr 1968 gab es fast 550'000 amerikanische Bodentruppen in Vietnam. Die nordvietnamesische Tet-Offensive im gleichen Jahr hatte zur Folge, dass viele Amerikaner nun vehement gegen den Krieg waren, was einen Widerhall in großen Protestbewegungen im ganzen Land erzeugte. Martin Luther King Jr. erklärte an einer dieser vielen Demonstrationen gegen den Krieg in Vietnam: „If America's soul becomes totally poisoned, part of the autopsy must read Vietnam."

Der Entscheid von Präsident Johnson im August 1964, reguläre amerikanische Truppen nach Vietnam zu entsenden, führte, wie wir heute alle wissen, zum Vietnamkrieg (1965–1975) mit verheerenden Folgen für beide Kriegsparteien: 58'000 amerikanische Soldaten verloren ihr Leben und 350'000 wurden verletzt; 3 bis 4 Millionen Nord- und Südvietnamesen und überdies 1,5 bis 2 Millionen Menschen aus Laos und Kambodscha verloren ihr Leben. Der Krieg endete mit einer erniedrigenden Niederlage der amerikanischen Streitkräfte. Was mit dem langen und blutigen Krieg erreicht werden sollte, geschah nicht, sondern das Gegenteil passierte: Auch Südvietnam wurde jetzt vollständig von den Kommunisten beherrscht! Phnom Penh, die Hauptstadt von Kambodscha, wurde im April 1975 von den Roten Khmer eingenommen. Unter der Führung von Pol Pot, dem „Bruder Nummer eins", fielen von 1975 bis 1979 schätzungsweise 1,7 Millionen Menschen – ein Viertel der kambodschanischen Bevölkerung – dem Schreckensregime der Roten Khmer, den Steinzeitkommunisten, zum Opfer. Im Dezember 1975 stürzte in Laos die kommunistische Widerstandsbewegung Pathet Lao die Regierung des Königs und gewann die uneingeschränkte Kontrolle über das ganze Land. Der befürchtete Domino-Effekt nach dem kommunistischen Sieg über Südvietnam 1975 war in Kambodscha und Laos eingetroffen.

Am 2. August 1964 soll der amerikanische Zerstörer USS Maddox von drei nordvietnamesischen P-4-Booten angegriffen worden sein, was zu einer Beschädigung und kurze Zeit später durch Angriffe der amerikanischen Luftwaffe zur Versenkung der drei feindlichen Schiffe führte. Zwei Tage später, das heißt am 4. August 1964, meldete die USS Maddox – die inzwischen vom Zerstörer USS Turner Joy (DD-951) unterstützt wurde – eine zweite Attacke. Wie sich später zeigte, fand dieser Angriff mit P-4-Booten gar nie statt. Als McNamara am Nachmittag des 4. August von der U.S. Navy gemeldet wurde, dass gar kein zweiter Angriff auf einen amerikanischen Zerstörer stattgefunden hatte, meldete er dies nicht sofort Präsident Johnson weiter.

Dies wurde vom amerikanischen Verteidigungsminister und Architekten des Vietnamkrieges, Robert S. McNamara, später zugegeben. McNamara war der einflussreichste Verteidigungsminister von

Amerika im 20. Jahrhundert; er war von 1961 bis 1968 im Amt, zuerst unter Kennedy und dann unter Johnson. Hätte Präsident Johnson rechtzeitig gewusst, dass ein zweiter Angriff auf die USS Maddox gar nicht stattgefunden hatte, so hätte wohl der Vergeltungsschlag der Amerikaner nicht stattgefunden. Der Krieg wurde für McNamara zu einem Albtraum, und bereits bevor er zurücktrat, erklärte er privat, dass dieser Krieg zwecklos sei. Später bestätigte er dies in seinem Buch „The Fog of War".

Was die damaligen amerikanischen Politiker nicht wussten und vom amerikanischen Verteidigungsminister Robert S. McNamara später zugegeben wurde, war, dass die beiden amerikanischen Zerstörer der südvietnamesischen Armee aktiv mithalfen, Attacken gegen Nordvietnam durchzuführen.

Das Resultat dieses Vorfalles war die folgenschwere sogenannte „Southeast Asia Resolution" (besser bekannt unter dem Namen „Gulf of Tonkin Resolution") des amerikanischen Kongresses, die Präsident Lyndon B. Johnson ermächtigte, jeder Regierung von Südostasien, die als von einer kommunistischen Aggression gefährdet angesehen wurde, Hilfe zu gewähren, und zwar auch die Entsendung von amerikanischen Streitkräften – und dies ohne Kriegserklärung. Jene Resolution diente Johnson als legale Rechtfertigung für die Entsendung von regulären amerikanischen Truppen nach Südvietnam. Es gab dem amerikanischen Präsidenten das exklusive Recht, ohne den Senat zu konsultieren, militärische Truppen einzusetzen.

Zur Vorgeschichte des Vietnamkriegs (auch Zweiter Indochinesischer Krieg genannt):
Dieser militärische Konflikt spielte sich neben Vietnam auch in Laos und Kambodscha ab und begann schon im September 1959. Die ersten amerikanischen militärischen Berater kamen 1960. Zunehmende Unzufriedenheit in der südlichen Bevölkerung von Südvietnam und unter den Buddhisten mit dem südvietnamesischen Präsidenten Ngo Dingh Diem führten zu ernsthaften Spannungen im Land. Da dieser Präsident sich nicht an das Versprechen hielt, freie Wahlen abzuhalten, wuchs auch der kommunistische Widerstand bis 1961, angeführt von der NLF, abschätzig Viet Cong genannt. Im November 1963 wurde Präsident Ngo dingh Diem durch das Militär, und mit

dem Einverständnis der amerikanischen Regierung, ermordet. Die USA begannen, der südvietnamesischen Regierung direkte Hilfe zu erbringen – dies sowohl in Form von militärischer als auch finanzieller Unterstützung und durch die Entsendung von militärischen Beratern. Die Zahl dieser Berater wuchs von 600 im Jahre 1961 auf 16'000 am Ende der Präsidentschaft von Kennedy 1963.

Für unsere Reisen ins Ausland mussten wir amerikanische Militärflugzeuge oder vom Militär gemietete Zivilflugzeuge benutzen. Auf den verschiedenen Flügen sahen wir immer wieder diese braun gebrannten, kräftigen sogenannten Berater im „battle-dress" mit einem automatischen Gewehr, die den Eindruck von erfahrenen Kämpfern machten. Sie vermittelten das Gefühl, dass mit diesen Leuten und der gewaltigen Feuerkraft der Amerikaner eigentlich militärisch in Asien nichts schieflaufen konnte.

Der „Golf-von-Tonkin-Vorfall" 1964 geschah im ersten Jahr der Johnson-Administration. Kennedy hatte die Politik, militärische Berater nach Südvietnam zu entsenden, ursprünglich unterstützt. Er änderte aber seine Haltung, als sich die Unfähigkeit der südvietnamesischen Regierung und der Widerstand, Reformen durchzuführen, immer klarer zeigten. Kurz vor seiner Ermordung hatte er begonnen, eine limitierte Anzahl von Beratern aus Südvietnam zurückzuziehen.

Präsident Johnson dagegen unterstützte die militärische Eskalation in Vietnam, da er eine weitere Expansion des sowjetischen Einflusses befürchtete. (Es ist allerdings heute nicht ganz klar, wie er reagiert hätte, wenn er sofort gewusst hätte, dass der zweite Angriff auf die amerikanischen Kriegsschiffe überhaupt nie stattgefunden hatte.) Damals war der Großteil der westlichen Bevölkerung der Auffassung, dass nur mit einer offensiven Eindämmung des kommunistischen Einflusses in Südostasien ein Dominoeffekt vermieden werden konnte. Die „Domino-Theorie" wurde seit 1954 von den obersten amerikanischen Leaders immer wieder aufgeführt, um die sich stets ausweitenden militärischen Programme zu rechtfertigen. Auch Johnson intervenierte in Vietnam, damit die Dominos nicht anfingen, zu fallen. Ich selber glaubte damals auch an die Gefahr, dass ohne militärische Eindämmung zuerst Vietnam, dann Kambodscha, danach Laos und zuletzt alle Staaten von Südostasien wie Domino-Steine – einer nach dem andern – den Kommunisten anheimfallen würden. War es doch das deklarierte Ziel der Sowjets, die Weltherrschaft zu erringen.

Am 6. August 1964 sandte ich einen Brief (13. Brief) an meinen Vater mit dem folgenden Inhalt:

Im Zusammenhang mit der Vietnamkrise (Attacke auf amerikanische Schiffe und Vergeltungsmaßnahmen der Amerikaner) wurden gestern alle amerikanischen Truppen in Alarmzustand versetzt. Selbst der lässige Arzt – vom Advanced Camp herkommend –, der auch für uns zuständig ist, marschiert nun zackig im „battle dress" mit umgeschnallter Pistole und Handgranaten herum. Man rechnet allerdings damit, dass die Krise morgen abflauen wird. Mir persönlich scheint die Krise harmloser zu sein als die Kuba-Raketen-Krise im Oktober 1962.

Am 7. August 1964 schrieb ich einer Bekannten in Bern:

Leider klappt es gegenwärtig gar nicht mehr mit der Post. So erhielt ich z. B. von meinem Bruder eine Karte aus England (er nimmt an einem Sommerkurs in Cambridge teil), die, per Luftpost spediert, 18 Tage benötigte, um in meinen Besitz zu gelangen. Einer der Gründe dürfte wohl der sein, dass die beiden hier stationierten amerikanischen Divisionen sich seit dem Zwischenfall in Vietnam im Alarmzustand befinden.
Gestern Abend war ich wieder einmal in Kaesong, dem Hauptquartier dreier nordkoreanischer Divisionen. Anlass zu dieser Party war der Abschied eines chinesischen Obersten. Wie üblich fuhren wir pünktlich um 19 Uhr in der JSA in den russischen Autos weg. Wie immer verbeugen sich die kleinen Kinder am Straßenrand, wenn wir mit den Wagen vorbeifahren, und die schulpflichtigen Kinder grüßen militärisch. Das Menü

bestand einmal mehr aus acht Gängen, und was wie Nudeln aussah und fast so schmeckte, war junger Bambus. Den Ginseng-Schnaps habe ich, gewitzigt durch meine bisherigen schlechten Erfahrungen, nur in beschränkten Mengen eingenommen. Den vorgestrigen Abend verbrachte ich in einem Offiziersclub in Seoul, wo eine gute amerikanische Show mit der Miss Texas 1962 gezeigt wurde!
Was für ein Gegensatz zwischen den beiden aufeinanderfolgenden Abenden: Auf der einen Seite die lässige (just relaxed) Atmosphäre bei den Amerikanern und auf der andern Seite die strenge militärische Prozedur des kommunistischen Protokolls. Bei der Rückfahrt aus Kaesong sahen wir - wie meistens - nordkoreanische Fußpatrouillen, ausgerüstet mit Maschinenpistolen.
Da die Amerikaner einen Angriff der chinesischen und der nordkoreanischen Armee auf Südkorea als Vergeltung für den Tonkin-Vorfall befürchteten, wurde vom Oberkommando am 5. August für alle amerikanischen und südkoreanischen Truppen höchste Alarmbereitschaft befohlen. Unsere Delegation in Panmunjom erhielt den Befehl, uns zur allfälligen Evakuation bereit zu machen. Wir mussten die hohen Schuhe und den Rucksack mit dem Allernötigsten und einer Notverpflegung in unseren Zimmern bereithalten und durften das Camp nicht verlassen.
Plötzlich realisierte unser Major General Auguste Geiser im Rahmen der angeordneten Evakuationsvorbereitungen, dass einer seiner Offiziere fehlte, nämlich unser Quartiermeister, Oberleutnant Mark Schori. Wir wussten zwar alle, dass er mit einem von Leutnant Fred Schreier organisierten amerikanischen Lastwagen und koreanischen Freunden aus Seoul irgendwo in Südkorea unterwegs war. Eine gewagte Aktion, die - hätten die Amerikaner sich offiziell darüber beklagt - vermutlich die schweizerische Militärjustiz auf den

Plan gerufen hätte. Es war uns allen auch klar, dass die ganze Unternehmung im Lichte der plötzlich ernsten Lage nicht ganz koscher war, aber wir waren gewohnt, Risiken verschiedener Art immer wieder in Kauf zu nehmen. Als Generalsekretär der Delegation musste ich mir auch noch einiges Unerfreuliches vom Chef anhören. Solche Vorwürfe gehörten aber irgendwie zum Kick des Lebens am 38. Breitengrad, sodass ich mich nicht zu rechtfertigen versuchte, den Kopf einzog und den Sturm über mich hinwegfegen ließ.

Erst beim Schreiben des Manuskripts über die Erlebnisse in Korea wurde mir bewusst, dass ich eigentlich Mark Schori gar nie gefragt hatte, was er auf seiner Abenteuerreise mit dem amerikanischen Lastwagen alles erlebt hatte. Ich erinnerte mich nur noch, dass er und sein MP-Fahrer müde aussehend und mit einer unglaublich schmutzigen Uniform und einem total verschmutzten Lastwagen ins Camp zurückkehrten.

Ferien an der Mallipo Beach

Mark hat mir nun nach 45 Jahren seine damaligen Erlebnisse schriftlich zugestellt und mündlich erläutert. Hören wir uns seine unglaubliche Geschichte an …

„Wie zur damaligen Zeit in den meisten Ländern Südostasiens üblich, waren die Leute auch im Lande der Morgenstille der Meinung, jeder Schweizer könne von Haus aus Fahnenschwingen und Jodeln und zudem sei er ein erprobter Berggänger. So kam es, dass ich eines Tages im Zentrum von Seoul von einem mir fremden, jüngeren und gepflegten Mann in holprigem Französisch angesprochen wurde, der sich als Mr. Cho, Musiker des Seoul Philharmonic Orchestra, vorstellte. Seine Französischkenntnis habe er anlässlich eines sechsmonatigen Studienaufenthaltes in Paris erworben. Mit dem Aufnäher ‚Switzerland' am linken Oberarm des Uniformhemdes war meine Herkunft leicht zu erkennen. Er erklärte mir, er sei Chef der Gruppe ‚Seoul Mountain Climbers', die ungefähr zwei Dutzend junge männliche und weibliche Mitglieder zähle. Er und die übrigen Mitglieder hätten Freude, wenn ich der Gruppe beitreten würde und an ihren Bergwanderungen in der Umgebung von Seoul teilnähme. Nebst einem interessanten Ausländer in ihrer Mitte würde sich für sie gleichzeitig die Gelegenheit bieten, von meinen bergsteigerischen Kenntnissen zu profitieren! Da mich die Perspektive auf die weiblichen Mitglieder reizte, sagte ich zu, ohne natürlich zu erwähnen, dass ich noch nie alpinistisch aktiv gewesen war.

Am nächsten Sonntag stellte er mich der Gruppe vor, die sich hocherfreut zeigte, besonders die Frauen waren von meinen behaarten Armen, der behaarten Brust, den blauen Augen sowie den blonden Haaren angetan, da Asiaten all diese Eigenheiten nicht aufweisen. In der Gruppe waren die verschiedensten Berufe vertreten, von der Sekretärin über Mr. Lee, einem Koch, bis zu Oberleutnant Kim, Arzt bei der Korean Air Force.

So kam es, dass wir praktisch jedes zweite Wochenende einen ‚Berg' erklommen – auf einem harmlosen Fußweg –, dessen Gipfel vielfach mit einem reizenden, mehr oder weniger großen buddhistischen Kloster gekrönt war. Auch die Mönche, die uns oft bewirteten oder ein Nachtlager gewährten, hatten ihre Freude an den jungen Leuten mit einem ‚ko-tscheng-i', einer Langnase mit Rundaugen, unter ihnen.

Dadurch hatte ich die einzigartige Gelegenheit, Land und Leute näher kennenzulernen und mir auch einige Brocken Koreanisch anzueignen. Bei der US Army, die in gewissen Camps eine Filiale der University of Maryland betrieb, belegte ich daraufhin einen Koreanischkurs.

Eines Sonntags, als das Wetter nicht gut zum Bergwandern war, begaben wir uns in ein nettes ‚shik-dang' (Restaurant), um zu plaudern und uns ein vortreffliches ‚bul-go-gi' (gegrillte Fleischstücke) mit ‚bap' (Reis) zu Gemüte zu führen. Dabei floss natürlich reichlich ‚meg-tschu' (Bier) und ‚insam-sul' (Ginseng-Schnaps, der nicht nur gesund, sondern auch potenzfördernd sein soll!). Bei dieser Gelegenheit sei erwähnt, dass anständige koreanische Frauen damals keinen Alkohol genossen.

Nach reichlichem Bier- und Schnapskonsum weihten mich Mr. Cho, Mr. Lee und Oberleutnant Kim – mit welchen ich mich am besten verständigen konnte – in den geheimen Wunsch der Gruppe ein:

Eine Woche Ferien am Strand von Mallipo! Da diese Art von Ferien in Korea noch nicht bekannt war und die meisten Leute keinen Badeanzug besaßen, sprach man auch nicht von Badeferien. Wie man mich wissen ließ, liege Mallipo circa 160 Kilometer südwestlich von Seoul und verfüge dem Vernehmen nach über einen wunderbaren Sandstrand. Da sich der Lohn eines jüngeren Angestellten zwischen USD 15 und USD 25 (seinerzeit à CHF 4,30) bewegte, waren Ferien oder sogar Ferien am Meer für die ‚Mountain Climbers' ein Fremdwort beziehungsweise etwas Unerschwingliches. Dagegen war bekannt, dass die Mitglieder der NNSC in ihren unklimatisierten Wellblechbaracken in Panmunjom doch ein relativ angenehmes Leben führten. Tatsächlich konnten wir in vielerlei Hinsicht auf die Dienste des ‚Advanced Camp', einer ‚US-Support-Group', zählen, sei es in Bezug auf den Nachschub der Nahrungsmittel, der Lieferung von Trinkwasser oder der Bereitstellung von Trucks oder Personenwagen für unsere Transportbedürfnisse. Das Geheimnis war nun gelüftet, das Traumziel bekannt und alle hofften, der gute Onkel von der NNSC könne wunderbarerweise die Verwirklichung bewerkstelligen. ‚Wie', wusste aber niemand und für mich glich die Sache nicht nur einer ‚mission impossible', sondern vielmehr einem Hirngespinst.

Da sich meine Freunde periodisch diskret erkundigten, ob ich nun eine Lösung gefunden habe, wandte ich mich vertrauensvoll an unseren delegationseigenen Verbindungs- und Transportoffizier, den nachmaligen und heute pensionierten Oberst i. Gst. Fred Schreier/ UNA. Dieser brüstete sich jeweils zu fortgeschrittener Stunde, es gebe kein Problem, das er nicht zu lösen (‚fixen', wie er es nannte) vermöge. Und tatsächlich, Fred erklärte, mein Badeferien-Projekt sei ‚no problem'! Er werde mir das erforderliche Vehikel mitsamt Fahrer organisieren, um mit meinen ‚Mountain Climbers' nach Mallipo zu gelangen. Überdies würde er auch noch die notwendige Karte beschaffen, allerdings brauche er etwas Zeit. Landkarten von Südkorea waren damals grundsätzlich nicht erhältlich, weil sich der gefürchtete nordkoreanische Geheimdienst allzu sehr dafür interessierte.

Nach einigen Tagen ließ mich der wortkarge Fred wissen, alles sei auf gutem Wege, er benötige indessen noch das genaue Abreisedatum, welches ich ihm nach einem Palaver mit meinen Freunden bekannt gab.

So kam es, dass ich am 31. Juli 1964 um 10 Uhr, angezogen in einem Schweizer Panzerkombi, versehen mit meinen Gradabzeichen, den Badehosen und etwas Ersatzwäsche im Gepäck, in einem US Army 2 1/2-Tons Truck (Two and a Half/M35) in Richtung Seoul aufbrach. Am Steuer saß der behelmte und mit einer Pistole Kal. 45 ausgerüstete Militärpolizist (MP) S4 Miller. Schon von Weitem erkannte ich am vereinbarten Treffpunkt zwanzig erwartungsfrohe junge Männer und Frauen, die sich mit ihren in einem Tuch verpackten Habseligkeiten und einigem Kochgeschirr auf der Ladebrücke ‚meines' Lastwagens niederließen. Bevor wir uns jedoch auf die Reise machen konnten, bat mich Oberleutnant Kim, Arzt der ROK (Republic of Korea) Air Force, noch zum Markt zu fahren, um etwas Proviant zu beschaffen. Dort wurden zwei Säcke Reis, einige Kartons Dosenbier, ein paar Flaschen Reisschnaps, Gemüse, Kimchi (eingelegter Kohl in einer scharfen Sauce aus Sojabohnen, rotem Pfeffer und Fisch-Paste), Eier und ein paar an den Füßen zusammengebundene lebende Hühner gekauft und ebenfalls aufgeladen. Außerhalb der Stadt Seoul, in Yong-dong-po, am Dienstort von Oberleutnant Kim, holte dieser noch einige Zeltplanen und seine Arzttasche. Darauf ging die lange – immerhin circa 160 Kilometer – Fahrt ins Blaue los, war doch niemand von der Gruppe zuvor je selbst in Mallipo gewesen. Mich überkam ein leicht mulmiges Gefühl, doch dieser Trip entsprach einem schon lange gehegten Wunsch, nämlich einmal eine Woche lang wie ein Koreaner zu leben!

Nach etwas mehr als einer Fahrstunde auf asphaltierter Straße, während der sich meine Fahrgäste die Zeit mit Gesang und Späßen vertrieben, erfolgte der Wechsel auf eine staubige Naturstraße. Waren es anfänglich nur Schlaglöcher, die uns durchrüttelten, so nahm die Straßenoberfläche nach einiger Zeit die Form eines Waschbretts an. Das Singen und Scherzen war meinen Passagieren auf der Ladebrücke mittlerweile vergangen. Mit heftigem Klopfen an die Fahrerkabine, wo MP Miller mit stoischer Ruhe seines Amtes waltete, derweil ich navigierte oder den mit Ochsengespann pflügenden Bauern abseits der Straße zusah, wurden wir zum Anhalten aufgefordert. Bereits nach solcher kurzer Fahrt waren die ersten reisekranken Ladys zu beklagen! So diskutierten wir mit MP Miller, wie die – noch weite – Reise fortzusetzen sei, um möglichst unbeschadet und noch gleichentags unser Ziel Mallipo Beach zu erreichen. Nach einigen Versuchen stellten wir fest, dass der Truck bei etwas höherer Geschwindigkeit die Wellen nicht mehr ausfuhr, sondern direkt von einem Wellenkamm der Straßenoberfläche zum andern sprang. Darauf tauschte ich als Swiss Gentleman Officer meinen relativ bequemen Sitz in der Führerkabine mit den zwei am meisten angeschlagenen Mädchen und nahm auf der Ladebrücke Platz. So ging die Reise weiter und beim Einnachten sichteten wir mit arg durchgerüttelten Gliedern den herbeigesehnten Traumstrand.

Meine Enttäuschung war jedoch enorm! Anders als ich es schon in Italien und Spanien erlebt hatte, war nebst dem Meer, dem breiten Sandstrand und einem Wäldchen dahinter weder ein Hotel, eine Hütte noch irgendetwas, das einer Infrastruktur ähnelte, zu sehen. Einfach nichts, gar nichts! Meine ‚Mountain Climbers' beeindruckte das wenig: Im Nu wurde der Lastwagen entladen und mit den Planen zwei Zelte errichtet, das eine als Behausung für die Frauen, das andere für die Männer. Korea war damals noch ein recht prüdes Land.

Während die Frauen die Kochstelle einrichteten, suchten wir Männer Brennholz und der ROK-Arzt, Oberleutnant Kim, nach einer Wasserstelle. Hinter den Dünen entdeckte er einen undefinierbaren, kleinen Tümpel, dessen Wasser er mit Tabletten aus seiner Arzttasche – wie er versicherte – genießbar machte. Bald war das Nachtmahl zubereitet: Gemüsesuppe und Reis, einige Bissen des frisch geschlachteten Huhns und dazu Kimchi, der bei keinem Essen fehlen darf. Zum Trinken gab's Bier und Tee. Da diese einsame Gegend von Oberleutnant Kim als ‚not secure' beurteilt wurde, beschlossen wir, das Lagerfeuer brennen zu lassen und eine Nachtwache mit stündlicher Ablösung (nur Männer) zu organisieren. Zur allfälligen Verteidigung des Lagers musste die Pistole von MP Miller herhalten. Darauf begaben sich Männlein und Weiblein im Licht von Petrolfunzeln zur wohlverdienten Ruhe. Da ich mir ja einen Badeort wie zum Beispiel Rimini vorgestellt hatte, waren Schlafsack oder Wolldecken in Panmunjom geblieben. Das Liegen im Sand wurde deshalb nach kurzer Zeit recht beschwerlich, zumal sich die Sandflöhe an meinem frischen Blut erlabten. MP Miller war da schon besser bedient, er parkierte sein Gefährt in (Scheinwerfer-) Sichtweite unseres Lagers und richtete sich in der Fahrerkabine gemütlich ein.

Am andern Morgen wusch und rasierte man sich der Einfachheit halber mit dem reichlich vorhandenen kalten Meerwasser; die Notdurft wurde im Unterholz erledigt, da die Latrine noch nicht ausgehoben war. Zum Frühstück gab es gekochten Reis, zum Mittagessen wiederum Reis, Suppe mit etwas Gemüse und einem Häppchen Huhn und zum Nachtessen dasselbe! Tagsüber wurde gebadet – soweit möglich, geplaudert und grüppchenweise das Hinterland erkundet. Auf einem dieser Streifzüge trafen wir auf einen Kleinbauern, der uns nicht nur einige weitere Hühner sowie Gemüse verkaufte, sondern auch wusste, dass sich in einiger Entfernung ein US-Camp befand. Außer der ungefähren Himmelsrichtung konnte ihm allerdings nichts Genaueres entlockt werden.

Als mir und MP Miller das ‚Koreaner-Leben' nach drei Tagen allzu eintönig wurde, der Vorrat an Raucherwaren, Bier und Schnaps langsam zur Neige ging und wir nicht wussten, ob der Treibstoff für die Rückfahrt wirklich ausreichen würde, machten wir uns auf die Suche nach diesem US-Camp. Dabei kam uns die ‚Waschbrett-

Straße' zu Hilfe, die unseres Erachtens auf Transporte mit schweren Fahrzeugen zurückgeführt werden musste. So fuhren wir zurück bis zur letzten großen Abzweigung und dann einfach weiter auf der Waschbrett-Chaussee. Nach einiger Zeit kam tatsächlich die gesuchte US-Facility in Sicht, was mich veranlasste, meinen mittlerweile verschmutzten Panzerkombi schleunigst mit den Gradabzeichen eines Oberleutnants der Swiss Army zu dekorieren. Mit einem MP am Volant wurde uns problemlos Einlass gewährt und dies kam uns vor wie der Eintritt ins Schlaraffenland. Als das Auftanken erledigt war, begaben wir uns – um kein Aufsehen zu erregen – diskret in die messhall' (Kantine) für Soldaten. So gut hat mir ein bescheidener Hamburger mit French Fries wohl noch nie gemundet! Nach etwas Small Talk mit den anwesenden Soldaten wurde MP Miller und mir die Möglichkeit einer warmen Dusche geboten, was eine weitere enorme Wohltat war. Schließlich deckten wir uns im Post Exchange (PX) noch mit Raucherwaren, Tranksame, Schokolade und andern ‚Leckerbissen' ein und fuhren zurück in unser Lager am Strand. Dort trafen wir am Abend ein und wurden wie wahre Helden empfangen!

Die weiteren Tage zogen sich dahin, wie bereits gehabt, doch da der Abreisetermin näher rückte, war das ‚Koreaner-Leben' etwas leichter zu ertragen. An dreimal Reis pro Tag – mit oder ohne Huhn – und die Sandflöhe hatte ich mich mittlerweile gewöhnt. Überflüssig zu sagen, dass die ‚Mountain Climbers' von ihrem erstmaligen richtigen Strandleben hell begeistert waren, zumal ihnen der Vergleich zu einem komfortableren Badeort ja nicht möglich war. Mit großem Bedauern machte man sich daher ans Abbrechen des Lagers. Da die Lebensmittelvorräte praktisch aufgebraucht waren, gestaltete sich das Beladen des mittlerweile stark verschmutzten und sandigen Trucks weniger schwierig als bei der Hinfahrt. Auch meine Passagiere auf der Ladefläche hatten mehr Platz. Wie immer, wenn es heimwärts geht, war die Stimmung ausgelassen, und da die Tücken der koreanischen Landstraßen bekannt waren, verlief die Heimfahrt nach Seoul ohne nennenswerte Schwierigkeiten. Bei der Einfahrt in die Stadt fiel mir jedoch auf, dass bedeutend mehr Fahrzeuge der US- sowie der ROK-Army unterwegs waren als üblich, allerdings machte ich mir dabei keine weiteren Gedanken. An ‚Nam-dae-mun', einem alten Stadttor, luden meine koreanischen Freunde ihre Bündel aus und verabschiedeten sich mit überschwänglichem Dank. Darauf nahmen MP Miller und ich noch das Schlussbouquet, die eineinhalbstündige Fahrt auf holpriger Straße Richtung Norden, nach Panmunjom, unter die Räder.

An den Checkpoints (Straßen-Kontrollpunkten), bemannt durch Angehörige der US- und ROK-Army, die uns sonst freundlich durchwinkten, mussten wir eigenartigerweise anhalten und wurden trotz MP-Helm des Fahrers argwöhnisch gemustert. Wir führten das auf unseren stark verdreckten Truck bzw. unser eher ungepflegtes Aussehen zurück. Allerdings stach uns die außergewöhnlich starke Bewaffnung der mit gepanzerten Westen ausgerüsteten Leute ins Auge. Nach dem Überqueren des Imjin-Rivers auf der Ponton-Notbrücke wurde es noch martialischer! Nun waren die Gesichter der Militärs geschwärzt, man hörte das Rasseln von Panzerraupen und je weiter wir nordwärts in Richtung Panmunjom beziehungsweise der Grenze fuhren, je öfter konnten wir im Lichte unserer Scheinwerfer beidseits der Straße Waffenstellungen ausmachen. Auf Befragen erklärte uns ein Offizier, es würden Manöver abgehalten, was in dieser Gegend mithin nichts Außergewöhnliches war. Also hingen wir weiter unseren Gedanken nach: MP Miller dachte wohl an die ihm noch bevorstehende Reinigung seines übel zugerichteten Gefährts und verfluchte innerlich den Augenblick, als er sich freiwillig als Fahrer für diese sonderbare Reise gemeldet hatte. Ich freute mich auf eine heiße Dusche und ein riesiges Steak mit Pommes frites, zubereitet von unserem legendären Küchenchef Paul Oberli. Schließlich passierten wir den südlichen Checkpoint der DMZ (Demilitarized Zone) und die Schlussetappe zum Swiss Camp war bald abgeschlossen.

Nach dem Abladen meines ‚Gepäcks' war ‚mission accomplished', MP Miller meldete sich ab und ich betrat in freudiger Erwartungshaltung den Aufenthaltsraum der Delegation, den Swiss Club. Statt wie der verlorene Sohn aufgenommen zu werden, war der Empfang durch den Alternate (Stellvertreter des Delegationsleiters) und meine Kollegen eher frostig! Nicht nur wurde ich für meine lange – jedoch im Voraus bewilligte – Abwesenheit getadelt, sondern auch dafür, dass niemand genau wusste, wo ich eigentlich steckte, und ich mich zudem nie gemeldet hatte. Da es im Militär nie angezeigt ist, sich recht-

fertigen zu wollen, verzichtete ich auf Erklärungen, zumal mein Verhalten überhaupt nicht unüblich war. Ich erkundigte mich vielmehr, von welch sonderbarem Virus die Swiss Delegation befallen worden sei und wo eigentlich der Grund für all diese Aufregung liege. Darauf wurde mir Folgendes erklärt:
Genau während meiner Abwesenheit hatte sich der sogenannte Tonkin-Zwischenfall zugetragen. Dieser Zwischenfall wurde von der amerikanischen Regierung als Vorwand für die Beteiligung der USA mit regulären Truppen an den damals sich bereits im Gang befindlichen Feindseligkeiten zwischen Nord- und Südvietnam benutzt, welche sich in der Folge zum Vietnamkrieg (1965–1975) ausweiteten.

Wegen dieses Zwischenfalls befürchtete die US-Regierung einen Überraschungsangriff der Nordkoreaner auf den Süden, wo die 8th US Army stationiert war. Dies einzig mit der Absicht, die militärischen Kräfte der USA zu binden, um sie an der Entsendung von Truppenkontingenten nach Südvietnam zu hindern. Ein solcher Angriff hätte für die Swiss wie auch für die Swedish Delegation bedeutet, dass der neutrale Standort Panmunjom ganz zuerst vom nordkoreanischen Vorstoß überrannt worden wäre. Eine wenig erfreuliche Perspektive, die unsere vorgesetzte Stelle im damaligen EMD in Bern veranlasste, über Funk die Weisung zu erteilen, alles Erforderliche für die sofortige Evakuation der Delegationsmitglieder vorzubereiten. So mussten meine Kollegen unter anderem eine Notpackung erstellen, und es wurde heftig darüber diskutiert, wie und in welcher Richtung man sich bei einem Angriff absetzen würde, ob als ganze Gruppe oder einzeln und so weiter. Zum großen Ärger aller fielen selbstverständlich auch die Fahrten in den Ausgang nach Seoul aus, währenddessen sich der Quartiermeister irgendwo am Strand des Gelben Meeres in der Sonne rekelte. Unglücklicherweise waren vom EMD auch unsere Angehörigen mit der Mitteilung wegen unserer allfälligen Evakuation aufgeschreckt worden, was zu einer erheblichen Unruhe daheim sorgte. Schließlich entspannte sich die Situation und der Swiss Delegation blieben die Unwegsamkeiten einer Flucht ins Ungewisse erspart und das beschauliche Lagerleben in Panmunjom konnte seinen Fortgang nehmen."

Im Reiseführer „Lonely Planet" von 2007 wird die Mallipo Beach wie folgt beschrieben:

„Gorgeous, golden Mallipo beach has a rocky headland on one side and a cute fishing harbor on the other. Eighteen kilometers from Tean, it's far less developed than Daecheon, but seafood restaurants, minbak (Anmerkung: Ausländer, die Korea besuchen, können, anstatt in ein Hotel zu gehen, auch bei einer koreanischen Gastfamilie wohnen und so die koreanische Kultur besser kennenlernen) and motels are just beginning to sprout."

Am 18. August 1964 erhielten alle Angehörigen von Mitgliedern der Koreadelegation in der Schweiz ein Schreiben von Oberst Marguth:

„Wie Sie aus der Presse wohl selbst feststellen konnten, hat sich die politische Lage, die durch die amerikanische Intervention in Nordvietnam verschärft wurde, wieder beruhigt. Demzufolge sind, wie aus einem Telegramm vom 17. August 1964 aus Panmunjom hervorgeht, die dort getroffenen Vorsichtsmaßnahmen wieder aufgehoben worden. Wir freuen uns, Ihnen mitteilen zu können, dass alles wohlauf ist."

Eine wilde Trinkparty bei den Chinesen – Aufregung bei der Rückkehr

Das Camp der Chinesen, das heißt der Chinese Peoples Liberation Army, befand sich circa 30 Minuten per Auto nordwärts von der JSA, wo wir, wie immer, von nordkoreanischen Fahrern abgeholt wurden. Dieses Mal war die Schweizer Delegation fast vollzählig ausgerückt. Nach einem kurzen Cocktail servierte man uns ein hervorragendes Nachtessen mit Peking-Ente . Schon während des Essens fanden die ersten chinesischen Trinksprüche mit anschließendem vollständigen Leeren des Schnapsglases statt. Man konnte sich praktisch nur mithilfe der Übersetzer verständigen. Diese saßen aber ausschließlich neben den Delegationsleitern, sodass es – wie immer – schwierig war, ein vernünftiges Gespräch in Gang zu bringen. Da es langsam warm im Saal wurde, zogen die chinesischen Offiziere ihre engen, braunen Uniformkittel mit geschlossenem Kragen aus; darunter trugen sie ein offenes weißes Hemd. Nun wirkte die ganze Tafelrunde weniger martialisch, sondern recht zivil. Der neben mir sitzende Oberst, der sogar etwas Englisch sprach, teilte mir plötzlich spitzbübisch mit, dass wir es in Südkorea mit den Mädchen nicht so treiben sollten wie der vorherige verheiratete schweizerische Alternate. Von diesem hatte ich tatsächlich schon von meinen Kameraden allerlei seltsame Sachen gehört. Der chinesische Oberst fügte am Schluss noch lachend hinzu, dass er in Südkorea über einen vorzüglichen Geheimdienst verfüge und ihm deshalb sogar außerdienstliche spezielle Vorkommnisse der schwedischen oder schweizerischen Delegationsmitglieder zugetragen würden.

Im Verlaufe des Abends wurde es offensichtlich, dass die Chinesen beabsichtigten, die Schweizer Sennen unter den Tisch zu trinken. Wir fühlten uns bald einmal provoziert und es ging nun plötzlich um die Ehre, das heißt, diese Schmach durfte uns einfach nicht zuteil werden, sondern höchstens den Kommunisten aus dem hohen Norden. Einen ersten Tiefschlag erlitten wir jedoch, als unser Delegationsleiter im Range eines Generalmajors vom bequemen Polstersitz auf den Boden rutschte und dort einen Moment lang auf seinem Hintern saß. Dies machte die jungen Schweizer Offiziere wütend und wir kämpften noch mutiger weiter. Als es offensichtlich wurde, dass die chinesischen hohen Offiziere bei ihren Trinksprüchen erhebliche Schwierigkeiten zeigten, wussten wir, dass sie den Kampf langsam aufgaben. Nach kurzer Zeit wurde die sinnlose Übung abgebrochen und wir konnten in der Gewissheit, die chinesischen Trinkattacken heil überstanden zu haben, wieder den Heimweg antreten. Die tapferen Eidgenossen konnten alle noch aufrecht stehen und bewahrten bis zuallerletzt Haltung.

Als wir in der Joint Security Area (JSA) die Autos verließen, machten wir uns mit einem gewissen Stolz, den Abend mit den wild entschlossenen Chinesen einigermaßen erfolgreich gemeistert zu haben, auf den kurzen Heimweg. Kurz vor dem Ziel mussten wir jeweils über eine kleine circa vierzig Meter lange und einen Meter breite Fußbrücke marschieren und das in Einerkolonne. Die kleine Brücke befand sich ungefähr einen Meter über einer kleinen Sumpflandschaft. Der unmittelbar vor mir marschierende Fred Schreier, unser Weltmeister in Sachen Organisation, entdeckte plötzlich in der Dunkelheit ein ziemlich großes wildes Tier auf dieser Brücke. Anstatt die Flucht anzutreten, fing das Tier an, die Zähne zu fletschen, und schien offensichtlich kampfbereit. Da wir uns alle hintereinander auf der schmalen Brücke befanden, konnte Fred auch nicht mehr nach hinten ausweichen. Es gelang ihm jedoch tatsächlich, in einer mutigen Aktion das bissige Tier am Schwanz zu packen und es in der Luft rundherum zu schwingen, beziehungsweise herumzuwirbeln. Dabei schlug das Tier den Kopf am Geländer auf, das Blut spritzte nur so und die Uniformen von Fred und mir waren vollständig mit Blutflecken bedeckt. Das Tier war sofort tot und Fred legte es neben dem Club auf den Boden. Am nächsten Morgen in aller Frühe begab ich mich an den Tatort, um das erlegte Tier nüchtern und bei Tageslicht genauer zu inspizieren. Es sah fast wie ein kleiner Wolf aus. Ich fragte mich, was wohl Fred zuvorderst in der Kolonne und mir unmittelbar hinter ihm wohl passiert wäre, wenn mein Kamerad nicht so blitzschnell gehandelt hätte. Ich weiß nur noch, dass unsere beiden Schäferhund-Mischlinge Bella und Sämi Respekt vor dem Kadaver zeigten und sich nicht an das tote Tier heranwagten. Traditionsgemäß übernachteten die beiden Hunde jeweils in den Zimmern unserer beiden Funker. Bei wilden Tieren könnte es sich um einen Marderhund (Allesfresser) gehandelt haben. Diese ähneln in ihrer Gestalt einer Mischform aus Mardern und Hunden (oder eher Waschbären und Hunden). Die Kopf-Rumpf-Länge beträgt etwa 50 bis 65 Zentimeter, hinzu kommen 15 Zentimeter Schwanz und eine Schulterhöhe von 20 bis 30 Zentimeter. Das ursprüngliche Verbreitungsgebiet des Marderhundes umfasst das östliche Sibirien sowie das nordöstliche China und Japan.

Han'gul – die geniale Schrift Koreas

Mehrere meiner Kollegen nahmen Unterricht in dieser Sprache, konnten sie lesen und auch etwas sprechen. Fred Schreier besaß meine volle Bewunderung, als er einmal vor koreanischen Besuchern eine zehn Minuten dauernde improvisierte Rede in koreanischer Sprache hielt und die Gäste nach deren Abschluss wie wild vor Begeisterung klatschten. Einzigartig an diesem faszinierenden Land ist ebenso die Schrift. Die koreanische Schriftsprache ist völlig verschieden vom Chinesischen und Japanischen und vor allem viel unkomplizierter. Es gibt keine Schrift auf der Welt, die phonetisch praktisch alle Sprachen so präzis wiedergeben kann.

Nach der japanischen Besetzung (1910 bis 1945) ermöglichte das Han'gul eine rasche und umfassende Alphabetisierung. Ohne diese Errungenschaft, die auf die erste Hälfte des 15. Jahrhunderts zurückgeht, wäre das südkoreanische Wirtschaftswunder schwer vorstellbar.

1446 kündigte König Sejong (1418 bis 1450) die Fertigstellung eines Alphabets für die koreanische Sprache an, welche heutige Linguisten und Sprachhistoriker noch immer in Staunen versetzt. Dieses Alphabet sucht an phonetischer Präzision seinesgleichen. Seit dem frühen 20. Jahrhundert wird diese Schrift als Han'gul oder große Schrift bezeichnet. König Sejong, der heute jedes Jahr am 9. Oktober, dem Han'gul-Tag, für diese seine genialste Kulturschöpfung geehrt wird, bestieg als vierter Monarch der Choson-Dynastie (1392 bis 1910) den Thron zu einer Zeit, als die junge Dynastie ihre politische Legitimität nach außen gegenüber Ming-China zu verteidigen und des Landes kulturelle Eigenständigkeit im Innern zu stärken hatte. Das Alphabet enthielt im 15. Jahrhundert 28 Buchstaben, wovon heute noch 24 (14 Konsonanten und 10 Vokale) gebräuchlich sind. Diese Buchstaben stellen nicht, wie in den meisten anderen Alphabeten, mehr oder weniger willkürlich gewählte Symbole dar, sondern weisen einen engen Zusammenhang zwischen Laut und Zeichen auf. So werden beispielsweise Lippen- und Zungenstellungen, die bei der Aussprache bestimmter Konsonanten gebildet werden, grafisch mit vertikalen, waagrechten und schrägen Linien möglichst genau nachgezeichnet. Dies gilt auch für die Vokale. Ein kurzer senkrechter Strich steht beispielsweise für den Laut i, wenn, wie erklärt wird, „die Zunge nicht zurückgezogen und der Laut oberflächlich ist". Die so entstandenen Zeichen werden nicht, wie bei den meisten anderen Schriften üblich, linear geschrieben, sondern in syllabischen Blöcken. Kurz, die koreanische Schrift wurde im 15. Jahrhundert so gestaltet, dass sie die der koreanischen Sprache eigenen Laute präzis wiederzugeben vermochte.

Die gebildete Oberschicht lehnte das neue Alphabet rundweg ab und fuhr fort, ausschließlich klassisches Chinesisch zu schreiben. Es waren vor allem Frauen der aristokratischen Oberschicht, welche oft keine klassisch-chinesische Erziehung genossen, die Han'gul verbreiteten. Sie schrieben Tagebücher, Memoiren, Gedichte und viele Briefe, sodass die einheimische Schrift verächtlich als „Frauenschrift" abgetan wurde. In der Welt der Politik und Kultur der Elite blieb das Chinesische das allgemein benutzte Ausdrucksmedium bis in das frühe 20. Jahrhundert hinein. Während der japanischen Kolonialzeit (1910 bis 1945) kristallisierte sich um die koreanische Sprache und Schrift ein nationales Bewusstsein heraus. Das Han'gul wurde ein ganz wichtiges symbolisches Mittel und Zeichen des Widerstandes. Seit 1945 gilt Han'gul sowohl in Süd- wie in Nordkorea als nationale Schrift, und König Sejong wird, nach mehr als vier Jahrhunderten, an einem bestimmten Tag als der Schöpfer des einzigen auf ostasiatischem Boden „erfundenen" Alphabetes gefeiert (vgl. Die Zeitschrift der Kultur „du" April 2000/Heft Nr. 705).

Ein Artikel in der New York Times (11.09.2009) erwähnte, dass Lee Ki-nam, eine südkoreanische Frau – die ihr Vermögen im Liegenschaftshandel gemacht hat –, versuchte, das koreanische Alphabet zu exportieren. Dabei geht es darum, dieses Alphabet an diejenigen Orte zu bringen, wo die Eingeborenen noch über kein geschriebenes System ihrer Sprache verfügen. Das Projekt von Frau Lee hatte im Juli 2009 den ersten Erfolg, als Kinder eines indonesischen Stammes anfingen, das koreanische Alphabet zu lernen. Frau Lee erklärte in einem Interview: „I am doing for the world's nonwritten languages what the organization ,Doctors Without Borders' is doing in medicine. There are thousands of such languages. I aim to bring Han'gul to all of them."

Gefährliche Exkursion
in den nördlichen Teil der DMZ

Eingangs habe ich bereits beschrieben, dass das Leben als „Mönch" in Panmunjom mit seiner aufgeladenen Atmosphäre die anwesenden Schweizer Söldner zu immer größerer Risikofreude und Risikobereitschaft anspornte. Das folgende Beispiel vermag dieses Phänomen zu verdeutlichen:
Major Albert Christen tauchte eines Morgens im Juli 1964 voller Elan in meinem Büro auf und erklärte mir, dass auf unserer NNSC-Identitätskarte klar vermerkt sei, dass wir uns in der ganzen DMZ frei bewegen dürften und somit auch in der nördlichen Hälfte der DMZ. Er habe deshalb die Idee, dies am heutigen Nachmittag auszuprobieren und mit mir zu Fuß über „the Bridge of No Return" zu gehen und dann weiter auf der Straße zu marschieren, die ins polnische und tschechoslowakische Lager führe. Dies sei natürlich kein Befehl von ihm, sondern er nehme an, dass ich ihn freiwillig dorthin begleiten werde. Obschon ich wusste, dass es ein ungeschriebenes Gesetz gab, wonach wir nur auf Einladung der Polen und Tschechoslowaken in ihre Camps fahren durften und dazu in einem kommunistischen Auto, gesteuert von einem nordkoreanischen Soldaten oder Unteroffizier, sagte ich kurz entschlossen dem von Major Christen vorgeschlagenen „Ausflug" mit Begeisterung zu.

Nach dem Mittagessen zogen wir die grüne Ausgangsuniform an und nahmen die erwähnten Identitätskarten und unsere schweizerischen Spezialpässe mit auf den Weg. Mit je zwei Flaschen Whisky unter dem Arm zogen wir am letzten amerikanischen Wachtposten unmittelbar vor der „Bridge of No Return" vorbei. Die amerikanischen Wachen salutierten stramm, ahnten aber noch nichts von unserem ziemlich unüberlegten Vorhaben. Ohne zurückzuschauen, marschierten wir wagemutig über die kleine Brücke, wo sich am andern Ende der nordkoreanische Wachtposten befand. Als wir dort ankamen und ihre schussbereiten Waffen sahen, wurde mir plötzlich ziemlich unheimlich zumute und ich dachte, dass dieses unerlaubte Überqueren der Brücke für uns „no return forever" bedeuten könnte. Wir hielten ihnen unsere Ausweise hin, doch es war klar, dass die nordkoreanischen Wachen kein Wort Englisch lesen oder verstehen konnten. Die Wachen fingen sogleich an, aufgeregt zu telefonieren. Da sie eigenartigerweise aber keine Anstalten machten, uns aufzuhalten, marschierten wir einfach weiter. Mit fatalistischem Unterton und einem gezwungenen Lächeln sagte mir Albert Christen mit weichen Knien nach dreißig Sekunden Marsch: „Wenn die nordkoreanischen Wachen auf uns schießen, gehe ich links von der Straße in Deckung und du gehst rechts in Deckung." Als nach drei Minuten Fußmarsch immer noch keine Schüsse zu hören waren und auch kein nordkoreanisches Fahrzeug auftauchte, entspannte ich mich langsam.

Nach ungefähr fünfundzwanzig Minuten kamen wir zur großen Überraschung unserer kommunistischen Kollegen in ihrem Camp an und wurden dort zuerst ungläubig gemustert, dann aber freundlich begrüßt. Wir übergaben die mitgebrachten Whiskyflaschen und wurden dann zu einem Imbiss eingeladen. Inzwischen mussten die Leiter der beiden Delegationen, das heißt, die zwei kommunistischen Generäle, von den zuständigen militärischen nordkoreanischen Instanzen über unseren in keiner Weise genehmigten Marsch orientiert worden sein. Sie erklärten uns, dass wir außerordentlich Glück gehabt hätten, noch am Leben und nicht verhaftet worden zu sein. Ein sehr ungutes Gefühl, fast noch schlimmer als beim Vorweisen unserer Papiere bei den nordkoreanischen Wachen, überfiel mich plötzlich. Den Vorschlag des polnischen Generals Orlinski (sein linker Arm war ihm im Zweiten Weltkrieg abgeschossen worden), mit ihm ein Glas Wodka zu trinken, nahm ich deshalb liebend gern an und es ging mir auch bald wieder besser. Langsam realisierte ich, dass die Idee, ohne kommunistische Bewilligung zu Fuß über den 38. Breitengrad Richtung Norden zu marschieren, ein Blödsinn sondergleichen gewesen war und wir von Glück reden konnten, dass nichts passiert und wir noch am Leben waren. In Begleitung eines Mitglieds der tschechoslowakischen NNSC-Delegation wurden wir dann eine Stunde später offiziell ohne Zwischenfall in die DMZ zurücktransportiert. Die Amerikaner waren bereits über unseren gefährlichen Ausflug im Bild und erklärten höflich, wir sollten in Zukunft nie mehr solche Risiken in Kauf nehmen. Unsere Schweizer Kollegen vertraten ebenfalls diese Meinung und wir waren uns alle einig, über diesen Vorfall nichts weiter verlauten zu lassen und uns diesbezüglich in eisiges Schweigen zu hüllen.

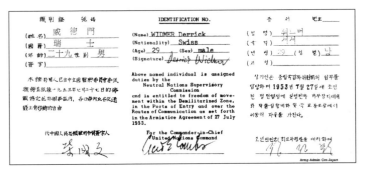

Die alte ID-Karte des Autors

Die „Bridge of no return"

Ausflug zur bekannten Tempelanlage Kwanak-san

Kaum war ich in Korea angekommen, stellte ich fest, dass mein Vorgänger, Hauptmann Armin Meyer (später Gerichtspräsident von Arlesheim und dann noch Präsident des Kantonsgerichts von Basel-Land), mit dem ich zur Einführung in meine neue Funktion noch eine Woche in Panmunjom verbrachte, sich in den zwei Jahren seines Aufenthalts in Korea ein enormes Wissen über die Geschichte und Kultur von Korea und Asien angeeignet hatte. Er hatte eine Liste verfasst mit den diesbezüglich unbedingt lesenswerten Büchern, was mir zum besseren Verständnis des Gastlandes viel half. Das Interesse an der asiatischen Kultur und erstaunlich viel Wissen darüber besaßen die Delegationsmitglieder, die schon längere Zeit in Panmunjom waren. So gehörte es mit der Zeit fast zum guten Ton, sich an den Wochenenden nicht nur „Wein, Weib und Gesang" hinzugeben, sondern auch interessante Tempelanlagen, die per Auto in vernünftiger Zeit erreichbar waren, zu besuchen. Am darauffolgenden Montag wurde dann regelmäßig im Swiss Camp fachmännisch darüber berichtet. Die Schwierigkeit dabei war, dass ich und die amerikanischen Fahrer die koreanische Sprache nicht beherrschten und die meisten Wegweiser nur auf Koreanisch beschriftet waren. Deshalb kam ich auf die Idee, Choung Ae, vom Korean Tourist Bureau, die bereits beim Ausflug in Chejudo aus den gleichen Gründen dabei war und sich dort als Reiseführerin bewährt hatte, für den Besuch einer bekannten Tempelanlage in der Nähe von Seoul anzuheuern. Wir machten ab, dass ich sie am Samstag um zehn Uhr im Haus ihrer Eltern in Seoul abholen würde. Da der Großteil der Bevölkerung Koreas damals noch mit wenig Kalorien auskommen musste, das heißt, nur mangelhaft ernährt war, bestellte ich für meine Reisebegleiterin beziehungsweise ihre Familie in der guten Küche von Paul Oberli fünfzehn Sandwiches (auf Koreanisch „Sandwitschis" genannt) und einige Kilos Orangen (Orenschis) sowie vierundzwanzig geschwellte Eier.

Als ich in Seoul in ihrem für koreanische Verhältnisse von damals großen Haus mit einem Dach aus grauen Ziegeln (im Gegensatz zu den üblichen Reisstrohdächern auf dem Land) ankam, wurden meine

Fressalien mit Freude aufgenommen und im Gang in der Mitte des Hauses war für mich als eine Art Ehrerbietung eine große Schüssel voll mit Wasser aufgestellt worden. In diesem Gefäß schwamm eine große, bereits geschälte Wassermelone. In asiatischer Kauerstellung gegenüber der jungen Miss Choung Ae musste ich wohl oder übel den Verzehr der Wassermelone in Angriff nehmen und dabei noch vortäuschen, dass ich diese Geste der Gastfreundschaft äußerst schätzen würde. Tatsächlich liebe ich Wassermelonen, aber das ungefilterte Wasser in der großen, fast bis zum Rand gefüllten Schüssel durfte man damals als Mann aus dem Westen in Korea nirgends trinken, es eignete sich höchstens zum Händewaschen. Deshalb bereitete mir das Essen der saftigen Melonenschnitze große Sorgen und ich machte mich bereits auf einige Tage mit Magenkrämpfen und Fieber gefasst.

Wir fuhren dann nach kurzer Zeit mit dem Auto weg und kamen nach ungefähr anderthalb Stunden an unserem Ziel an. Dem Fahrer gab ich etwas Geld, damit er sich für zwei Stunden die Zeit auf dem kleinen Markt in der Nähe vertreiben und sich mit Essen und Trinken eindecken konnte. Auf einer Anhöhe eines kleinen Berges befanden sich mehrere buddhistische Tempel. Um dorthin zu gelangen, mussten wir zu Fuß eine kleine Brücke überqueren und aufwärts dem schmalen Fluss entlang einem leicht ansteigenden Weg folgen, bis wir in einem schönen und Schatten spendenden Wald die ersten Tempel des Klosters erreichten. Anschließend ging es etwas steiler dem Bach entlang weiter aufwärts, bis wir die eigentliche Tempelanlage mit den wichtigsten Tempeln des Klosters von Kwanak-san erreichten. Einige wenige koreanische Touristen waren ebenfalls auf dem Tempelgelände anwesend. Ein alter, sehr magerer Mann, der oberhalb der Schuhe in altmodischer Manier graue enge Stoffbänder um seine Unterschenkel gewunden hatte, bot sich als Fremdenführer an. In koreanischer Sprache erklärte er die Geschichte der alten Tempelanlage. Diese Ausführungen wurden von Choung Ae für mich jeweils in schlechtes Englisch übersetzt. Nach deren Besichtigung machte unser Führer, der unter dem Arm eine gerollte kleine Strohmatte mit sich führte, dem jungen Paar den Vorschlag, auf einer kleinen Anhöhe, ungefähr 150 Meter von der schönsten Pagode entfernt, auf seiner Strohmatte Platz zu nehmen. Erst jetzt sah ich, dass unmittelbar vor dem vorgeschlagenen Sitzplatz ein kleines

Bächlein durchfloss. Unser Führer begann uns die Schuhe auszuziehen und mir die Hosenbeine bis zum Knie hochzukrempeln, um dann die Füße ins kühlende Wasser zu setzen. Ich bedankte mich bei ihm und schenkte ihm den Rest der als Proviant mitgebrachten fünf gekochten Eier. Der Mann war überglücklich und machte sich diskret wieder davon. Es war ein wunderschöner warmer Sonntag und die Wiese mit den wilden Blumen, auf der wir gemütlich saßen, die Füße im Bächlein mit der Aussicht auf die würdevolle Tempelanlage und die sie umgebende Landschaft strömte eine Atmosphäre aus, die mir wie die gemütlichen Zeiten des vorigen Jahrhunderts in Europa vorkamen. Choung Ae machte es sich neben mir gemütlich und ich genoss von unserem romantischen Standort aus den ästhetischen Ausblick auf die perfekten Formen und Farben der unter uns liegenden schönen Tempel und Pagoden. Dabei konnten wir die sitzenden buddhistischen Mönche in kerzengerader Rückenhaltung bei einer Teezeremonie beobachten. Einen weiteren eindrücklichen Moment erlebten wir, als ein Mönch eine tief tönende Glocke – wie alle buddhistischen Glocken im Fernen Osten – von außen anschlug, als Zeichen zum gemeinsamen Gebet der Mönche im größten Tempel der Anlage. Eine ausgesprochene Harmonie von Mensch und Natur herrschte in diesem Tempelgelände. Es wurde mir bewusst, wie man in diesem damals völlig unterentwickelten Teil von Asien mit wenig Geld ein friedliches und spirituelles Leben führen konnte.

Als ich dann am Abend im Schweizer Camp wieder ankam, hatte ich nach wie vor große Bedenken um meine Gesundheit aufgrund des Kontaktes mit dem ungefilterten Wasser. Ich suchte als Erstes Mark Schori auf, der in Abwesenheit des amerikanischen Arztes für die Delegationsmitglieder eine Art inoffizielle Ersatzrolle als Dschungel-Doktor übernommen hatte. Er riet mir, zum damaligen Allerweltsheilmittel zu greifen, nämlich zu dem auch in unserem kleinen PX käuflichen Desinfektionsmittel Listerine. Auf der Flasche war so etwas wie bräunliches Packpapier aufgeklebt und darauf war der Verkaufsslogan aufgedruckt: „Kills the germs by the millions"! Wir brauchten in den fürchterlich heißen Sommertagen dieses scharfe Mittel präventiv gegen Infektionen, so zum Beispiel zum Einreiben gegen die ständig auftretenden Rötungen der Haut und zum Gurgeln (es war damals offiziell noch nicht als Gurgelwasser verwendbar), wenn wir der Hygiene des Essens und Trinkens bei der großen Hitze nicht mehr trauten. In einigen Fällen – und dies war an diesem Abend nach dem Verspeisen der im trüben Wasser schwimmenden Wassermelonenschnitze in Seoul angezeigt – trank ich sogar einen kleinen Schluck des Allerweltsheilmittels Listerine in der Hoffnung, dass einige Tausend Bakterien dadurch den raschen Tod fänden. Während der heißen Jahreszeit gurgelte ich regelmäßig mit Listerine. Mit dieser Mund- und Rachenspülung hoffte ich – wie in der Reklame verheißen – Millionen von Bakterien zu töten und damit die sehr warme Jahreszeit mit vielen Mücken und allerlei Ungeziefer ohne Krankheiten zu überstehen.

Zur Geschichte Koreas

Die Vorfahren stammten aus Mittelasien und wanderten in den letzten 20'000 bis 30'000 Jahren nach und nach ein. Trotz der vielen Jahrhunderte unter der politischen und kulturellen Vorherrschaft Chinas gelang es den Koreanern, eine eigenständige Sprache und Kultur zu entwickeln. Die koreanische Sprache entstammt der altaischen Sprachfamilie und ist mit den Turksprachen, dem Mongolischen und dem Japanischen verwandt, mit denen sie eine Reihe von Merkmalen wie die Vokalharmonien und das Fehlen von Konjunktionen verbindet.

In der christlichen Zeit entwickelten sich auf der koreanischen Halbinsel drei rivalisierende Königreiche: Koguryo, Paekche und Silla.

Koguryo (37 v. Chr. bis 668 n. Chr.)
Dieses Reich war ein Militärstaat mit hoch entwickelter politischer Struktur und erstreckte sich über weite Teile der Mandschurei und des heutigen Nordkorea. Im Süden dehnte sich Koguryo bis zum Taedon River aus, der durch Pjöngjang fließt.

Paekche nahm ein kleines Gebiet im Südwesten der Halbinsel in der heutigen Region Cholla ein. Das Königshaus machte 384 n. Chr. den Buddhismus zur Staatsreligion (im 4. Jahrhundert in Koguryo und im 6. Jahrhundert in Silla).

Zeitgleich mit dem Buddhismus wurde der Konfuzianismus als zweite Säule der koreanischen Gesellschaft immer stärker zum philosophischen und strukturellen Rückgrat des Landes. Im Konfuzianismus bestimmen die Tugenden der Menschenliebe, der Gerechtigkeit und der Ehrerbietung die „Fünf Beziehungen" zwischen Fürst und Untertan, Vater und Sohn, Mann und Frau, älterem und jüngerem Bruder, Freund und Freund. Das korrekte Verhalten des Einzelnen garantiert so die gerechte Ordnung im Staat und Familienleben.

Anlässlich der bereits erwähnten Nostalgiereise unter der Führung von Walter Leu im Jahre 2002 mit ehemaligen „Merry Mad Monks of the DMZ" besuchten wir auch das „Nakhwaam Cliff", das sich in Puyo beim Paengmagang River befindet. Mehr als 1'300 Jahre sind verflossen, seit die Macht des Königreichs Paekche unterging. Immer noch findet man gut erhaltene Reste dieser Kultur in Puyo und dessen Umgebung. Als Paekche von Silla erobert wurde, stürzten sich 3'000 Hofdamen des letzten Königs von einem Felsvorsprung in den Paengmagang-Fluss hinunter, um der Gefangenschaft durch die Soldaten der Silla zu entgehen. Zu deren Ehre wurde zuoberst auf dem Felsvorsprung ein sechseckiger Pavillon errichtet und mit dem Namen „White Flower Pavilion" bezeichnet.

Silla (57 v. Chr. bis 935 n. Chr.)
Silla (zur Unterscheidung des späteren Groß-Silla meist mit Alt-Silla bezeichnet) befand sich im Südosten, auf dem Gebiet der heutigen Provinz Kyongsang. Weder Paekche noch Koguryo reichten in kultureller Hinsicht an das unter starkem buddhistischem Einfluss stehende Silla heran. Silla hinterließ Wunderwerke der Baukunst wie die berühmte Sokkuram-Grotte (eine Statue Buddhas aus Granit in einer Grotte mit in den Fels gehauenen Wandreliefs) und den siebzig Meter hohen Hwangyongsa-Tempel, der bei der Mongoleninvasion im 13. Jahrhundert zerstört wurde. Für mich war der Pulguksa-Tempel (siehe Kapitel 43: „Ausflug nach Kyongju") das eindrücklichste Tempelerlebnis.

In den nahezu tausend Jahren seines Bestehens förderte Silla auch die Wissenschaft. In der einstigen Hauptstadt Kyongju (heute eine Provinzstadt, gefüllt mit Überresten der einzigartigen Silla-Dynastie) ist man heute noch stolz auf die Sternwarte. In diesem Königreich entwickelten sich ausgefeilte politische Institutionen, die auf einem Stammessystem basierten. Es entstand eine Rittertradition, die der Ausbildung einer kultivierten, disziplinierten Jugend diente. Der Handel mit China und Japan wurde erweitert, sowohl über die Seidenstraße als auch mit dem Mittleren Osten. Der aus Silla stammende Mönch Hyecho unternahm eine Pilgerfahrt nach Indien und hinterließ einen Bericht über seine Reise.

Obwohl buddhistische Moral und Ethik ihre Einwirkung auf das Reich nicht verfehlten, bestand bis zum Anfang des 6. Jahrhunderts eine fürchterliche Sitte. Um die einsame Seele der toten Herrscher nicht allein zu lassen, wurden jeweils zusammen mit dem König fünf

Jungfrauen und fünf Jünglinge begraben. Später wurden die jungen Menschen durch Tonfiguren ersetzt.

Im 7. Jahrhundert krönte Silla die hohe kulturelle und wirtschaftliche Leistung mit der Vereinigung der koreanischen Halbinsel. Zunächst eroberte man Paekche und dann aufgrund eines Bündnisses mit der chinesischen Tang-Dynastie das im Norden gelegene Koguryo. Im Vereinigten Königreich Groß-Silla nahm das heutige, an China grenzende Korea erstmals Gestalt an. Diese Vereinigung aller drei Königreiche war insofern von Bedeutung, als dass sie die Grundlage für eine eigenständige Geschichte des koreanischen Volkes schuf. Die alte Hauptstadt von Silla, Kyongju, ist heute eine der faszinierendsten Touristenattraktionen von Ostasien.

Erst als im Jahr 668 (n. Chr.) nach 300 Jahren Streitigkeiten die drei Königreiche in Korea vereinigt wurden, begann Korea eine eigene Kultur zu entwickeln.

Für die nächsten 230 Jahre (die große Silla-Zeit) hatte Korea Frieden und war wirtschaftlich und kulturell ein blühender Staat. Während Jahrhunderten, als China die größte Macht Asiens und vielleicht der Welt war, konnte die Unabhängigkeit Koreas gewahrt werden, wobei allerdings Korea als Gegenleistung zu Tributzahlungen an die kaiserliche chinesische Regierung verpflichtet war. Trotz dieser Tributpflicht achtete China peinlich genau darauf, dass die Souveränität Koreas respektiert wurde. So war es keinem Chinesen erlaubt, in Korea zu wohnen oder Land zu besitzen.

Koryo (918 bis 1392 n. Chr.)
Aus dem Zusammenbruch Sillas, dem Resultat inneren Niedergangs, ging im frühen 10. Jahrhundert das Reich Koryo hervor, aus dessen Namen die im Westen gebräuchliche Bezeichnung „Korea" abgeleitet ist. Koryo, dessen nördliche Grenze etwas südlich des heutigen Pjöngjang verlief, entwickelte eine militärisch hochgradig zentralisierte Herrschaft, deren Bürokraten in höfischen Prüfungsverfahren ausgewählt wurden, das von Chinas Tang-Dynastie übernommen worden war. Dieses System der Rekrutierung hat sich bis zur heutigen Zeit erhalten – es gibt der Regierung Kontrolle über ihre Verwaltungsbeamten und ist ein prägender Zug des ostasiatischen Staates. Neben der erblichen Aristokratie gab es ein ausgeklügeltes

Kastensystem. Sklaven machten 30 Prozent der Bevölkerung aus. Koryo hatte damals jedoch viel Zeit auf die Abwehr der Mongolen im Norden zu verwenden, wo ständig Stämme der Jurchen und Khitan auf Nahrungssuche plündernd in den Süden vordrangen.

Die wiederholten Einfälle der Mongolen schwächten Koryo. Um die Hilfe Buddhas zu erflehen, ließ der König die heiligen buddhistischen Schriften auf 81'000 Holztafeln schreiben, die bis zum heutigen Tag noch erhalten sind. Ein für damalige Verhältnisse unglaublich großer Arbeitsaufwand, wenn man sich vorstellt, dass die chinesischen Schriftzeichen auf beiden Seiten der Holztafeln eingeschnitzt werden mussten und dies alles rückwärts geschrieben. Es soll sechzehn Jahre gedauert haben, bis ein Heer von Handwerkern und Wissenschaftlern alle Holztafeln bereit hatten. Vor allem aber geht auf diese Technik die Erfindung beweglicher Lettern aus Metall zurück, die den Druck von Büchern und Schriften erleichterten, und zwar lange bevor diese Technik in China zur Anwendung kam.

Im Jahr 2002 hatte ich im Rahmen der bereits mehrmals erwähnten Reise Gelegenheit, diese heiligen buddhistischen Kanons (Tripitaka Koreana) in der abgelegenen Haein-sa-Tempelanlage (UNESCO-Kulturerbe) auf dem Kaya-Berg zu besichtigen. Es handelt sich um eine Anlage mit mehreren Gebäuden, welche in einen Hang gebaut wurde. Die farbenfrohen Verzierungen sind ausschließlich auf die Wahrung der Harmonie ausgerichtet. Zuoberst stehen die vier Bauten des Changgyoing P'ango. Hier wurde die Fassung des Tripitaka aufbewahrt, jener Sammlung des Theravada-Buddhismus, die 1496 Bände umfasst. Es handelt sich um einen Schatz ohnegleichen. Die 81'000 Druckplatten aus Holz, perfekt erhalten, sind dort in vier Lagerhallen aufbewahrt. Seit dem 13. Jahrhundert wird hier das Tripitaka Koreana hergestellt, 200 Jahre, bevor Gutenberg den modernen Buchdruck erfand.

Koreanische Keramik (Porzellan), besonders die grünlich glasierte Seladon (glazed celadon), brachte die berühmtesten Kunstobjekte hervor, die Korea je produzierte. Sie wurden auch im Westen sehr geschätzt; sogar Madame de Pompadour (Mätresse Ludwigs XV.) hatte in ihrer Sammlung solche Vasen.

Die Mongoleneinfälle nahmen kein Ende, sodass der König von Koryo sich auf die Insel Kanghwa westlich von Seoul zurückziehen musste. Schließlich musste sich Koryo den Mongolen ergeben und ihnen bei dem 1274 unternommenen und 1281 wiederholten Versuch helfen, Japan zu erobern. Weil die Mongolen keine Erfahrung mit der Seekriegsführung besaßen und wegen schlechten Wetters, scheiterten am Ende beide Versuche. Nach einem dreißigjährigen Kampf gegen die Mongolen war Koryo erschöpft und verwüstet.

Choson (1392–1920 n. Chr., auch Yi-Dynastie genannt)
Mitte des 14. Jahrhunderts verloren die Mongolen in China die Herrschaft an die Ming-Dynastie. Der Machtwechsel erschütterte auch Korea. Als das Land immer tiefer im Chaos versank, ergriff General Yi Song Gye im Jahr 1390 in einem Staatsstreich die Macht und setzte den König von Koryo ab. Im Jahr 1392 rief er als König Taejo eine neue Dynastie aus. Er führte eine einschneidende Bodenreform durch, die den Pächtern ihren Besitz garantierte. Der Landbesitz der Aristokraten wurde der Kontrolle unterworfen. Konfuzianische Hofbeamte ersetzten die buddhistischen Mönche als neue Machtelite der von General Yi begründeten Choson-Dynastie.

Stand Groß-Silla noch ganz im Zeichen des Buddhismus, verdrängte der Konfuzianismus während der Choson-Dynastie die alte Religion auf den zweiten Platz. Schon der Sohn von König Taejo erklärte die Ethiklehre zur Staatsphilosophie. Noch bis ins 19. Jahrhundert bestand in der gesamten koreanischen Gesellschaft ein streng hierarchisches Kastensystem.

Frauen waren die großen Verlierer des Neokonfuzianismus und büßten einen erheblichen Teil ihrer früheren Unabhängigkeit ein. Als Menschen zweiter Klasse hatten sie sich zeit ihres Lebens unterzuordnen. Die gesamte Bevölkerung befand sich in einem Vier-Klassen-System wieder. Die Einteilung geschah wie folgt: Yanban – Adel, Chungin – Beamte der Mittelschicht, Sangmin – Bauern. Fischer und Arbeiter und schließlich ganz unten Cheonmin. Letztere bestanden neben den Händlern auch aus Leuten der „unreinen" Berufe – Schlachter, Gerber, Korbflechter und Totengräber. Mit tiefer Verbeugung mussten sie jedermann Respekt erweisen und beim Laufen eine bestimmte Gehweise einhalten. Diese Klasse lebte in abgesonderten Dörfern. Kisaeng, die koreanische Version der japanischen Geishas, zählten ebenfalls zu den Cheonmin. Gemeinsam mit den Sklaven bildeten sie den Bodensatz der koreanischen Gesellschaft. Ein Drittel der Bevölkerung lebte damals in der Sklaverei.

In Korea hatten Frauen nie die gleichen Rechte wie die Männer, wenn sie auch vor dem 6. Jahrhundert im Königreich Silla wesentlich freier waren als in den nachfolgenden Jahren – und sogar den Thron besteigen konnten.

Wie die koreanische Freundin von Mark Schori uns 1964 erklärte, dauerte die Verehrung der Eltern und Großeltern durch Mann und Frau noch bis zum Koreakrieg (1950–1953) und äußerte sich unter anderem darin, dass die Älteren von der jeweils jüngeren Generation nicht geduzt, sondern in einer besonders auserwählten Sprache gesiezt wurden. Auch Frauen untereinander benutzten eine besondere Sprache. So wurde Mark Schori anlässlich von Partys, bei denen er seine koreanischen Sprachkenntnisse zum Besten gab, von den Nordkoreanern immer gehänselt. Ganz unverblümt sagten sie ihm, man merke schon, wer ihm seine Brocken Koreanisch beigebracht habe, nämlich eine Frau. Und übrigens habe der nordkoreanische Geheimdienst auch schon herausgefunden, um wen es sich dabei handle! Scho-Ri-san ließ diesen Makel nicht lange auf sich haften und belegte nach kurzer Zeit einen offiziellen Koreanischkurs für interessierte US-Offiziere in der Filiale der „University of Maryland" im Camp der 5th Cavalry. Während gut eines Jahres nahm er es auf sich, einmal pro Woche am Abend – begleitet von einem US-MP-Fahrer – in einer mehrstündigen Jeepfahrt auf holprigen Straßen die „University of Maryland" aufzusuchen. Dabei hatte er den Imjin-River bei finsterer Nacht zweimal auf der behelfsmäßig erstellten Ponton-Brücke zu überqueren. Der unterrichtende Lehrer, Mr. Tae Moon Lee, muss so effizient gewesen sein, dass sich Mark Schori immer noch, jedoch ausschließlich für den „Hausgebrauch", in dieser Sprache unterhalten kann.

Die Industrialisierung der letzten Jahrzehnte bot den Frauen viele neue wirtschaftliche Möglichkeiten, schwächte aber die Wertbegriffe des Konfuzianismus, insbesondere die Verehrung der Älteren und der Eltern. Dadurch schwand das Ansehen der Mütter und Schwiegermütter – und der koreanischen Frauen insgesamt. Auf meiner Korea-Nostalgiereise im Jahre 2002 wollte ich es genauer wissen, und zwar von unserer alleinerziehenden koreanischen Reiseführerin, Frau Myung Eun Ko. Sie erklärte nach einigem Zögern, dass die Rechte der

Frauen trotz großer Fortschritte immer noch eingeschränkt seien. Der Mann müsse aber seinen Lohn der Frau abgeben, wobei das Geld von der Frau sorgfältig verwaltet werde. Der Mann erhalte dann ein Sackgeld, könne aber abends problemlos mit seinen Freunden ausgehen und trinken. Zu Hause indessen gebe die Frau den Ton an – wie praktisch überall auf der Welt! Von einer nicht berufstätigen Frau werde jedoch erwartet, dass sie einfach zu Hause bleibe, den Haushalt besorge und zu den Kindern schaue. Die koreanischen Männer würden unter anderem ihre Männlichkeit gerne mit großen Autos und starken Motoren demonstrieren, kleine seien deshalb eher verpönt.

Zurück zur Zeit der Choson-Dynastien: Friedlich waren die Zeiten auch damals nicht. In Japan gelang es Toyotomi Hideyoshi (1536–1598), die lange dauernden inneren Wirren zu beenden und das Land zu einen. Er hatte territoriale Expansionen im Sinn und im Frühjahr 1592 landete eine erste japanische Streitmacht von 300'000 Soldaten in Pusan. Damit nahm er die territorialen Expansionsbestrebungen Japans im 19. und 20. Jahrhundert vorweg. Sieben Jahre tobte der Kampf auf der Halbinsel und verwandelte Korea in ein Schlachthaus ungekannten Ausmaßes. Mit chinesischer Unterstützung leisteten die Koreaner tapferen Widerstand, vor allem in den Seeschlachten unter Admiral Yi Sun Sin, dessen schildkrötenförmige Kriegsschiffe die Japaner an der Südküste in Angst und Schrecken versetzten. Die Japaner zogen schlussendlich ab (im Kapitel 9: „Das über Jahrhunderte gespannte Verhältnis von Korea zu Japan" wurden diese Schlachtschiffe bereits genauer beschrieben). Das Land blieb verwüstet zurück. Männer im arbeitsfähigen Alter waren entweder umgekommen oder nach Japan verschleppt worden. Koreanische Kunsthandwerker galten als besonders willkommene Kriegsbeute. Ihnen verdanken die japanischen Porzellanbrennereien wie Arita ihre heute weltberühmte Qualität. Arita ist eine Stadt auf der Insel Kyushu in Japan. Die Stadt ist für das dort hergestellte Arita-Porzellan und als Ursprungsort der Porzellanherstellung in Japan seit 1616 bekannt.

Bis auf wenige Kontakte mit Peking und Japan sollte das Land für die nächsten 200 Jahre zum Einsiedlerreich werden. 1876 zwang Japan schließlich Korea zur Öffnung seiner Häfen. Nach dem sino-japanischen Krieg (1894/1895) ermordeten japanische Attentäter Königin Min. Im Jahr 1905 erklärte Japan das Land infolge seines Russlandkrieges zu einem japanischen Protektorat. Der zweitletzte König Kejong bat die Großmächte in Den Haag vergeblich um Beistand. Er musste zugunsten seines schwachen Sohnes Sun Zong abtreten. Dieser war aber lediglich eine Marionette Japans, das Korea 1910 schließlich zu seiner Kolonie erklärte und damit die Choson-Dynastie beendete.

Es sei noch daran erinnert, dass die westlichen imperialistischen Staaten, beseelt von der eigenen rassischen und kulturellen Überlegenheit, im 19. Jahrhundert kein ostasiatisches Land als gleichberechtigten Vertragspartner akzeptierten. Sie operierten, Kanonenboote im Schlepptau, mit dem Modell eines Vertrages, der als „ungleicher Vertrag" im völkerrechtlichen Diskurs bekannt ist. China zerfiel nach der Niederlage im Opiumkrieg, der wie keiner das wahre Antlitz des ungehemmten Expansionsdrangs des Westens zeigte. Großbritannien verkaufte, wohl wissend um gesundheitliche Schäden, Opium an China, um an die Silbermünzen Chinas heranzukommen (vgl. Neue Zürcher Zeitung vom 28.8.2010).

Der „US Army Medical Service" und sein Ersatz

Während meiner Zeit in Panmunjom waren alle Delegationsmitglieder von gravierenden Unfällen und schlimmen Krankheiten verschont geblieben. Irgendwie war die schweizerische Söldnertruppe gesundheitlich zäher als unsere amerikanischen Freunde. In den Übergangszeiten lagen diese oftmals reihenweise mit Grippe und Erkältungen im Bett. Wir Schweizer führten unseren guten Gesundheitszustand teilweise darauf zurück, dass wir zu jeder Mahlzeit prophylaktisch eine Portion Kimchi (Teil des koreanischen Nationalgerichts) aßen. Es sollte nicht verschwiegen werden, dass ich beim ersten Essen von Kimchi Mühe beim Hinunterschlucken des koreanischen Nationalgerichts hatte, mich aber rasch an dieses scharf gewürzte Sauerkraut gewöhnte und es mit der Zeit schätzen lernte.

Sollte trotz unseres Kimchi-Essens im Sinne von gesteigerter Resistenz gegen Krankheiten aller Art etwas passieren, stand uns der „US Army Medical Service" bei Krankheiten zur Verfügung. Wir konnten uns jederzeit in der nächsten amerikanischen „Dispensary" (Feldapotheke) zur Krankheitsvisite melden. Im Advanced Camp war kein Militärarzt stationiert. Nur eine kleine Krankenstation mit einem Ambulanzfahrzeug, ein Dispensary mit einem Sergeant und zwei Sanitätssoldaten befanden sich dort. Der für uns zuständige nächste Arzt, Capt. Campbell, befand sich in einem Camp der 5th Cavalry, jenseits des Imjin-Rivers. Wir mussten uns dort alle sechs Monate die notwendigen Impfungen verpassen lassen. Als Sämi, einer unserer beiden Schäferhunde, ernsthaft krank war, fuhren wir mit einem Ambulanzfahrzeug ebenfalls zu Dr. Campbell, der ihn von seinem Leiden kurierte. Dieser verfügte über einen großen Medikamentenschrank, welcher voll von Einheitsmedizin war. Es gab damals eine berühmte Pille, die als „ATP" bezeichnet wurde. Jedem Wehrmann, der ein kleines Leiden hatte, wurde ein winziges weißes Kartonschächtelchen abgegeben mit diesen Allerweltspillen. Noch einige Jahre nach meinem Koreaaufenthalt benützte ich diese Pillen gegen allerlei Ungemach. Es war ein dem „Aspirin" ähnliches Medikament, das gegen fast alles half. Der sympathische Capt. Campbell wurde von Mark

Schori an einem Sonntag zu uns ins Swiss Camp eingeladen. Die Swiss Delegation und das koreanische Personal im Camp wurden in erster Instanz medizinisch jeweils von Mark betreut, der gleichzeitig der Verwalter der offiziellen Sanitätsbüchse mit Verbandsstoffen und Medikamenten war. Woher er seine medizinischen Kenntnisse hatte, wussten wir nicht, wir waren einfach froh, dass wir jemanden unter uns hatten, der meistens helfen konnte.

Während der Regenzeit waren alle Bettlaken heiß und feucht. Der große dunkelgrüne Armeeventilator in meinem Zimmer trug nicht viel zur Verbesserung der stickigen Luft bei. Eines Nachts gegen vier Uhr biss oder stach mich etwas so gemein in die Handoberfläche, dass ich vor Schmerz laut aufschrie und wie von der Tarantel gestochen aus dem Bett sprang. Ich schaltete sofort das Licht ein und begann die Suche nach dem Verursacher des Bisses und meiner Schmerzen. Ich fand aber weder ein Insekt noch eine Ratte oder, was ich zuerst vermutete, eine Schlange. Um sieben Uhr war meine Hand bereits so stark geschwollen, dass ich beim Frühstück Fred Schreier bat, sofort den amerikanischen Arzt zu holen oder mich zu ihm zu bringen. Fred fand schon bald heraus, dass im Camp der 5th Cavalry und auch sonst weit und breit kein amerikanischer Arzt vorhanden war, da alle mit der Truppe in die großen Manöver gefahren waren. Inzwischen stellte ich fest, dass bereits mein Unterarm Schwellungen aufwies, ich Fieber hatte und meine Hand eine rötlich bläuliche Farbe annahm. Es war offensichtlich: Alle unsere gängigen Mittel, wie Listerine und die ATP-Pillen, konnten hier gar nicht helfen. Fred hatte die gute Idee, den Arzt der polnischen NNSC-Delegation anzurufen und ihn um Hilfe zu bitten. Vom Büro in der JSA telefonierte unser Verbindungsoffizier ins polnische Camp. Der dort anwesende polnische Arzt erklärte sich ohne Weiteres bereit, mit der notwendigen Medizin ins Schweizer Camp zu kommen, musste aber zuerst noch einen nordkoreanischen Fahrer anfordern, um mit dem Wagen in die JSA gebracht zu werden, und von dort kam er dann in mein Zimmer. Als dieser sehr kultivierte polnische Major und Arzt, mit dem ich mich gut verstand und der fließend Französisch sprach, auftauchte, fühlte ich mich bereits etwas erleichtert. Der freundliche Doktor gab mir sofort eine Spritze und sagte mir, dass meine Infektion dann lebensgefährlich geworden wäre, wenn das Gift, beziehungsweise die Geschwulst, bis in meine Achselhöhle vorgedrungen wäre. Der Arzt traf also gerade noch rechtzeitig beim beinahe verzweifelten Patienten ein. Ich hatte wieder einmal riesiges Glück gehabt. Nach zwei Stunden ging es mir bereits deutlich besser und zwei Tage darauf war alles vorüber. Wir fanden nie heraus, was die Ursache meiner Infektion gewesen war. Vorsichtshalber ließ ich aber noch am gleichen Tag unter meiner Zimmertüre ein Gummiband einfügen, damit keine Ratte oder Schlange darunter hindurchschleichen konnte.

Nach 14 Jahren im April 1978 wieder in Korea

Als Mitglied einer Delegation von schweizerischen Regierungs-, Industrie- und Bankenvertretern im Rahmen des „Switzerland Economic Cooperation Committee", welches anlässlich eines gemeinsamen Eröffnungsmeetings in Seoul zusammenkam, freute ich mich gewaltig, Korea nach vierzehn Jahren wiederzusehen und neu zu entdecken. Ich stellte mir damals vor, dass ich Seoul immer noch wie meine Westentasche kennen würde. Bei der Ankunft in der Hauptstadt stellte ich als Korea-Nostalgiker zu meiner Enttäuschung fest, dass im Straßenbild Seouls nichts an das Entwicklungsland der Sechzigerjahre erinnerte. Ich kannte mich in den Straßen nur noch schwach aus, da die meisten alten Gebäude längst modernen Hochhäusern Platz gemacht hatten und der Verkehr sehr stark zugenommen hatte.

Der Han River fließt von Osten nach Westen durch die Stadt und teilt diese in ihre zwei Hälften. Er ist wesentlich breiter als die Themse in London oder die Seine in Paris. Die Lage des Flusses half mir einigermaßen, mich in Seoul zu orientieren. Es hatte aber inzwischen nicht mehr nur zwei Straßenbrücken über den Han River, sondern bereits fünf oder sechs (allerdings noch nicht siebzehn wie heute).

Im Choson Hotel, wo die Delegation logierte, sah ich viele wohlhabende Koreaner und Koreanerinnen in eleganter Kleidung, die Damen geschminkt und mit modernen Frisuren. Keinem Koreaner fiel es mehr ein, einem Rundauge aus dem Westen den Vortritt beim Betreten des Hotellifts oder beim Aussteigen zu gewähren. Die Geschäftsleute waren immer noch freundlich, aber wesentlich selbstsicherer geworden. Den gleichen Eindruck hatte ich noch deutlicher in den interessanten Besprechungen mit führenden koreanischen Geschäftsleuten. Der Chairman von Ssangyong Cement war der Leader der koreanischen Delegation und stellte seine große und erfolgreiche Firma mit Stolz vor. Diese Firma wurde 1962 gegründet, hat heute eine jährliche Kapazität von 15 Millionen Tonnen Zement und beherrscht 25 Prozent des koreanischen Zementmarktes. Leiter der Delegation war der Schweizer Botschafter für Japan und Korea, Pierre Cuenod. Dieser residierte in Japan und in Korea, es gab damals nur einen Chargé d'affaires, aber noch keinen Botschafter in Seoul. Offensichtlich konnte sich die Schweizer Regierung damals noch nicht entschließen, das wichtige Land mit einem Botschafterposten zu besetzen.

Im Jahr 18 v. Chr. wurde Hanyang (das heutige Seoul) als Hauptstadt des Paekche-Königreichs gegründet und diente fast 500 Jahre als Verwaltungszentrum. Mit dem Sturz der Koryo-Dynastie durch König Taejo im Jahr 1392 und der Gründung des neuen Königreiches, der Choson-Dynastie, wurde Hanyang Ende 1394 erneut Hauptstadt und blieb es bis zum heutigen Tag. Die reiche historische Vergangenheit ist im Seoul von damals und heute noch durch mehrere Paläste, unzählige Bauten, Reliquien und historische Stätten, teilweise im Original, teilweise als Rekonstruktion, erhalten geblieben.

Bei meinem Besuch im April 1978 in Seoul hatte ich einen Moment lang das Gefühl, im falschen Film zu sein. Es schien mir, dass mich mein Gedächtnis vollständig verlassen hatte. Meine Verwirrung durch das moderne, hoch technisierte und einem ständigen Wandel unterliegende Stadtbild legte sich erst wieder, als ich in aller Ruhe durch einige der alten gepflegten Parks mit den mir bestens bekannten fünf Palästen und den nahe gelegenen Museen schlenderte. So gefiel mir immer noch der Gyeonbokgung-Palast, dem in der Seouler Innenstadt gelegenen Hauptpalast, der 1395 von König Taejo, dem Gründer der Choson-Dynastie, gebaut wurde. Es wurde mir erst bei meinem Besuch im Jahr 1978 so richtig bewusst, wie gepflegt die schönen Parks und Paläste bereits 1964 waren, als kaum Geld für aufwendige Restaurationen vorhanden war. Die Liebe und Bewunderung der Bevölkerung für ihre Kulturgüter war bereits damals evident: Fast jedes Schulkind konnte die hundert wichtigsten nationalen Kulturschätze aufzählen. Seit der Katalogisierung der Kulturgüter durch die koreanische Regierung im Jahr 1962 war das South Gate (Namdaemun) die unangefochtene Nummer eins. Namdaemun wurde im Jahr 1398 n. Chr. vollendet und war das südliche Tor der mit einer großen Mauer befestigten Stadt. Auch ich bin ein großer Bewunderer dieses Kunstwerkes. Über das eigentliche, gemauerte Tor als Eingang zur befestigten Stadt war ein hölzernes Dach mit kostbaren Verzierungen in Form einer Pagode aufgesetzt. Zu meinem großen Bedauern stellte ich 1978 fest, dass durch die hohen modernen

Büro- und Wohntürme in der unmittelbaren Nähe des South Gates dieses großartige Tor im Auge des Betrachters plötzlich geschrumpft war und nicht mehr den gleich großen Eindruck wie früher vermittelte. Anfangs 2008 brannte zum Leidwesen aller Koreaner die imposante Holzstruktur des 600 Jahre alten Great South Gate ab. Viel Zeit für private nostalgische kulturelle Ausflüge blieb mir aber neben den Sitzungen und Besuchen von Industriebetrieben nicht.

Die Delegation wurde dann, gewissermaßen als krönender Abschluss, nach Panmunjom geführt. Beim Überqueren des Imjin River bis zum Swiss Camp hatte ich einen weiteren Schock, diesmal einen umgekehrten: Alles sah noch haargenau so aus, wie ich es in Erinnerung hatte. Ich glaubte plötzlich in einem alten Film zu sein, da ich außer einigen verstärkten Bunkern überhaupt nichts Neues sah und die DMZ und das Swiss Camp mir wie in einem tiefen Dornröschenschlaf vorkamen; dieser Schlaf dauert übrigens bis heute an, also mindestens schon sechsundvierzig Jahre. Einzig in der JSA sah man neben den alten blauen Verhandlungsbaracken zwei neue große Gebäude der Nordkoreaner, die zur besseren Beobachtung des Geschehens in der JSA dienten. Dieses Erlebnis gab mir die Sicherheit, dass mein Gedächtnis noch immer funktionierte, nachdem mich mindestens bei der Ankunft in Seoul einige Zweifel an meiner geistigen Fitness befallen hatten. Der höchst effiziente Barmann Kim mit dem freundlichen Lachen war immer noch aktiv, erkannte mich sofort und begrüßte mich herzlich. Ich fragte ihn, ob er sich noch an den peinlichen Vorfall erinnere, als einmal ein Mitglied der Delegation zur späten Stunde mit einem Kleinkalibergewehr das Ziel auf einem Scheibenstand mit Flaschen an der Bar verwechselte. Kim schmunzelte und schob einige Flaschen in den Regalen zur Seite und tatsächlich waren dort die Einschüsse noch eindeutig erkennbar. Jetzt wusste ich mit Sicherheit, dass ich noch alle Tassen im Schrank hatte.

Am letzten Abend wurde den beiden offiziellen Delegationen von Ssangyong Cement noch eine Überraschung der ganz besonderen Art offeriert: Mit einem Bus fuhren wir auf einen Berg außerhalb von Seoul. Dort erwartete uns, eingebettet in Felsen, ein modernes Gebäude im Stil eines alten Tempels. Das Gebäude wirkte im Innern großzügig und irgendwie luftig, da die einzelnen Räume mit verschiebbaren Papiertüren ausgestattet waren. Das moderne Gebäude gehörte der Regierung und sein Hauptzweck bestand darin, für gute Stimmung bei den eingeladenen ausländischen Gästen zu sorgen. Wir wurden sofort ins Zentrum des großen Hauses geführt, das mit wunderbaren Blumensträußen geschmückt war. In dieser Halle wurden wir zu einem Cocktail eingeladen, wobei junge und hübsche Kellnerinnen uns bedienten. An diesem schönen und angenehmen Ort kam unter den Delegationsmitgliedern sofort eine hervorragende Stimmung auf. Nach ungefähr einer halben Stunde wurde eine weitere Schiebetüre geöffnet und wir sahen, dass auf dem nur circa 30 Zentimeter hohen, mit vielen Blumen schön dekorierten langen Tisch ein Nachtessen auf koreanische Art vorgesehen war, das heißt mit Sitzen auf Kissen direkt am Boden. Für die ungelenkigen Schweizer, die nicht mehr im Schneidersitz essen konnten, war jeder zweite Sitzplatz noch mit einer Rückenlehne ausgestattet. Das wirklich Verblüffende an der Tischordnung war jedoch, dass sich wie aus heiterem Himmel rechts neben jedem Gast eine schöne junge Koreanerin in der farbigen Nationaltracht Hanbok als Begleitung einfand. Diese Koreanerinnen strömten einen angenehmen Duft aus, so als ob sie gerade einem frischen Bad entstiegen wären. Die jungen Damen waren schön geschminkt und modern frisiert. Sie knieten neben den Gästen nieder, kicherten und lachten. Was für eine Überraschung! Die Serviette wurde mir von der rechts neben mir knienden hübschen Boo Young umgebunden. Nach einer ganz kurzen Rede des Vorsitzenden, der niemand so richtig zuhörte, fing das Gelage an. Die jungen schönen Mädchen waren nur dazu da, uns angenehm zu unterhalten und zwischendurch zu streicheln. Vorerst einmal schoben sie uns das gute Essen in kleinen Portionen mit den koreanischen Essstäbchen in den Mund (sie selber aßen überhaupt nicht) und zwischendurch stärkten sie die Gäste der immer fröhlicher werdenden Tafelrunde mit einem Gläschen Ginsengschnaps. Die ganze Schweizer Delegation fühlte sich wie Fürsten im Märchen aus Tausendundeiner Nacht. Wie mir meine hübsche Betreuerin Boo Young erzählte, konnten alle Mädchen während des Cocktails die Teilnehmer durch eine Schiebetüre beobachten und ihren bevorzugten Gast im Voraus auswählen. Ein Orchester spielte romantische Weisen. Langsam wurde es mir klar, dass wir uns an einer in ganz Asien bekannten koreanischen Kisaeng-Party befanden und dazu an einer der besten des Landes.

Kisaeng sind koreanische junge Frauen, die ähnlich den japanischen Geishas zur Unterhaltung der Männer ausgebildet wurden. Historisch tauchten sie zuerst in der Koryo-Dynastie auf, wo sie Sklavinnen des Staates waren und verschiedene Funktionen für den Staat zu erfüllen hatten. Da sie auch in Armeelagern stationiert waren, mussten sie neben der Unterhaltung und sexuellen Dienstleistungen auch Kranke und Verletzte pflegen und Stickereien herstellen. Sie wurden sorgfältig auf ihre Aufgabe vorbereitet. In der alten koreanischen Literatur sind sie öfters erwähnt. Sowohl während der Koryo- und Choson-Periode hatten sie den Status als Cheonmin, das heißt, den tiefsten sozialen Status. Sie hatten aber einen signifikant höheren sozialen Status als Sklaven. Viele Kisaeng-Damen verfassten bekannte Gedichte. Ihre Karriere war jedoch kurz: Sie begann mit sechzehn oder siebzehn Jahren und war in der Regel mit zweiundzwanzig bereits beendet. In der späteren Choson-Periode wurden spezielle Trainingsschulen gegründet. Der Kurs dauerte drei Jahre, wobei Poesie, Musik und Tanz im Vordergrund der Ausbildung standen. Diese Karrieren gingen dann aber über das zweiundzwanzigste Lebensjahr hinaus, wobei allerspätestens mit fünfzig jede Kisaeng, auch die berühmteste, pensioniert wurde.

Nach diesem kleinen Exkurs in die Geschichte der Kisaeng wird der Leser vermutlich daran interessiert sein, wie es an dieser einzigartigen Kisaeng-Party weitergegangen ist. Nach dem Essen tanzte die ganze Delegation intensiv mit den Kisaeng-Mädchen und die Stimmung begann sich so richtig aufzuladen. Leider wurde bereits um 21 Uhr vom Chairman von Ssyangyong Cement verkündet, dass alle Gäste jetzt gleich zurück in den wartenden Bus gehen müssten, da in Seoul um 22 Uhr die Ausgangssperre beginne und wir spätestens dann in unserem Hotel sein müssten. Park Chung-hee war immer noch Präsident von Südkorea und setzte die Ausgangssperre mithilfe der Polizei und der südkoreanischen Armee rigoros durch.

Dienstreise nach Pjöngjang

Der Delegationsleiter, sein Stellvertreter und der Sekretär der schwedischen und schweizerischen NNSC-Delegationen erhielten eine Einladung, Pjöngjang, die Hauptstadt des Nordens, zu besuchen. Diese Reise interessierte mich sehr, da ich bisher nur Kaesong kannte und mir selber schon lange gerne ein Bild von dieser Stadt gemacht hätte. Wie immer, wenn es nordwärts ging, wurden wir in der JSA von den Kommunisten abgeholt, diesmal erst um 19 Uhr. Im nur zwölf Kilometer entfernten Kaesong wurden wir in den russischen Limousinen direkt auf den Bahnsteig gefahren, wo sich die Zugkomposition befand und nur noch auf uns wartete. Wir bestiegen mit unseren Tragtaschen den Salonwagen, einen etwas altertümlich aussehenden Luxuswagen – ein ehemaliger Salonwagen für japanische Offiziere. Die Innenräume waren mit dunkelbraunem Holz ausgestattet und die fauteuilartigen Sitze sehr dick und bequem. Sofort wurden uns Kaffee und Brötchen serviert und kurze Zeit später setzte sich der Zug in Richtung Pjöngjang in Bewegung.

Die nordkoreanischen Offiziere sorgten strikt dafür, dass wir auf unseren Plätzen blieben und nicht versuchten, die übrigen Waggons des Zuges zu besichtigen. Von Anfang an wurden wir das unangenehme Gefühl nicht los, ständig beobachtet zu werden. Ich fühlte mich nicht mehr als freier Mensch. Kurze Zeit nach der Abfahrt – es war noch nicht einmal richtig dunkel – zogen unsere Begleiter die Rollladen aller Fenster hinunter, sodass wir keine Beobachtungen aus dem Zug heraus mehr anstellen konnten. Nach zwei Stunden wurde uns noch ein Nachtessen serviert und kurz vor Mitternacht kamen wir in Pjöngjang an, wo wir sofort in ein Staatshotel geführt wurden und gleich die Zimmer beziehen konnten.

Bei der Fahrt durch die Stadt im parfümierten Innern der russischen Limousine fuhren wir an vielen mit vorfabrizierten Betonelementen gebauten, grauen Mietskasernen links und rechts der Straße vorbei. Vorhänge sah ich nirgends, aber immer wieder in den Wohnungen das Licht der lediglich an einem Faden von der Decke hängenden losen und schirmlosen Glühbirnen. Soweit ich es feststellen konnte, hing in fast allen weiß getünchten Räumen das Bild Kim Il-Sungs, des geliebten Führers der Nation. In unserem Hotel befand sich, wie in der Sowjetunion ebenfalls üblich, auf jedem Stock eine böse in die Welt schauende, ältere Dame, die die klobigen Zimmerschlüssel verwaltete. In Wirklichkeit war sie eine Aufpasserin, die auch während der Nacht das sich auf ihrem Stock abspielende Geschehen mit Sperberaugen beobachten musste. Am andern Tag fanden nach dem Frühstück die ersten Besichtigungen von Fabriken (Traktoren usw.) statt. Es war alles sauber an diesen Orten, doch wurde bald offensichtlich, dass verschiedene dieser Industriebetriebe erst kürzlich erstellt worden waren und als Aushängeschilder des Großen Vorsitzenden Kim Il-Sung dienten und bisher kaum viel produziert hatten. Man darf nicht vergessen, dass die Demokratische Volksrepublik nicht – wie heute – die letzte kommunistisch-stalinistische Freilichtbühne dieser Welt ist, sondern im damaligen Stil der mächtigen stalinistischen Sowjetunion und nach dem Vorbild von Maos China organisiert war. Von dort bezog Nordkorea seine planwirtschaftlichen und undemokratischen Ideen. Damit war Nordkorea damals kein Sonderfall, sondern in allen Belangen Teil der großen und gefährlichen kommunistischen Welt mit ihren Machtansprüchen auf die Weltherrschaft.

Im Vergleich zum heruntergekommenen Seoul von damals waren in Pjöngjang die meisten Gebäude aus vorfabriziertem Beton neueren Datums und die breiten Straßen asphaltiert oder betoniert. Kinder marschierten wie in Kaesong auch hier in einer Art Pionieruniform, vergleichbar mit unseren Pfadfindern, in Vierer- und Sechserkolonnen auf den Gehsteigen neben und manchmal auch auf den mit nur ganz wenigen Autos befahrenen Straßen. Alles war viel sauberer als in Seoul, machte allerdings einen ziemlich sterilen Eindruck. Die Menschen in den Straßen sahen nicht unterernährt aus und waren anständig gekleidet. Polizisten auf einem erhöhten Podest regelten den kaum existierenden Verkehr. Alle Straßen waren geteert oder betoniert.

Das Feindbild der Imperialisten wurde stark gepflegt. Auf Schritt und Tritt zelebrierte die nordkoreanische Führung den Sieg des Sozialismus nordkoreanischer Prägung über die Bedrohung von außen und die Verschwörung einer von den USA angeführten Allianz feindlicher Mächte. Nordkoreanische Radios haben heute noch nur drei Tasten für die staatlichen Programme, die von morgens früh bis abends spät patriotische Lieder und Marschmusik sowie politische Kommentare verbreiten. Im damals wenig verbreiteten Fernsehen gab es, wie auch heute, nur den staatlichen Sender zu sehen. Wir sahen uns ein kommunistisches Propaganda-Museum über den Koreakrieg aus Sicht des nordkoreanischen Regimes an. Es enthielt unter anderem für Kinder Spiele, bei denen diese durch einen Plexiglaskasten auf Yankees schießen konnten und dabei belohnt wurden, wenn sie einen Feind abschießen konnten. Plakate in den Straßen zeigten einen großen nordkoreanischen Soldaten, der einem kleinen amerikanischen Soldaten erfolgreich einen Tritt in den Hintern versetzt, sodass dieser in weitem Bogen davonfliegt. Auf großen Plätzen standen Lautsprecher herum, die die Weisheiten von Kim Il-Sung fast pausenlos verkündeten. In einem großen Sportstadion wurden uns Folklore-Tänze mit einem Großaufgebot von Tänzern und Tänzerinnen und spannende artistische Einlagen gezeigt. Dabei mussten an dieser Massenveranstaltung Hunderte von „freiwilligen" Koreanern verschiedene farbige Tücher hochhalten, die durch ihre Anordnung jeweils auch riesige farbige Sprüche ergaben, alles natürlich zur Ehre des großen Führers. Ganz ähnlich wie das eindrucksvolle Spektakel in Beijing anlässlich der Eröffnung der Sommerolympiade 2008 im großen Nationalstadion (Bird's Nest). Gut gefallen hatte mir aber ein Kunstmuseum mit großartigen antiken Scrolls (Bildrollen), die mit farbigen Tuschzeichnungen von Tigern, Blumen, Schilf und schönen Landschaften versehen waren.

Nach einem üppigen Mittagessen in unserem Hotel hatte ich plötzlich die für einen Kommunisten völlig überraschende Idee, ganz allein einen kleinen Stadtbummel zu unternehmen. Ich tat dies so spontan, dass unser Delegationsleiter mich gar nicht zurückhalten konnte. Sofort hefteten sich zwei nordkoreanische Offiziere in ihrer Ausgangsuniform an meine Fersen. Ich erinnere mich nur noch, dass ich an zwei äußerst bescheidenen Restaurants für die lokale Bevölkerung vorbeikam. Die wenigen Gäste saßen nur auf einer Art Holzschemel und das Essen sah sehr frugal aus. Keine Spur von kommunistischem Paradies. Nach zwanzig Minuten brach ich meinen nicht im offiziellen Programm vorgesehenen Spaziergang ab und kehrte zur luxuriösen Tafelrunde zurück. Diese war gerade im Begriff, mit teurem französischem Cognac auf das Wohl der beiden Delegationen anzustoßen. Für die nordkoreanische Delegation war mein Ausbruch aus dem Protokoll ein eher peinlicher Vorfall.

Der Führerkult kennt keine Grenzen. Überall in der Stadt sah man Plakate und Denkmäler mit übergroßen Figuren zum Lob des großen Führers Kim Il-Sung. Heute wird seinem Sohn, der Sonne des 21. Jahrhunderts, dem vom Volk geliebten Kim Jong-il, die gleiche Ehrerbietung erwiesen. Die beiden großen Führer der Nation haben im Verlauf der Zeit einen gottähnlichen Status erreicht, fast wie die Pharaonen im alten Ägypten.

Auch wenn es mir im sterilen Pjöngjang überhaupt nicht gefallen hat, musste ich feststellen, dass es dem Durchschnittsbürger zu jener Zeit in Pjöngjang besser ging als in Seoul. Wie wir alle wissen, hat sich dieser Zustand in den 1970er-Jahren gerade ins Gegenteil verwandelt und das Wohlstandsgefälle zwischen dem Süden und Norden wurde zugunsten Südkoreas ständig größer. Infolge von Hungersnöten und schlechter Ernährung sind die Nordkoreaner heute im Durchschnitt zwölf Zentimeter kleiner als die Südkoreaner. Vermutlich meinen die Nordkoreaner aber noch heute, dass sie im Vergleich zum Süden im Paradies leben. Denn die rigorose Isolation und die konsequente Zensur machen es der großen Mehrheit der Nordkoreaner noch heute unmöglich, einen wirklichen Vergleich mit dem boomenden Süden zu haben. Nordkorea ist der bereits Wirklichkeit gewordene Albtraum der von George Orwell – in seinem schon 1949 veröffentlichten Buch „1984" – beschriebenen totalitären Gesellschaft („big brother is watching you").

General Auguste Geise (r.) zusammen mit dem chinesischen (m.) und dem schwedischen (l.) General der NNSC im Salonwagen auf dem Weg nach Pjöngjang

Eindrücke auf dem Weg nach Pjöngjang

Schüler auf dem Weg zum Unterricht in Pjöngjang

Der wirtschaftliche Aufschwung von Südkorea und dessen hoher Preis

Ende der 1950er-Jahre galt Südkorea, ganz im Gegensatz zu dem damals noch prosperierenden Norden, als das Armenhaus Asiens. Der Krieg hatte ein Heer von Arbeitslosen hinterlassen. Nennenswerte Rohstoffe gab es praktisch nicht. Die Vorkommen lagen jenseits der Demarkationslinie im nördlichen Teil der Halbinsel. Der Süden hatte einst als Kornkammer des kolonialen Japans gegolten.

Die junge südkoreanische Republik hatte keinen leichten Stand. Durch die unnatürliche Zweiteilung des Landes am 38. Breitengrad befanden sich nun die Schwerindustrie, die chemischen Werke, die Zementfabriken sowie die größtenteils am Yalu gelegenen Kraftwerke im Machtbereich des kommunistischen Regimes von Pjöngjang. Der hauptsächlich auf die Erzeugung von Landwirtschaftsprodukten eingestellte Süden hatte enorme Mühe, sein wirtschaftliches Gleichgewicht zu finden. Dazu kam noch der Umstand, dass zwischen 1945 und 1948 annähernd zwei Millionen in China und Japan lebende Koreaner ins befreite Land zurückkehrten und eine ungefähr gleich große Zahl Flüchtlinge aus dem kommunistischen Norden eintrafen.

Während meiner Zeit in Südkorea war es ein offenes Geheimnis, dass drei bis vier Millionen Menschen an Hunger litten, obschon die USA sowie private karitative Organisationen riesige Mengen Lebensmittel an die Bevölkerung verteilen ließen. Im Juni 1963, also im Jahr vor meinem Koreaaufenthalt, war die Versorgungslage äußerst prekär; in wenigen Wochen stieg der Reispreis so stark an, dass ärmere Leute es sich nicht mehr leisten konnten, Reis zu kaufen. Den Gaststätten und den tausend kleinen „schik-tang" in Seoul war es verboten, Reis zu servieren. Ein ungeheuerlicher und wohl noch nie da gewesener Zustand in einem Land, wo dreimal täglich Reis gegessen wird. Dazu kam, dass die Arbeitslosigkeit 30 Prozent betrug!

Noch zu Beginn der 1960er-Jahre waren die ausländischen Prognosen düster, die Philippinen und Vietnam galten als Länder der Zukunft, aber Südkorea? Mit einem Pro-Kopf-Einkommen von USD 87 stand es mit dem Sudan wirtschaftlich auf der gleichen Stufe. Politisch war die Situation ebenso äußerst angespannt. Ganz im

Gegensatz zu heute prosperierte damals der Norden, während der Süden von Hilfen aus dem Ausland abhängig war.

Generalmajor Park Chung-hee (Präsident von 1961 bis 1979) wurde von seinem eigenen Geheimdienstchef, Kim Jae Kyu, dem er rückhaltlos vertraute, im Jahr 1979 erschossen. Nach einem Militärputsch im Jahr 1961 kam der General an die Macht. Präsident Syngman Rhee musste daraufhin ins Ausland fliehen. Als General Park putschte, stand Südkorea vor der Wahl, einen brutalen Diktator zu ertragen, der für Ordnung sorgen konnte, oder die Dinge so weiterlaufen zu lassen wie bisher, mit einer von korrupten, ewig streitenden und ineffektiven Zivilisten geführten Regierung. Wie kaum anders zu erwarten, entschieden sich die südkoreanischen Wähler für die erste Möglichkeit; dies nicht aus Liebe zur Militärdiktatur, sondern aus Mangel an Alternativen. Der neue Präsident Park war damals vierundvierzig Jahre alt und regierte mit eiserner Faust. Es begann eine Zeit noch nie da gewesener Größe, aber zugleich auch ein weiteres blutiges Kapitel der neueren Geschichte Südkoreas. Politiker und Intellektuelle, die sich seiner Herrschaft widersetzten, wurden unter dem Vorwurf pro-kommunistischer Umtriebe ins Gefängnis geworfen. Park und sein Mitverschwörer Kim Jong Pil, der zweimal das Amt des Premierministers übernahm, bauten einen Geheimdienst auf, der als Terrorinstrument für alle diente, die gegen die Regierung opponierten. Präsident Park hatte jedoch mit seiner neuen wirtschaftlichen Ausrichtung – was eindeutig seine Stärke war – großen Erfolg. Er änderte grundlegend den wirtschaftlichen Kurs Koreas. Allerdings war der Terror das prägende Merkmal der gesamten Regierungszeit von Park Chung-hee, der länger im Amt war als jeder andere Präsident Südkoreas. Der durchschnittliche Südkoreaner freute sich über die Verbesserung des Lebensstandards. Die wachsende Zahl der Arbeitsplätze und die steigenden Löhne machten den durchschnittlichen Südkoreaner zu einem beachtenswerten Verbraucher, der über ein stetig wachsendes Einkommen verfügen konnte. Darin lag ein deutlicher Unterschied zu den vorangegangenen Regimes, die das Land ineffektiv geführt hatten.

Mit seinen ehrgeizigen ökonomischen Zielen wollte der umstrittene Staatschef das Land aus der Dritt-Welt-Ecke herausholen und duldete deshalb keine Kompromisse. Im Export sah er die einzige

Entwicklungschance für sein Land. Er orientierte sich am japanischen Wirtschaftsmodell und machte die Exportförderung zum Kern der Entwicklungsstrategie. Südkorea war selbst als Absatzmarkt für die eigene Produktion viel zu klein und arm, ebenso fehlten die Rohstoffe als Wirtschaftsgrundlage. Das Land erhielt von den Vereinigten Staaten zwischen 1947 und 1964 ungefähr USD 3,6 Milliarden Wirtschaftshilfe. 1963 und 1964 betrug diese pro Jahr etwas über USD 200 Millionen. Ein Teil des Startkapitals für die Industrievorhaben des Präsidenten kam aus Japan, in Gestalt öffentlicher und privater Kredite.

Was Korea im Überfluss hatte, war eine disziplinierte, belastbare und willige Arbeiterschaft. Bei geringem Lohn und langen Arbeitszeiten sowie rigider Unterdrückung der Gewerkschaften sollten die Preise von Exportgütern gegenüber der ausländischen Konkurrenz unschlagbar billig sein.

In verschiedenen Phasen plante die Regierung Park den Ausstieg aus dem Armenhaus: Am Anfang wollte sie insbesondere die Leichtindustrie fördern, da die Grundlagen dazu vorhanden waren. So produzierte das Land zum Beispiel Textilien in der Zeit der japanischen Besetzung. In einer weiteren Phase sollten die kapitalintensiven Stahl- und Chemieindustrien folgen. Park selber war nicht korrupt. Er sorgte dafür, dass die Geldmittel zum Aufbau der Werften, der Automobil-, der elektronischen und der petrochemischen Industrie eingesetzt wurden. Die Firma Samsung, die ursprünglich in der Zuckerproduktion und der Textilherstellung begonnen hatte, engagierte sich im Schiffsbau und in der Elektronik. Hyundai, ursprünglich ein Bauunternehmen, wandte sich der Automobilproduktion und der Energieerzeugung zu. So entstanden riesige Industriekonglomerate, die fast alles produzierten, aber auf nichts richtig spezialisiert waren. Diese als Chaebol bezeichneten Industriegruppen waren Mischkonzerne (Konglomerate) mit bis zu fünfzig und mehr Tochtergesellschaften, die durch staatliche Subventionen und Darlehen immer größer und einflussreicher wurden. Obwohl diese großen Konglomerate, die im Zentrum internationaler Aufmerksamkeit standen, nur zehn Prozent der Arbeitnehmer beschäftigten, verdrängten sie weitgehend die kleineren und mittleren Unternehmungen, die für die wirtschaftliche Entwicklung des Landes auch sehr wichtig gewesen wären.

Mit der bereits mehrmals erwähnten Reisegruppe der Schweizerischen Korea-Vereinigung hatte ich im Jahr 2002 in Ulsan auch Gelegenheit, die sehr eindrückliche Fabrikanlage der Hyundai (das koreanische Wort heißt auf Deutsch modern) zu besuchen. Neben der weitgehend automatisierten Fabrik befand sich ein riesiger Parkplatz, auf dem die neu produzierten Autos auf die mit den vorgesehenen Destinationsländern angeschriebenen Sektoren abgestellt wurden. Von dort wurden sie auf die unmittelbar neben dem Parkplatz am Meeresufer verankerten Schiffe für den Export verladen. In der amerikanischen Zeitschrift Fortune (18. Januar 2010) wird in einem Artikel mit dem Titel „Hyundai Smokes the Competition" Folgendes festgehalten:

„Moving quickly and boldly has made Hyundai Motors Co. the fastest-growing major automaker in the world ... Despite its relative youth – it is only 43 years old – Hyundai already ranks fifth in volume among the world's auto producers, according to HIS Global Insight, and passed 107-years old Ford Motor in 2009 to move to fourth place. Years ago Toyota used to say that Hyundai was the company it feared most. Today those fears have grown into a nightmare."

In der bekannten Wirtschaftszeitung Financial Times (28. Januar 2010) las ich:
„*South Korea's Samsung Electronics has overtaken Hewlett-Packard as the world's biggest technology company by sales. Samsung, the world's largest maker of memory chips, reported sales for 2009 calendar year of USD 117.8 bn, pushing it ahead of HP of the US, which had sales of USD 114,6 bn.*"

Noch ein Wort zur Landwirtschaft: Ich war 1964 von den schön gepflegten „rice paddy fields", die oftmals sogar an gebirgigen Abhängen zu finden waren und im Herbst gelb leuchteten, sehr beeindruckt. Reis war für die Koreaner viel mehr als nur ein schlichtes Grundnahrungsmittel. Das koreanische Wort für Reis heißt Bap; es bedeutet aber auch „Mahlzeit" und erhält somit auch eine symbolische Bedeutung. Nur knapp ein Fünftel der Fläche Koreas wird landwirtschaftlich genutzt und die Höfe sind klein. Es gab damals nur eine einzige Reisernte pro Jahr. Der Großteil der Betriebe bewirtschaftet weniger als einen Hektar Land. Die Arbeit ist hart, selbst wenn heute Maschinen zum Einsatz kommen, ist das Einkommen hier am niedrigsten.

Seit den 1960er-Jahren vollbrachte Korea einen unglaublichen Wachstumsrekord und gleichzeitig eine Integration in die Weltwirtschaft. Vor vier Dekaden war das Bruttosozialprodukt (BSP) pro Kopf vergleichbar mit demjenigen der ärmsten afrikanischen Länder. Im Jahr 1964 – also zu meiner Zeit – war das BSP pro Kopf ungefähr USD 100 dort. Der Lebensstandard verbesserte sich ständig. Von 1961 bis 1980 verdoppelte sich das Pro-Kopf-Einkommen alle fünf Jahre. Von USD 100 im Jahr 1964 schoss es auf USD 1'647 im Jahr 1979 hoch. Bereits im Jahr 1996 feierte Südkorea das Erreichen eines Pro-Kopf-Einkommens von über USD 10'000 und den OECD-Beitritt des Landes: Südkorea gehörte somit zum „Club der Reichen" – Russland gehört noch immer nicht dazu. Im folgenden Jahr 1997 nahm auch das IWF die Republik Korea in die Kategorie der fortgeschrittenen Wirtschaften (advanced economies) auf. Bis 2009 war das Pro-Kopf-Einkommen auf fast USD 20'000 gestiegen und ist damit vergleichbar mit demjenigen Tschechiens und Neuseelands (Zum Vergleich: USA USD 47'000, Frankreich und Deutschland ungefähr je USD 44'000, Japan USD 38'000, Russland USD 11'000, China USD 2'900 und Indien USD 1'000). Was für ein Wachstumswunder, das bis heute anhält und wahrscheinlich auch in Zukunft noch längere Zeit andauern wird.

Die Bewohner Südkoreas leben heute im Durchschnitt dreißig Jahre länger, als dies zu Beginn der Modernisierung in den 1960er-Jahren der Fall war. Heute ist dieses Land eine pulsierende Demokratie nach westlichem Muster und die elftgrößte Wirtschaftsmacht der Welt.

Ganz anders sah die Entwicklung in Nordkorea aus: Der Tod des stalinistischen Diktators Kim Il-Sung im Jahr 1994 – der Vater des heutigen Präsidenten Kim Jong-Il – fiel mit dem Beginn einer fünfjährigen Hungersnot zusammen, der nach den Schätzungen westlicher Hilfsorganisationen zwei bis drei Millionen Menschen zum Opfer fielen. Tausende von hungrigen Nordkoreanern strömten an die chinesische Grenze. Dies ist das Ergebnis einer zentralistischen Wirtschaftspolitik, die Milliarden von Dollars in ein Geheimprojekt zur Entwicklung von Atomwaffen steckte.

Andrei Lankov, ein in Russland geborener und zurzeit in Südkorea lehrender Nordkorea-Experte (er studierte einst in Pjöngjang), schrieb zu dieser Problematik in einem Artikel „Changing North Korea" in der Zeitschrift „Foreign Affairs" (November/Dezember 2009) unter anderem:

„*The income gap between North Korea and South Korea is much larger than the disparity that existed between the Soviet Union and the developed West in the 1960s or 1970s. Whereas North Korea's per capita income is estimated (generously) between $ 500 and $ 1'700, South Korea's is about $ 20'000. This disparity makes Pyongyang especially vulnerable because the regime bases its legitimacy not on religious grounds, as do some rouge states, but on its ability to ensure the material well-being of its subjects.*

Long aware of this vulnerability, North Korean leaders have taken information control to extremes unprecedented even among communist dictatorships. Since the late 1950s, it has been a crime for a North Korean to possess a tunable radio, and all radios sold legally are set only to official broadcasts. In libraries, all nontechnical foreign publications, such as novels and books on politics and history, are placed in special sections accessible only to users with proper security clearance. Private trips overseas are exceptional, even for government officials. North Korea is the world's only country without Internet access to the general public ... Travel beyond one's hometown requires police approval, and overnight visitors need to register with the authorities ahead of time. These measures seek to ensure that the public believes the official portrayal of North Korea as an island of happiness and prosperity in an ocean of suffering ... "

Henry A. Kissinger äußerte sich in der International Herald Tribune (19./20. Dezember 2009) zum Problem des Atomwaffenprogramms von Nordkorea unter anderem wie folgt:

„*We are now in the 15th year in which America has sought to end North Korea's nuclear program through negotiations ... Nor is Pyongyang so naive as to believe it could achieve security by threatening a nuclear strike at the United States. Far more likely, North Korea seeks recognition as a nuclear power so that it can intimidate South Korea and Japan. It can also support by assisting weapons programs, as it has in Pakistan and Syria. In the end, the greatest risk to Pyongyang is not foreign aggression but internal collapse caused by its excessive ambitions.*"

Die Seouler Metropolregion gilt als weltweit drittgrößte nach Tokio und Mexiko-Stadt. In der Hauptstadt hat es heute siebzehn Straßenbrücken über den Han River. 80 Prozent der Bevölkerung Südkoreas lebt in Städten. Die Stadt Seoul hat heute 11 Millionen Einwohner, das heißt, 25 Prozent der gesamten Bevölkerung wohnen in dieser Stadt, die eine Länge von 50 Kilometern hat. In der Metropolregion Seoul, zu der unter anderem die Millionenstädte Incheon, Suwon, Goyang und Seongnam zählen, leben 22 Millionen Menschen. Damit konzentrieren sich rund 43 Prozent aller Südkoreaner in Seoul oder dessen Satellitenstädten. In Seoul gibt es 43 Universitäten und 15 Fachhochschulen mit insgesamt über 450'000 Studenten. In die Ausbildung und das Studium ihrer Kinder investieren koreanische Eltern sehr viel und arbeiten sich buchstäblich krumm dafür.

Schon der Anflug auf Incheon, den neuen Flughafen von Seoul, zeigt die Dynamik der koreanischen Wirtschaft. Aufgeschüttet im Meer, entstand hier der größte Flughafen der Welt, der für 100 Millionen Passagiere pro Jahr ausgelegt ist.

Schon in zehn Jahren werden die Flughäfen von London und Dubai mit je 50 Millionen Passagieren pro Jahr klein dagegen aussehen. Das größte Drehkreuz Asiens ist hier am Entstehen. FedExpress und DHL sind bereits installiert. Vier Kilometer lange Pisten werden mit Volldampf gebaut. Und bei uns diskutiert man seit zwanzig Jahren, ob in Kloten (Zürich) eine Piste um 200 Meter verlängert werden soll.

Die Fahrt von Seoul zur demilitarisierten Zone dauert nur noch eine Stunde. Eine zehnspurige Autobahn führt entlang des von Stacheldraht gesicherten Han-Flusses, vorbei an Wohnsiedlungen und Bürotürmen aus Stahl und Beton.

Korea profiliert sich immer stärker: Ban Ki Moon, ein Koreaner, ist heute UNO-Generalsekretär; Korea ist 2010 der Gastgeber des G-20-Gipfeltreffens. Korea hat einen Freihandelsvertrag mit der Europäischen Union abgeschlossen. Das Land versucht, seine Stimmrechte am International Monetary Fund (IMF) zu erhöhen, dies aufgrund seiner bedeutenden Rolle im internationalen Handel. Koreanische Firmen waren bereits vor einer Dekade die ersten, die Exportfabriken in Vietnam aufstellten. Koreanische Industriefabriken trifft man überall in Asien, vor allem aber in Ostasien, an. Südkorea liefert Unterseeboote an Indonesien und verkauft Waffen an Thailand und Malaysia. Nicht umsonst nennen die Asiaten die Koreaner die „Preußen des Ostens".

Wie Urs Schöttli in „Vadenecum Asien" (Nr. 1/2010) geschrieben hat, haben die asiatischen Hochkulturen sich ihr eigenes Verständnis von Vermögen und Reichtum geschaffen:

„Der große Weise Konfuzius interessiert sich nicht fürs Jenseits, weshalb nur Erfolg im Diesseits maßgeblich ist. Pflicht ist es, sich den Ahnen würdig zu erweisen. Dazu gehört, dass das Ererbte nicht nur bewahrt wird, sondern dass man seinen Nachkommen mehr überantwortet, als man selbst im Leben mitbekommen hat. Das Streben nach Reichtum und die Akkumulation von Vermögen sind Pflicht und werden von keinem Schuldgefühl belastet."

Ferienreise nach Kalifornien und Mexiko

Am 25. August 1964 schrieb ich meinem Vater (14. Brief):

Wie Du offenbar bereits von (meinem Bruder) Max gehört hast, werde ich meine Ferien in den USA verbringen. Es ist sicher so, dass Japan ein interessantes Land ist und dass ich die Vereinigten Staaten eigentlich schon kenne. In diesem Zusammenhang möchte ich aber noch Folgendes hervorheben: In Japan war ich bekanntlich bereits fünf Tage – als letzte Station auf der Hinreise nach Korea – und anfangs Oktober gehe ich als Kurier für eine Woche nach Tokio. Zudem werde ich anfangs Dezember meinen Nachfolger in Tokio abholen und bei meiner Rückreise in die Schweiz werde ich wiederum ein paar Tage in Japan verweilen. Würde ich jetzt nicht in die Staaten gehen, so wäre ich in Südostasien in die Ferien gegangen. Da ich mich nun aber entschlossen habe, den Heimweg über Südostasien und Indien einzuschlagen, ähnlich wie dies Major Albert Christen in einem Monat tun wird, wurde das ursprüngliche Programm (Ferien in Südostasien) sofort weniger attraktiv. Zudem musst Du auch wissen, dass ich mit großer Wahrscheinlichkeit gratis, d. h. auf Kosten der amerikanischen Navy, bis San Francisco reise, das heißt solange der US Navy die Fonds nicht ausgehen. In einem solchen Fall müsste ich dann der US Navy Armistice Affairs Division den Flug zurückbezahlen, und zwar nur etwa die Hälfte eines normalen Flugbilletts. Aber dieser Fall ist höchst unwahrscheinlich. Alle meine Vorgänger haben mit diesem System erfolgreich operiert, das heißt, sie mussten nie etwas zurückbezahlen. Anbei sende ich Dir schon eine Kopie der sogenannten „Travel Orders", die wir für die Reisen mit den Amerikanern immer benötigen (bitte aufbewahren). Bei dieser Sachlage wirst Du vermutlich besser begreifen, weshalb ich mich zu dieser Lösung entschloss. Ich habe übrigens niemandem in der Schweiz erklärt, wie man solche Sachen drehen muss und wie lange ich in die Staaten gehe und vor allem nicht, wann ich zurückkomme (top secret). Wenn die Arbeit in der NNSC nicht zur reinen Routinearbeit geworden wäre, so würde ich vermutlich noch wesentlich länger in Panmunjom bleiben. Unter den gegebenen Umständen hilft mir aber eine Verlängerung des Arbeitsvertrags um weitere sechs Monate nicht weiter, weshalb ich anfangs 1965 wieder in der Schweiz sein sollte. Für meine Rückreise muss ich mit Militärflugzeugen fliegen oder die von den Amerikanern vorgeschriebenen zivilen amerikanischen Luftfahrtsgesellschaften benützen (die Amerikaner haben z.B. auf der PANAM einen sehr großen Rabatt) und nur allfällige Umwege muss ich selber berappen.

Wie wäre es, wenn wir zusammen von Japan aus via verschiedene Länder heimfliegen würden?

Am 2. September 1964 schrieb ich meiner Mutter (15. Brief):
Soeben habe ich meine Siebensachen in meinem „flight bag" (Luftkoffer) verstaut und bin wieder einmal reisefertig. Morgens werde ich bereits um 9 Uhr auf dem Flugplatz Kimpo in Seoul sein, damit ich zuoberst auf der Passagierliste der Kategorie „space available" (sofern Platz vorhanden) nach Kalifornien komme. Gegenwärtig herrscht trauriges Regenwetter und es ist mir eigentlich nicht besonders ums Reisen. Dies wird sich aber schlagartig ändern, sobald ich einmal den Flieger bestiegen haben werde. Über meine Reiseroute werde ich euch mittels Kartengrüßen auf dem Laufenden halten.
Auf meinen „invitational travel orders" steht als Zweck der Reise (purpose): „Orientation Tour"! Tönt doch viel besser als Ferien auf Kosten der US Navy.

Fred Schreier hatte es dank seinem Beziehungsnetz und Organisationstalent fertiggebracht, mich von einem auf der Warteliste eingetragenen gewöhnlichen Oberleutnant in einen militärischen VIP zu verwandeln. Ohne langes Bangen, ob wirklich ein freier Platz für meine lange Reise über den Ozean verfügbar sein würde, wurde mir nun problemlos ein guter Platz auf dem von der MATS gecharterten, zivilen Flugzeug zugeteilt. Ich erinnere mich nur noch, dass ich durch die Crew eine Stunde vor Ankunft in Kalifornien geweckt wurde. Es war bereits später Nachmittag und ich stellte fest, dass strahlendes, schönes Wetter herrschte. Umso mehr freute ich mich bereits vor der Landung so richtig auf das Wiedersehen mit Kalifornien. Als das Flugzeug um 18:30 Uhr auf der Travis AFB gelandet war, beschloss ich, mich in einem für Offiziere reservierten BOQ einzuquartieren und erst am andern Morgen per Bus nach San Francisco weiterzufahren. Als ich mich in meinem Zimmer erfrischt hatte, entschied ich, das Nachtessen im Offiziersclub einzunehmen.

In meiner nach Maß geschneiderten sandfarbigen Uniform betrat ich den Offiziersclub und blieb am Eingang einen Moment stehen, um einen guten Platz vor dem in der Mitte des Saals spielenden Orchesters zu ergattern. Da sah ich plötzlich einen groß gewachsenen amerikanischen Oberst auf mich zukommen. Er erklärte mir ohne Umschweife, dass er der „Base Commander" sei. Er wollte wissen, aus welchem Land ich stamme. Nachdem ich mich kurz vorgestellt hatte, lud er mich spontan an seinen Tisch zum Essen ein. Der Commander stellte mich seiner Frau und seiner neunzehnjährigen hübschen Tochter vor. Nachdem ich mich von dieser überraschenden großzügigen Einladung erholt hatte, fiel mir auf, dass es sich um ein ganz vorzügliches Orchester mit schwarzen Musikern handelte. Dabei kam mir der Mann am Flügel, der auch hervorragend singen konnte, irgendwie bekannt vor. Mary, die Tochter des Obersten, sagte mir mit einem vielversprechenden Lächeln, dass ich Glück hätte, denn heute Abend spiele in diesem Lokal der weltberühmte Duke Ellington (1899 bis 1974). Bis zu diesem Zeitpunkt hatte ich geglaubt, dass Duke Ellington nur bei Konzertbestuhlung spiele und nicht zur Unterhaltung der Gäste während eines Nachtessens. Als der Oberst seine Frau zum Tanzen aufforderte, war für mich der Zeitpunkt gekommen, mein Glück beim Tanzen mit der jungen Mary zu versuchen. Sie tanzte ganz ausgezeichnet, und als wir beim singenden und gleichzeitig Piano spielenden Duke vorbeitanzten, lachte dieser ganz herzlich, hörte mit Singen auf und begann, mit uns ein humorvolles Gespräch zu führen, wobei er ruhig auf dem Flügel weiterspielte. Dieser Musiker war elegant angezogen und hatte ein enormes Charisma, sodass ich mich zu seiner Musik noch mehr hingezogen fühlte. Wie war mir doch damals das Glück an einem Abend im Offiziersclub der Travis Air Force Base hold, wenn auch nur für kurze Zeit und nach einem sehr langen Flug über den Pazifik. Diesen einzigartigen Abend als achtundzwanzigjähriger abenteuerlustiger „Merry Mad Monk of the DMZ" werde ich nie vergessen.

Wikipedia, „the free encyclopedia", sagt Folgendes über den großartigen Künstler:

„Duke Ellington was an American composer, pianist, and big band leader. He became one of the most influential artists in the history of recorded music, and is largely recognized as one of the greatest figures in the history of jazz, though his music stretched into various other genres, including blues, gospel, movie soundtracks, popular and classic. His career spanned five decades and included leading orchestra, composing an inexhaustible songbook, scoring for movies, and world tours. Due to his inventive use of the orchestra, or big bands, and in part of his refined public manner and extraordinary charisma, he is generally considered to have elevated the perception of jazz to an artistic level on par with that of classical music."

Am folgenden Tag nahm ich – noch in Gedanken an den vergangenen Abend versunken – den Militärbus von der Travis AFB und fuhr damit direkt ins Zentrum von San Francisco. Diese Stadt, die am Meer liegt und über einen geschützten Naturhafen verfügt, ist für mich eine der schönsten der Welt. Der Name der Stadt ist spanischen Ursprungs. San Francisco ist nach dem Heiligen Franziskus, also Franz von Assisi, benannt. Nach dem mexikanisch-amerikanischen Krieg kam die Stadt 1846 in den Besitz der USA und sie erlebte ihren ersten großen Aufschwung durch den 1848 beginnenden Goldrausch in Kalifornien.

Im Süden der Stadt liegen die 300 Meter hohen Twin Peaks, die von spanischen Missionaren aufgrund ihres Aussehens „Los Pechos de la Chola", auf Deutsch „Die Brüste des Indianermädchens", genannt werden. San Francisco ist auch bekannt für seine Hügel, die ab dreißig Metern Höhe „Hill" genannt werden; im ganzen Stadtgebiet gibt es zweiundvierzig. Um diese teilweise sehr steilen Straßen überwinden zu können, entwickelte Andrew Smith Hall um 1870 die weltberühmten „Cable Cars", eine Touristenattraktion sondergleichen.

Nachdem ich ziemlich genau ein Jahr früher, das heißt, im Sommer 1963 mit einem schweizerischen Studienkollegen von Chicago auf der berühmten Route 66 in fünf Tagen nach Kalifornien gefahren war, kannte ich diesen Staat bereits etwas und freute mich deshalb besonders, erneut in San Francisco zu sein und wiederum bei Freunden meines Vaters in einem schönen Haus zwei Tage lang Gast sein zu dürfen. Am zweiten Tag entschloss ich mich, einen ausgedehnten Bummel durch die Stadt mit ihrem mediterranen Klima zu unternehmen. Zuerst wanderte ich die steile und kurvenreiche Lombard Street hinauf. Mit einem Gefälle von 27 Prozent wird sie auch die „kurvenreichste Straße der Welt" genannt. Am oberen Teil dieser blumengeschmückten Straße, die eine spektakuläre Sicht auf die Bucht bietet, wohnt seit Jahrzehnten ein guter chilenischer Freund von mir. Ich schlenderte dann in die Gegend der Coffee Houses. Von der Hippie-Bewegung, die nur drei Jahre später (1967) in dieser Stadt im „Summer of Love" ihren Höhepunkt feiern sollte, war noch nicht viel zu spüren. In dem mir bereits bekannten Café Trieste, einem Treffpunkt für Künstler, Poeten und politische Aktivisten, ließ ich es mir längere Zeit gut gehen. In diesem Lokal schrieb Francis Ford Coppola große Teile seiner „The Godfather Trilogy". Nach dem gemütlichen Aufenthalt im berühmten Café Trieste begab ich mich an die Haupteinkaufsstraße, das heißt, an den nördlichen Teil der Market Street und in die Gegend um den Union Square. Begeistert von der schönen Stadt und ohne auch nur einen Gedanken an meine Arbeit in Korea zu verschwenden, sah ich plötzlich – war es eine Fata Morgana? – auf der Union Square einen schweizerischen Oberst in grüner Uniform beim Fotografieren. Blitzartig wurde mir klar, dass dies nur Oberst Walter Trudel aus Biel sein konnte. Er war der leibhaftige Nachfolger von Major Albert Christen, bei einem Zwischenhalt in San Francisco auf seiner Reise nach Korea. Da ich selber keine Uniform trug, staunte Oberst Trudel nicht schlecht, als ich ihn mit den

Worten: „Guten Tag, Herr Oberst Trudel", ansprach. Wir verstanden uns sofort gut und er lud mich gleich zu einem großzügigen Nachtessen ins Fairmont Hotel ein, einem Luxushotel auf dem Nob Hill oberhalb des Union Square und dem Financial District mit fantastischer Aussicht auf die Stadt und die Bucht. Die Küche in Kalifornien und besonders diejenige in San Francisco und der Bay Area galt schon damals mit Recht als eine der besten der USA.

Am folgenden Tag bestieg ich den Fernzug „Coast Starlight" in Richtung Los Angeles. Dabei genoss ich in einem speziellen Aussichtswagen die schöne Landschaft und konnte so in aller Ruhe den Anbau der reichen Landwirtschaftsprodukte bewundern.

Wäre Kalifornien ein eigenständiges Land, gehörte es heute wie damals zu den zehn größten Volkswirtschaften der Welt. Zudem gilt der Gliedstaat als Inbegriff des US-Modells mit einer Wirtschaft, die von ideenreichen Entrepreneurs getrieben wird.

In einem Leitartikel von Time Magazine (Vol.174, No.17, 2009) wurde über Kalifornien Folgendes festgehalten:

„But one generalization has held true from the Gold Rush to the human potential movement to the dotcom boom: California stands for change, for disruption of the status-quo. It is a magnet for innovation. America's future is being written in California."

Von Los Angeles aus reiste ich mit dem Flugzeug nach Mexico City. Nach der Ankunft begab ich mich gleich per Taxi zur Familie Ortiz y Ortiz an der Calle Antonia Sola. Bei dieser Familie hatte ich als zahlender Gast bereits im Sommer 1963 gewohnt, als ich mit einem schweizerischen Freund, Martin Hitz, während zwei Monaten an der großen und modernen nationalen Universität (UNAM) im Süden der Stadt studierte. Es handelte sich um einen von der „Faculté Internationale pour l'enseignement du droit comparé", Université de Strasbourg, an der UNAM organisierten Kurs. Damals lernte ich den mexikanischen Professor, Raul Cervantes Ahumeda, als einen brillanten Mitstudenten kennen. Obschon Raul längst ordentlicher Professor war, nahm der an diesem Kurs als Student teil. An der UNAM war er einer der bekanntesten Rechtsprofessoren und dürfte damals bereits gegen fünfzig Jahre alt gewesen sein (was mir damals schon recht alt vorkam). Er lud mich gleich für ein verlängertes Wochenende mit seiner Familie auf seine in den Bergen des mexikanischen Staates Guerrero gelegene „Ranchito" ein. Guerrero liegt im Westen Mexikos und grenzt an den Pazifik. Im Jahr 1523 wurde in diesem Staat Acapulco gegründet. Jener Hafen war das Ziel der spanischen Pazifikschiffe, die Waren aus Asien nach Amerika transportierten. Den Namen erhielt Guerrero in Erinnerung an den 1831 ermordeten Guerillaführer und späteren Staatspräsidenten. Guerrero blieb immer ein unruhiger Staat mit wiederholten Revolten und in den Siebzigerjahren operierte eine Guerillabewegung in den unzugänglichen Territorien. Noch heute ist Guerrero, mit Ausnahme der touristischen Küstenregion am Pazifik, eine gefährliche Gegend.

Von Mexico City aus fuhren wir circa vier Stunden auf einer Autobahn in Richtung Acapulco. Dann ging es vierzig Minuten weiter auf einer eher schmalen Landstraße, bis wir zu einer kleinen, typisch mexikanisch aussehenden Provinzstadt gelangten. Der bequeme amerikanische Straßenkreuzer wurde dort zurückgelassen und wir mussten auf einen kleinen staubigen Lastwagen umsteigen. Vorher erhielten alle einen neuen Sombrero aus Stroh. Dabei sollte zuerst noch ein farbiges schmales Band um den Hut befestigt werden, wobei ich zur Belustigung der Familie fälschlicherweise ein Band für Frauen ausgewählt hatte. Dann händigte Raul Cervantes jedem eine geladene Pistole aus, die wir unter dem offen getragenen Hemd in den Gürtel stecken mussten. Danach wurden wir, mit Ausnahme von Gloria, der jungen attraktiven (zweiten) Frau von Raul, und ihrem Säugling, auf den Laderaum des Lastwagens verfrachtet. Es ging dann circa fünfundzwanzig Minuten auf einer schmalen und kurvenreichen Straße ziemlich steil den Berg hinauf, bis wir vor der Ranchito, einem großen, jedoch recht bescheidenen Bauernhaus, ankamen. Kaum hatten wir das Handgepäck abgeladen, sah ich, dass links und rechts neben dem Türeingang auf einer kleinen Mauer etwa zwanzig grüne Flaschen in Reih und Glied aufgestellt waren. Prof. Cervantes gab nun schmunzelnd den Befehl, alle Familienmitglieder und „el Suizo" (damit meinte er mich) sollten mit ihren Pistolen auf die Flaschen schießen. Als Infanterieoffizier fiel mir dies nicht schwer und an meinen Schießkünsten hatte Raul nichts auszusetzen. Bei dieser Übung fiel mir jedoch auf, dass überhaupt keine Sicherheitsvorschriften, wie ich dies seinerzeit im Militär gelernt hatte, eingehalten wurden. Es ähnelte eher einem gefährlichen Schießen von Cowboys im Wilden Westen. Neben den waghalsigen Schützen stand in aller Ruhe die etwa dreißigjährige Gloria mit ihrem Säugling auf dem linken Arm und mit der rechten Hand schoss sie, ohne zu zögern, ebenfalls auf eine Flasche. Nachts schlief Raul Cervantes trotz der Feuchtigkeit und der Mücken in aller Ruhe auf einem Feldbett zwischen dem Bauerndoppelhaus.

Am andern Morgen kam, ohne dass ich es geahnt hatte, meine eigentliche Bewährungsprobe: Es standen fünf gesattelte Pferde vor der Hintertüre bereit und in jedem mexikanischen Wildwestsattel steckte noch ein Gewehr. Die Pferde gebärdeten sich am Anfang sehr wild und meines versuchte hartnäckig, mich abzuwerfen. Zum Glück war ich ein guter Reiter. Es ging dann trabend und galoppierend in die wilde und schöne Landschaft hinaus. Weit und breit war kein anderes Haus zu sehen. Begleitet wurden wir von den beiden Söhnen (sechzehn und achtzehn Jahre alt) und der Tochter (dreizehn Jahre alt). Diese Kinder stammten aus der ersten Ehe von Raul Cervantes. Die beiden Söhne erklärten mir, hier könne ich auf alles schießen, was sich bewege. Längere Zeit sahen wir zum Glück kein einziges Tier. Aber plötzlich erspähte der älteste Sohn einen blauen Vogel in einem Baum und wir mussten alle unsere Pferde anhalten. Oscar, der ältere Sohn, forderte mich auf, vom Sattel aus den Vogel abzuschießen, wobei es klar war, dass alle meine Männlichkeit, beziehungsweise Schießtauglichkeit, prüfen wollten. Augenblicklich war mir bewusst, dass mein Ansehen als richtiger Mann, den man ernst nehmen musste, sollte ich nicht treffen, dahin sein würde. Damit das Pferd nach der Schussabgabe nicht mit mir durchbrannte, schob ich die Zügel auf meinen linken Arm hoch, hielt mit diesem Arm gleichzeitig das Gewehr und drückte es an meine rechte Schulter, zielte und drückte ab. Der schöne blaue Vogel mittlerer Größe fiel, aus fünfzig Metern Distanz getroffen, tot auf den Boden. Innerlich war ich erleichtert, da ich spürte, dass ich nun einer der Ihren geworden war. Als wir auf die Ranchito zurückkehrten, ließ ich von einem Angestellten noch einige Fotos von mir auf dem wilden Pferd mit dem Gewehr machen.

Ungefähr fünfzehn Jahre später, als meine beiden jungen Söhne Oliver und Nicolas acht und sechs Jahre alt waren, fanden sie in einer Schublade das Fotoalbum im Taschenformat mit diesen Fotos. Sie rasten zuerst zur Mutter und dann zu mir und verkündeten voller Stolz: Papi war früher Cowboy! Diese Fotos halfen mir fast drei Jahre lang zu großer Autorität gegenüber den Söhnen. Leider merkten die Knaben mit der Zeit, dass ich nie ein großer Cowboy gewesen war, oder die hohe Achtung vor Cowboys nahm generell ab. Jedenfalls zollten sie mir danach leider nie mehr denselben großen Respekt.

Am Nachmittag nach diesem Ausritt lud mich Raul mit seinen Söhnen zum Schwimmen ein. Da ich nirgends einen Pool gesehen hatte, war ich zuerst von diesem Vorschlag etwas überrascht, ging aber sofort mit ihnen die fünfzehn bis zwanzig Minuten zu Fuß, bis wir an einen kleinen Fluss kamen, der offensichtlich zur Ranchito gehörte. Dort hatte Raul zu meiner Überraschung einen eigenen Wasserfall von ungefähr vier bis fünf Metern Höhe und vier Metern Breite. Nach dem anstrengenden Ritt vom Vormittag genoss ich das erfrischende Bad im sauberen Wasser und die Massage unter dem Wasserfall.

Da ich vor meiner Abreise aus Mexiko unbedingt noch Acapulco – damals für Touristen der Inbegriff von mondänem und tropischem Luxus – sehen wollte, musste ich meine Gastfamilie vorzeitig verlassen. Ein Angestellter der Ranchito war mein Begleiter und ich musste mit den mir von der Armee gesponserten Bally-Halbschuhen zwei Stunden lang bergab marschieren, bis wir die Autobahn Mexico-Acapulco erreichten. Bei einer Haltestelle konnte ich den Bus nach Acapulco noch rechtzeitig erwischen. Nach der Verabschiedung von meinem Begleiter, einem Angestellten der Ranchito, musste ich die geladene Pistole wieder abgeben, schließlich war die Gegend jetzt nicht mehr gefährlich.

In Mexico-City besuchte ich dann noch einige mexikanische Freunde und meinen guten Bekannten Marcel Diesler, Kulturattaché und späterer Botschafter der Schweiz. Dann ging es den langen Weg zurück nach Korea.

Meinem Vater schrieb ich am 25. September 1964 (16. Brief):

Gestern kam ich wohlbehalten von meiner Ferienreise zurück. Der Rückweg war etwas ermüdend: Am Sonntagmorgen in aller Frühe verließ ich Mexico-City und war am gleichen Tag um 16 Uhr bereits auf der nördlich von San Francisco gelegenen Travis AFB. Da ich Schwierigkeiten mit meinen „travel orders" hatte, musste ich am Montag wieder im MATS-Büro antreten, weil am Sonntag keine zuständigen Offiziere zu finden waren. So konnte ich erst am Dienstag um 2 Uhr, das heißt kurz nach Mitternacht, mit einem von den Amerikanern gecharterten Flugzeug der Northwest Airlines nach Korea zurückkehren. Dabei fanden verschiedene Zwischenlandungen statt: Seattle, Anchorage und Tokio. Bedingt durch das Überschreiten der Datumsgrenze landete ich einen Tag später, das heißt am letzten Mittwoch um 13 Uhr in Seoul. In der Bank of America in Seoul traf ich zufällig unseren Quartiermeister an, der mich dann zwei Stunden später mit nach Panmunjom nehmen konnte. Ich glaube, dass ich für meine Ferienreise über 25'000 km geflogen bin. Zusammenfassend kann ich sagen, dass die Reise sehr schön und interessant gewesen ist, dass aber der Orient doch noch Faszinierenderes zu bieten hat als die USA und Mexiko.

In San Francisco war ich wiederum großartig bei Maurice Read untergebracht, der mich mit seiner Frau in San Francisco ausführte. Sie lassen Dich herzlich grüßen und hatten große Freude an der Zeichnung, die Du ihnen geschickt hast. Per Zug fuhr ich dann durch die wunderschönen Täler Kaliforniens, die ja wirklich unerhört fruchtbar sind. In Los Angeles verbrachte ich weitere zwei Tage und flog dann direkt nach Mexico-City, wo ich wiederum Unterkunft bei der Familie Ortiz fand. Höhepunkt meines Aufenthalts: zwei Tage Acapulco im Hotel Hilton, das neue großartige „Museo nacional de antropologia de México" im Chapultepec Park (im Jahr zuvor noch in der Nähe des Zoccolo, also im alten Stadtzentrum), ein viertägiger Aufenthalt auf einer „rancho", und zwar mit demselben Professor, der mich letztes Jahr auf eine Exkursion in den Golf von Mexiko mitgenommen hatte.

Die Familie von Raul Ahumeda Cervantes

Die berühmte Universität UNAM in Mexiko-Stadt

Der Champagner floss in Strömen

Das Leben im engen Camp mit nur wenigen und immer denselben Männern um sich herum und wenig Abwechslung war nicht jedermanns Sache. Zumindest setzte es mitunter auch dem stärksten Mann, wenn auch nur temporär, physisch und psychisch etwas zu. Max Rüegger hat in seinen sorgfältig geführten „Erinnerungen eines Koreafunkers: Das Leben im Swiss Camp NNSC in Panmunjom in den Jahren 1964–65" unter dem obigen Titel einen alkoholischen Ausbruchsversuch aus dem manchmal eintönigen Leben beschrieben:

„Im Grunde genommen lebten wir im Swiss Camp in Panmunjom eigentlich ein recht ‚solides' Leben. Der Alkoholkonsum hielt sich in Grenzen. Man genehmigte sich ab und zu am Abend im Swiss Club einen Whisky oder ein Bier, und zum Essen wurde normalerweise Mineralwasser getrunken.

Einmal haben wir ganz böse über die Stränge gehauen. Die ganze Sache begann eigentlich ganz harmlos. Unser damaliger Chef, Major General Luy, hatte von irgendeiner guten Seele in der französischen Botschaft in Seoul zwei Flaschen echten französischen Champagner geschenkt bekommen. Französischer Champagner war zu dieser Zeit in Korea eine kleine Sensation. Für die Koreaner waren solch edle Getränke etwas Unbekanntes, für normale Ausländer war Champagner schlicht und einfach nicht zu beschaffen und für uns war die einzig vernünftige Einkaufsquelle der PX. Dort war im besten Falle kalifornischer ‚Chlöpfermoscht' (Knall-Most) erhältlich.

Maj Gen Luy hat es nicht übers Herz gebracht, dem guten Champagner einfach so still und leise den Garaus zu machen. Nein, in echt demokratischer Art und Weise hat er den Champagner mit allen anwesenden Delegationsangehörigen geteilt. Also versammelten sich eines Abends im November 1964 alle ‚Swiss Merry Mad Monks of the DMZ' im Swiss Club zu einer, wie wir meinten, ‚kurzen' Champagner-Party. Der Quartiermeister, Scho-Ri-san (Oblt. Schori), waltete seines Amtes und entkorkte sorgfältig die erste Flasche. Echten, französischen Champagner zu trinken, was war das für ein Hochgenuss! Man stieß kräftig an, der prickelnde Champagner mundete ungemein. Bald wurde auch die zweite Flasche geöffnet. Im gleichen Maße, wie die Stimmung stieg, nahm der Inhalt der zweiten Flasche ab. Allgemein wurde bedauert, dass beide Flaschen bereits ‚bottom-up' zeigten. Eigentlich waren wir ja erst gerade auf den Geschmack gekommen. Irgendjemand erinnerte sich, dass wir doch von der tschechischen Delegation vor einiger Zeit eine Kiste Krimsekt erhalten hatten. Wenn wir schon keinen französischen Champagner mehr hatten, dann war Krimsekt so etwa das Nächstbeste, das wir uns denken konnten.

Nun wurde also ein Suchkommando losgeschickt, das dann auch prompt fündig wurde und nach einiger Zeit mit einer Kartonschachtel mit kyrillischer Aufschrift auftauchte. In der Kartonschachtel fanden wir sechs Flaschen Krimsekt. Der QM waltete wiederum seines Amtes. Er öffnete eine Flasche nach der anderen. Wie die Fotos beweisen, stieg die Stimmung ins Unermessliche. Jedoch, es kam, wie es kommen musste. Auch die sechs Flaschen Krimsekt zeigten bald einmal ‚bottom-up'. Wir waren jetzt aber erst so richtig in Fahrt gekommen. Schade um den schönen Abend. Also, was tun? Jemand sagte: ‚Chlöpfermoscht from California.' Alles jubelte. In der Not frisst der Teufel bekanntlich Fliegen und in der Not tranken wir auch kalifornischen Sekt. Jemand hängte sich ans Telefon und ließ sich mit dem Officers' Club des nächsten US Camps verbinden. Der Ruf nach ‚California Champagne' verhallte nicht ungehört. Einige der US Officers, mit denen wir befreundet waren, hatten das Gefühl, ‚Aha, im Swiss Camp, da geht's rund'. In Windeseile entnahmen sie ihren Beständen einige Kisten kalifornischen Sekt, schnappten sich den erstbesten Geländewagen und sausten mit dem Tempo eines gehetzten Affen in Richtung Panmunjom, immer das Swiss Camp als Ziel vor Augen. Ein Motor heulte, Bremsen quietschten, die Tür des Swiss Clubs wurde aufgerissen und unsere Ami-Freunde erschienen jeder mit einer Kartonbox voll kalifornischem ‚Chlöpfermoscht'. Jetzt ging es erst recht rund. Flasche um Flasche wurde geköpft. Immer und immer wieder wurde auf die immerwährende amerikanisch-schweizerische Freundschaft angestoßen. Die Stimmung erreichte den Siedepunkt und wie immer im Leben: wenn's am schönsten ist, dann reißt der Film. In unserem Fall hieß das, dass nun auch die US-Bestände an ‚Champagnerartigem' ausgetrunken waren. Das hieß Ende der Party.

Wie die Amis nach Hause kamen, weiß ich nicht. Vermutlich hatten sie im Auto einen Driver zurückgelassen, der sich unser Gegröle anhören musste und im Übrigen ‚auf dem Trockenen' saß.

Wir machten uns auf den nicht allzu langen Weg ins BOQ. Natürlich befanden wir uns in sehr angeregter Stimmung, und wie es so geht, wurde das bekannte Lied angestimmt: ‚Es isch no lang ned zwöi, mer gönd no lang nid hei'. Das Ganze wurde noch mit einigen ‚privaten' Drinks im BOQ fortgesetzt und artete zu guter Letzt noch in eine Art Indianertanz aus, der von einigen ‚originell' gekleideten Schweizer Kriegern aufgeführt wurde. Im Rahmen des Indianertanzes knallte schlussendlich noch einer gegen den an der Wand befestigten Feuerlöscher. Trotz der bereits fortgeschrittenen Anästhesie durch champagnerartige Getränke tat es ihm offensichtlich weh. Er verfluchte den Feuerlöscher und meinte noch, das sei ja sowieso nur ein ‚Peut-être-li'. Unser betriebseigener Rambo, der Panzer-Fred, nahm den Feuerlöscher von der Wand, ballte seine Faust und holte zu einem gewaltigen Karateschlag aus. Er stieß einen durch Mark und Bein gehenden Urschrei aus, ließ seine Faust treffsicher oben auf dem Feuerlöscher landen, und zwar genau auf dem Auslösestift.

Im Feuerlöscher drin begann es zu rumoren und zu zischen. Der Gummischlauch gab einen feinen Flüssigkeitsstrahl frei. Seht ihr nun, ein ‚Peut-être-li', da kommt ein richtiges ‚Nonnensprützerli'. Aber ‚oha-lätz', das, was der Feuerlöscher an Flüssigkeit von sich gab, hatte es in sich. Es entpuppte sich als klebriger Schaum, der wie ein Atompilz aufquoll und ein unheimliches Volumen annahm.

Es entstand in der Folge eine unvorstellbare Riesenschweinerei. Über kurz oder lang war der ganze Gang völlig von Schaum bedeckt, der zu allem Übel auch noch blubberte und auf und ab ebbte. Der Schaum benahm sich wie ein Ungeheuer von einem andern Stern und machte innert Kürze den ganzen Gang unpassierbar. Uns Helden wurde das nun wirklich unheimlich. Wir zogen uns nun definitiv zurück, um umgehend in einen tiefen narkoseähnlichen Schlaf zu verfallen.

Wie man sich etwa vorstellen kann, erwachte jeder am nächsten Morgen mit einem Riesenkopf, in dem ganze Heerscharen von kleinen Teufelchen mit Presslufthämmern herumfuhrwerkten. Es dauerte etwa drei Tage, bis auch der letzte Rest von Kopfweh verschwunden war. Auch war unsere Lust auf champagnerartige Getränke für einige Zeit auf den Nullpunkt abgesunken. Wie ich es fertiggebracht habe, am nächsten Morgen pünktlich um zehn Uhr den Funktermin mit der Schweizer Botschaft in Tokio einzuhalten, ist eines der bis heute ungelösten Rätsel. Tatsache ist, dass die Funkverbindung stattgefunden hat und korrekt im Logbuch eingetragen worden ist. Da mein Kollege Ernst Dinkel in dieser Woche abwesend war, kann niemand anderes als ich selbst den Funk durchgeführt haben. Der Herr Botschaftssekretär Studer in Tokio wird sich bestimmt über meine vermutlich etwas ‚schräg' klingenden Morsezeichen gewundert haben. Ein weiteres Mysterium bleibt für mich immer noch, wie ich es fertiggebracht habe, Fotoaufnahmen dieses Abends zu machen. Die letzten Aufnahmen vom Indianertanz hat vermutlich unser Küchenchef Paul Oberli mit meiner Kamera gemacht. Er war immer unser guter Geist im Hintergrund, und wenn wir jungen Stößel allzu sehr über die Stränge schlugen, dann hat er immer versucht, uns aus dem Gröbsten herauszuhalten.

Übrigens war am anderen Tag von der ganzen Schweinerei, die wir mit dem Feuerlöscher angestellt hatten, nichts mehr zu sehen. Wie immer hatten Paul Oberli und seine ‚Korean Boys' ganz diskret dafür gesorgt, dass wieder Ordnung herrschte, und innert Kürze hing wieder ein gefüllter Feuerlöscher an seinem Platz an der Wand. Es ist doch wirklich schön, gute Geister im Hintergrund zu haben."

Ausflug nach Kyongju – wieder eine Notlandung

An einem Wochenende flog ich mit Oberst Walti Trudel in einer Douglas DC-3 der Korean Airline von Seoul nach Ulsan. Das Flugzeug war mehr als zwanzig Jahre alt. Ihren Erstflug hatte die DC-3 am 17. Dezember 1935, also vier Tage nach meiner Geburt. Dieses Flugzeug zeichnet sich vor allem durch Sicherheit, Robustheit und hohe Wirtschaftlichkeit aus. Im Zweiten Weltkrieg kam die DC-3 als Transporter, Schleppflugzeug, Sanitätsflugzeug und Passagierflugzeug zum Einsatz. Nach dem Zweiten Weltkrieg wurden die eingesetzten Flugzeuge der amerikanischen Armee zum Teil wieder an zivile Luftfahrtunternehmen verkauft.

Im Kapitel 36 über die Geschichte Koreas habe ich bereits die sehr eindrücklichen Kunstwerke der Silla-Dynastie (57 v. Chr. bis 935 n. Chr.) erwähnt.

Von der Hafenstadt Ulsan aus gelangten wir per Bus nach Kyongju, der ehemaligen prächtigen Hauptstadt des Groß-Silla-Königreiches. Zu ihren Glanzzeiten besaß sie eine Million Einwohner. Heute ist es nur noch eine Provinzstadt, die einem den Eindruck eines Museums ohne Wände vermittelt, also eine Art großartiges Freilichtmuseum. Die Stadt und die Umgebung sind voll von Tempeln, riesigen Königsgräbern und Pagoden aus Granit.

Die eindrückliche Sternwarte Cheomseondae gilt als eine der ältesten in ganz Asien. Es handelt sich um einen flaschenartigen Bau, von dem aus die Himmelskörper beobachtet und die Bewegungen und Veränderungen dem königlichen Palast gemeldet wurden. Die Sternwarte wurde im Jahre 642, während der Regierungszeit der Königin Sunduk, gebaut. Sie besteht aus 366 Steinquadern, entsprechend der Anzahl der Tage des Lunarjahres.

Die beiden kostbarsten Schätze dieser Zeitepoche sind der Pulkuk-sa-Tempel und die in der Nähe auf einem Berghang (Mount Tohan) gelegene Sokkuram-Grotte mit einem der schönsten buddhistischen Schreine in Asien. Die Grotte befindet sich im Osten der historischen Stadt Kyongju nahe dem Tohan-Berg. Man erreicht die Sokkuram-Grotte in etwa einer Stunde, dabei geht es über einen steilen, gewundenen Bergpfad. In einem Granitgewölbe überblickt die zentrale Buddhagestalt die bewaldeten Hügel bis hin zum Ostmeer (UNESCO-Kulturerbe). Die aus einem einzigen Granitblock gemeißelte 3,5 Meter hohe Hauptstatue zeigt einen mit gekreuzten Beinen sitzenden Buddha auf einem Lotusthron. Zweimal im Jahr, bei den Sonnenwenden, trifft der Sonnenstrahl das Gesicht des Buddhas. Die Grotte wurde künstlich geschaffen und im Innern befinden sich insgesamt 39 Buddhastatuen.

Der mir noch mehr ans Herz gewachsene Pulkuk-sa-Tempel befindet sich sechzehn Kilometer östlich der Stadt Kyongju. Die Schönheit dieses Tempels hat mich mein ganzes Leben lang beeindruckt. Er ist, anders als die meisten Tempel, auf einer Reihe von Steinterrassen aufgebaut und es scheint, dass der Tempel auf natürliche Weise aus dem felsigen Terrain des Tohan-Berges herausragt. Darüber befindet sich die eigentliche Holzkonstruktion, ein großartiges Zimmermannshandwerk. Wir stiegen eine der beiden steilen Steintreppen hinauf, welche in die hölzerne Haupthalle führt. Eine dieser verzierten Steintreppen hat 33 Stufen. Sie symbolisieren die 33 Abschnitte der buddhistischen Erleuchtung. Der Mönch zuoberst auf der Treppe hieß uns freundlich willkommen und ließ uns eintreten, und in aller Ruhe konnten wir die wunderbar bemalte Holzdecke im Innern des Tempels bewundern. Die unglaublichen Fähigkeiten der Holzmaler waren beeindruckend. Auf dem Platz vor dem Tempel stehen zwei Pagoden aus Stein und um den Tempel herum findet man schön angelegte Gärten mit Iris-Blumen. Rings um die Tempelanlage auf dem Berghang hatte es einen lockeren Wald von schönen Pinienbäumen (Korea-Kiefer). Die Anlage von Sokkuram ist einzigartig und auch die einzelnen Darstellungen legen ein Zeugnis ab von der Blütezeit des Groß-Silla-Reiches.

Die schöne, mit Edelsteinen besetzte goldene Silla-Königskrone und die fein gearbeitete Statue eines 80 Zentimeter großen sitzenden Buddhas aus der Silla-Dynastie hatte ich bereits im Nationalmuseum in Seoul gesehen.

Im Tumuli Park gibt es sehr viele (23) Königsgräber von Silla-Monarchen und deren Familienmitgliedern. Sie sehen wie riesige Grashügel aus und befinden sich in einem schönen Kiefernwald. Eines der Gräber, Cheonmachong, ist seit 1973 noch für Besichtigungen offen gelegt (13 Meter hoch und 47 Meter im Durchmesser). Ich konnte dieses Grab im Innern erst im Jahr 2002 besichtigen. Es werden Repliken der Grabfunde ausgestellt.

In Korea wird der Ort des Grabes sorgfältig ausgewählt und die Grabstätte wird, wenn möglich, noch zu Lebzeiten ausgesucht. Es gilt auch die Regeln der Geomantie Pungsu zu beachten und diese verlangt für die perfekte letzte Ruhestätte eine Hanglage in der Nähe eines fließenden Gewässers, in Optimallage mit Blick auf die aufgehende Sonne. Da die Koreaner sitzend begraben werden, wurde bei den Bauern darauf geachtet, dass sie nach dem Tod immer die schönsten und fruchtbarsten Reisfelder überblicken konnten. So sah ich in Korea regelmäßig an den schönsten Aussichtspunkten in der Landschaft die für das Land so typischen Gräber in Form von Grashügeln. Ganze Berghänge sind mit Grabhügeln vollständig übersät.

Es ist noch nachzutragen, dass die oben beschriebene Tempelanlage von Pulkuk-sa – wie alle koreanischen Sehenswürdigkeiten – damals überhaupt nicht kommerzialisiert war. In der Nähe des Tempels konnte man am Rand eines kleinen Weges von einigen am Boden sitzenden alten Frauen in traditionellen Kleidern sehr gute koreanische Äpfel kaufen. Da ich von der Schönheit der Tempelanlage und deren Umgebung, mit Aussicht auf die weit unten liegenden Täler und das Ostmeer, vollständig überwältigt war, beschloss ich, mir die Anlage von etwas weiter oben anzuschauen, und wanderte ungefähr dreihundert Meter auf einem kleinen Weg neben dem Haupttempel die Anhöhe hinauf. Es herrschte große Ruhe und war sprichwörtlich menschenleer. Plötzlich kam mir – fast wie im Märchen – eine junge, schöne Frau in der traditionellen koreanischen Tracht (Hanbok) von oben entgegen. Ich fragte sie fast schüchtern, ob ich sie fotografieren dürfe, was sie ohne Weiteres mit einem umwerfend charmanten Lächeln bejahte. Dann verschwand die Schönheit für immer aus meinen Augen. Einige Zeit später fertigte ich dreißig farbige Kopien dieses Bildes und verschickte diese als Weihnachtskarte an die Familie, Freunde und Bekannte in aller Welt.

Die Grundbekleidung des Hanbok, der koreanischen Tracht, besteht bei Frauen aus einem langen glockenförmigen und farbigen Rock, der von oberhalb der Brust bis zu den Knöcheln reicht, und einem kurzen Bolero-Jäckchen. Die Männer tragen eine Hose und ein Sakko, das die Taille bedeckt. Man findet den Hanbok schon in den Wandgemälden der alten Gräber zur Zeit Koguryos, einem der drei geteilten Königreiche. Die leuchtenden Farben markieren die Schönheit des Hanbok. An den wichtigsten Tagen des Lebens tragen die Koreaner auch heute noch die traditionelle Tracht Hanbok, im Alltag ist sie jedoch leider nicht mehr zu finden.

Wir übernachteten in einem Hotel in Kyongju und fuhren am nächsten Tag mit einem Bus auf einer holprigen und staubigen Straße nach Ulsan zurück. Es ging dem Herbst entgegen und wir sahen vom Bus aus Hausfrauen vor ihren Hütten, die mit dem Einmachen des Kimchis in großen braunen Gefäßen oder dem Dörren von Pfefferschoten beschäftigt waren. Als wir dann etwas ermüdet, aber zufrieden vom einmaligen Erlebnis der Besichtigung der zerstreuten Kulturgüter von Kyongju auf dem Flugplatz ankamen, sahen wir das in der typisch schrägen Stellung (von der Seite gesehen) und im Zweiten Weltkrieg bewährte Flugzeug, die auf uns wartende Douglas DC-3. Sofort bestiegen wir die DC-3 und setzten uns für den Rückflug nach Seoul auf unsere Plätze. Oberst Walter Trudel und ich genossen vor dem Abflug die Nachmittagssonne aus dem Flugzeug heraus und dachten zufrieden an die einmaligen Sehenswürdigkeiten der ehemaligen Hauptstadt zurück. Mein Platz war ganz vorne links am Fenster und direkt neben dem linken Flügel, an dem in zwei bis drei Metern Distanz der Propeller-Motor befestigt war.

Zu diesem Zeitpunkt ahnte ich noch nicht, dass Buddha bei unserem Rückflug von Ulsan nach Seoul einen göttlichen Warnschuss gegen unseren Übermut abgeben würde. Kaum waren wir gerade zwanzig Minuten in der Luft, sah ich plötzlich den linken Propeller immer deutlicher, bis er schließlich gänzlich stillstand. Ich fragte Walti Trudel, der hinter mir saß, mit ironischem Unterton, ob er auch den Propeller so deutlich sehe, und bestellte sofort und laut noch einen zweiten Kaffee. Dabei dachte ich, dass dies vielleicht der allerletzte in meinem Leben sein würde. Erstaunlicherweise bewahrte die Stewardess (heute Hostess oder Flugbegleiterin genannt) trotz der sehr kritischen Situation ihre Ruhe und brachte mir ohne Weiteres den bestellten Kaffee. Ich wusste zwar, dass die DC-3-Flugzeuge auch ohne Motoren noch eine gewisse Strecke segeln konnten. Aber leider hatte die Maschine die normale Flughöhe noch nicht erreicht und wir befanden uns immer noch nur knapp über dem Gebirge, jedoch das Umdrehen der DC-3 mit nur noch einem funktionierenden Motor musste sehr langsam und vorsichtig vonstattengehen, um den vorläufig noch funktionierenden zweiten Motor nicht zu überlasten. Es gelang dem Piloten, das Flugzeug nach vielen bangen Minuten um 180 Grad abzudrehen, und wir flogen in Richtung unseres Ausgangspunkt zurück. Da bei diesem Manöver die Maschine deutlich an Höhe verlor, sahen wir links und rechts von uns die Berge ganz nahe. Dem Piloten blieb nichts mehr anderes übrig, als den engen Tälern zu folgen und so zu versuchen, wieder auf den Flugplatz von Ulsan zurückzugelangen. Es folgten sehr unangenehme zwanzig Minuten, die mir wie eine Ewigkeit vorkamen, bis wir plötzlich die Flugpiste wieder sahen. Die nun sehr langsam fliegende Maschine setzte auf der Piste stark auf und nach kaum ein paar Metern stand es still; wir atmeten wieder auf. Blitzschnell sprangen wir aus einer Höhe von ungefähr 1,5 Metern aus der geöffneten Türe direkt auf die Piste hinunter. Buddha wollte uns noch eine Chance geben!

Die weltberühmte Silla-Königskrone

Der Pulkuk-sa-Tempel in Kyongju

Die traditionelle Bekleidung der koreanischen Frauen

Koreanerinnen, die am Straßenrand Äpfel verkaufen

Dienstreise nach Japan

Zur Vorbereitung meiner Reise las ich mit großem Interesse das Buch des großen Asienkenners und Japan-Spezialisten Edwin O. Reischauer: „Japan Yesterday and Today". Bis zu meiner Ankunft hatte ich mir deshalb bereits einige Kenntnisse über Japans Kultur und Geschichte zugelegt. So wusste ich unter anderem, dass man Shintoist nur durch Geburt als Japaner sein konnte, da das gesamte japanische Volk als Nachkommen der Götter gilt. Deshalb kann auch kein Ausländer zum Shintoismus konvertieren. Das japanische Königshaus leitet sich als direkte Nachkommen von der Sonnengöttin Amaterasu ab. Tenno Hirohito war der letzte Kaiser, der noch als lebende Gottheit verehrt wurde. Erst 1946 entsagte der Kaiser seiner göttlichen Herkunft, jedoch erst auf Druck der amerikanischen Besatzungsmacht. Im 6. Jahrhundert unserer Zeitrechnung verlor der Shintoismus durch die Einführung des Buddhismus aus Korea an Bedeutung, jedoch erstarkte er im 18. Jahrhundert wieder und wurde in der Meijizeit ab 1870 sogar Staatsreligion. Heute sind Religion und Staat in Japan getrennt.

Der Schweizer Botschafter in Japan war gleichzeitig auch für Korea zuständig. Es gab damals nämlich weder eine Botschaft noch ein Konsulat in Seoul. Es gab nur ganz unbedeutende Investitionen aus der Schweiz in diesem Land und der Handel zwischen der Schweiz und Korea war nahezu bedeutungslos. Es hatte entsprechend auch nur ganz wenige Schweizer in Korea.

Ende Oktober 1964 war es dann so weit und ich reiste als Kurier nach Tokio. Dabei kam ich mir in dieser Rolle fast wie der Kurier des Zaren auf einer geheimen Mission vor. Immerhin erhielt ich eine versiegelte Mappe mit auf den Weg. Darin waren die politisch-militärischen Berichte des Delegationsleiters über die letzten Ereignisse in Panmunjom enthalten.

Ich möchte bei dieser Gelegenheit noch erwähnen, dass es in Panmunjom zu meinen Aufgaben gehörte, die streng vertraulichen monatlichen Berichte der damals ungefähr vierzig bilateralen Schweizer Botschafter in aller Welt zu lesen und im Kassenschrank in meinem Büro sicher aufzubewahren. Die Botschafter wurden damals zu einem wesentlichen Teil aufgrund ihrer Berichte qualifiziert, weshalb praktisch alle Berichte in geschliffener Sprache verfasst wurden, auch wenn teilweise darin ziemlich unbedeutende politische und wirtschaftliche Analysen enthalten waren.

Für den Kurierdienst war der Abflug mit einer Super Constellation jeweils an einem Donnerstagnachmittag in Seoul vorgesehen und der Rückflug mit einer anderen Maschine am folgenden Mittwochnachmittag. Dieses Flugzeug war mit vier luftgekühlten 18-Zylinder-Curtiss-Wright-Doppelsternmotoren ausgerüstet, die zusammen circa 3'300 PS entwickelten. Eine Super Constellation diente seinerzeit als Präsidentenflugzeug (Air Force One) von Dwight D. Eisenhower. Der letzte Flug einer Maschine dieses Typs fand mit der heute nicht mehr existierenden Fluggesellschaft TWA im Jahr 1967 in Amerika statt.

Mit der am Donnerstagnachmittag startenden Super Constellation wurden jeweils auch die Särge der in der vergangenen Woche in Korea ums Leben gekommenen Militärs (im Einsatz getötet, Verkehrsunfälle, nicht wenige Selbstmorde, aber auch natürliche Todesfälle) nach Tachikawa und von dort dann in die USA ausgeflogen. Aus Pietätsgründen verstaute man die mit einer amerikanischen Flagge zugedeckten Särge jedoch nicht im Frachtraum, sondern im Mittelgang der Kabine, zumeist im Heck des Flugzeuges, und band sie am Boden fest. Wenn alle militärischen Passagiere Platz genommen hatten, wies der Captain mit der folgenden Durchsage auf diesen speziellen Transport hin: „To all passengers: we are carrying the human remains of xxx US military personnel on board. If somebody for reasons whatsoever wants to leave the plane and take another flight, please check with the MATS counter."

Nach diesem etwas traurigen Flug entschloss ich mich, nach meiner Ankunft auf der Tachikawa Air Force Base nicht im kostengünstigen Hotel der US Forces in der Mitte von Tokio, in Akasake Mitsuke zu übernachten, sondern in einem eleganten, gerade neu eröffneten Hotel New Otani in der Hoffnung, das Militärleben etwas zu vergessen. Besonders schön an diesem Hotel war der riesige japanische Garten, der in seinen Grundzügen aus dem 16. Jahrhundert stammte. Die Olympiade war bereits seit Anfang September beendet.

Das olympische Feuer wurde von Yoshinori Sakai entzündet, der am 6. August 1945 geboren wurde, dem Tag, an dem die erste Atombombe über Hiroshima abgeworfen wurde. Sonst erinnere ich mich nur noch daran, dass der US-amerikanische Schwimmer Don Schollander vier Goldmedaillen gewann.

Gut ausgeruht begab ich mich ziemlich früh am Freitagmorgen mit meiner geheimnisvollen und versiegelten Mappe auf die schweizerische Botschaft. Diese befand sich damals inmitten von Tokio und war in einem wunderschönen Park mit einem alten Baumbestand gelegen. Das Botschaftsgebäude war nur zweistöckig und im japanischen Stil gebaut. Bei schönem Herbstwetter traf ich um zehn Uhr auf der Botschaft ein. Nachdem ich mit Herrn Studer, Vorsteher der Botschaftskanzlei, die Formalitäten der Übergabe geregelt hatte, bat ich um eine kurze Unterredung mit dem Botschafter. Nachdem ich ungefähr dreißig Minuten im Vorzimmer gewartet hatte, begrüßte mich freundlich ein Botschafter alten Stils, Monsieur de Rham. Er ließ mich allerdings sofort wissen, dass er eine ganz wichtige und wohlhabende Persönlichkeit sei und sich normalerweise nicht mit einem simplen Oberleutnant der Infanterie auf ein Gespräch von mehr als drei Minuten einlassen würde. Dies war eigentlich verständlich, als damals die aufmüpfige und freche Generation der 1968er mit ihrer plebejischen Verachtung der Form noch gar nicht existierte und deshalb hohen Amtsträgern mit Ehrerbietung begegnet und ihnen somit der nötige Respekt gezollt werden musste. Schließlich war sowohl in der katholischen Kirche als auch im diplomatischen Dienst die Beachtung der Hierarchie das oberste Gebot. Diese Auffassung ist bis heute in der katholischen Kirche und teilweise auch im diplomatischen Dienst hartnäckig erhalten geblieben. Ich brachte es dann aber trotzdem fertig, den viel beschäftigten Botschafter, entgegen seiner ursprünglichen Absicht, zwanzig Minuten lang in ein Gespräch über Japan und Korea zu verwickeln.

Tokio mit damals 10 Millionen Einwohnern erwachte nachts zu einem fast unheimlich lebendigen und fröhlichen Gewimmel von Menschen. Beeindruckt war ich von allem Anfang von der Sauberkeit dieser im Umbruch begriffenen Stadt. In den Bahnhöfen sah ich – anders als bei uns – keine Zigarettenstummel, Papierreste aller Art, leere Flaschen oder Hunderte von kleinen weißlichen Ringen mit zertretenem Kaugummi am Boden herumliegen. Aufgefallen ist mir auch, dass Japan im Vergleich zur Schweiz oder zum übrigen Europa eine Art Dienstleistungsparadies ist. Die Angestellten von Verwaltung, Bahn, Post und Bank degradieren den Kunden oder Klienten nicht zu einem Bittsteller. Alle Angestellten und Beamte sind äußerst höflich und zuvorkommend. Auch haben mir die sauberen Taxis mit den freundlichen Chauffeuren und deren weiße Handschuhe imponiert. Ein offeriertes Trinkgeld wurde schon gar nicht angenommen.

Mit einer Postkarte vom 26. Oktober 1964 (17. Schreiben) teilte ich meiner Familie mit:

```
Tokio hat sich seit meinem letzten Besuch vor sie-
ben Monaten sehr verändert und ist eine supermoderne
Stadt geworden. Yoshi habe ich bereits getroffen und
er wird mich noch diese Woche zu einem Essen bei sich
zu Hause einladen.
```

Ich hatte damals die Gelegenheit, das eindrückliche Hotel Imperial, das von Frank Lloyd Wright entworfen wurde, von außen und innen zu bestaunen. Das Imperial überlebte sogar das massive Erdbeben im Jahr 1923, was den Ruhm von Frank Lloyd Wright noch mehr steigerte (er war ein passionierter Sammler von japanischen Holzschnitten). Das Hotel wurde dann leider im Jahre 1968 abgerissen. Die Lobby konnte jedoch gerettet werden und ist heute im Architektur-Museum von Nagoya ausgestellt.

Aus heutiger Sicht war es tatsächlich erstaunlich, wie Japan in der Nachkriegszeit ab 1945 in der Lage war, beim Wiederaufbau außerordentliche Kräfte mit Fleiß und Disziplin zu mobilisieren. Bei einem Vergleich mit Korea ist zu beachten, dass der Koreakrieg, der das ganze Land zerstörte, erst 1953 beendet wurde.

Mein acht Jahre jüngerer Bruder Max hatte 1964 in einem Englisch-Sommerkurs in Cambridge einen jungen Japaner, Naoyoshi Fukui, kennengelernt. Dieser hatte mir geschrieben, dass er mir gerne Tokio zeigen würde, und zwar „by day and by night". Bei einem Mittagessen in einem japanischen Restaurant mit Yoshi und einem Freund lernte ich, wie man halb lebendige, kleine Fische richtig isst:

Man hält den noch zuckenden Fisch mit den Fingern am Schwanz in die Höhe, führt den kleinen Fisch in den Mund und beißt zu.

Fleisch wurde damals nur wenig gegessen. Bekannt war allerdings schon zu jener Zeit das sehr teure Kobe-Beef. Das Kobe-Rind Wagyu aus der japanischen Präfektur Hyoge ist das teuerste und exklusivste Hausrind der Welt. Das Fleisch dieser Rasse (japanisches Schwarzvieh) hat eine sehr dünne Fettauflage und ist von einer extrem feinen und gleichmäßigen Marmorierung durchzogen. Man erklärte mir, dass die Rinder neben Wasser auch Bier zum Saufen erhalten und sie zeitweise sogar massiert würden, um dem Gast im Restaurant ein möglichst zartes Stück Rindfleisch präsentieren zu können. Ein Luxus sondergleichen.

Am übernächsten Tag wurde ich von Yoshi in das stattliche Haus seiner Eltern (13. I-chome, Toyatama-kita, Nesima-teu, Tokyo) zum Mittagessen eingeladen. Der Vater von Yoshi hatte in Deutschland Musik studiert und war der damals berühmteste Klaviervirtuose von Tokio.

Bevor ich das Haus betrat, musste ich zuerst meine Schuhe ausziehen. Ich traf dann vorerst nur die Mutter und die beiden mich mit tiefer Verbeugung begrüßenden Schwestern. Zu meinem nicht geringen Erstaunen saß ich aber nur mit Yoshi an einem Tisch. Seine Mutter und die beiden Schwestern beschäftigten sich ausschließlich in der Küche mit der Vorbereitung der Speisen und mit dem Servieren für die beiden jungen und hungrigen Männer. Speziell an der Bedienung war, dass es zwischen den vielen Gängen überhaupt keine Pausen gab, sodass ich fast ununterbrochen mehr als eine Stunde lang essen musste und kaum zum Sprechen kam. Erst als das Dessert in Form von noch zu schälenden Birnen, die aber aussahen wie große braune, runde Boskopäpfel, serviert wurde, setzten sich die Mutter und die beiden Schwestern zu uns an den Tisch. Nach einiger Zeit, als schon der grüne Tee serviert wurde, kam der sympathische Vater in einer Art Kimono herein und sprach fließend Deutsch mit mir.

Im bekannten Buch von Edwin O. Reischauer und Marius B. Jansen „The Japanese Today" steht hinsichtlich der Stellung der Frau Folgendes:

„The position of women in Japanese society is one of the major differences between it and American society and a subject that is likely to raise indignation

in the West. Japanese men are blatantly male chauvinists and women seem shamefully exploited and suppressed. They clearly occupy a better position than in most Islamic nations and many other countries, but there is severe job discrimination against them, and the old Confucian adage that a woman should in youth obey her father, in maturity her husband, and in old age her son still has some validity. A double sexual standard, which leaves the man free and the woman restricted, is still common. The sexual mores and attitudes toward love, marriage, and the place of women in society contrast sharply between Japan and the United States, though in both countries these are undergoing rapid change, and in Japan many of the changes are headed in the same direction as in the West. The Japanese do not share Western views about the sinfulness of sexual relations. To them they have always seemed a natural phenomenon, like eating, which is to be enjoyed in its proper place. Japan is still definitely a ‚man's world', with women confined to a secondary position. Their status, however, has changed greatly for the better during the past century, especially since World War II, and it will obviously continue to change."

Nach weiteren zwanzig Minuten begaben wir uns mit den beiden Schwestern in einem Auto der Familie auf eine „sightseeing tour". Eine der Schwestern fuhr das Auto selber und machte nun plötzlich einen völlig emanzipierten, um nicht zu sagen, westlichen Eindruck. Ich erinnere mich nur noch, dass wir bei ziemlich starkem Regen den Großen Buddha von Kamakura zusammen besuchten. Dieser steht auf dem Gelände des Kotokuin-Tempels. Der Große Buddha wurde 1252 aus Bronze gegossen und ist mit 13,35 Metern Höhe der zweitgrößte Japans. Ein ähnlicher Buddha steht in Nara (im Westen von Japan). Diese beiden Buddhas sind die zwei größten Statuen aus Bronze in der Welt. Ursprünglich war der Buddha von Kamakura in einer Tempelhalle untergebracht, die jedoch durch mehrere Taifuns und Tsunamis zerstört wurde.

Einige Jahre später sagte mir ein Kollege bei Caterpillar Overseas in Genf, der zwanzig Jahre in Tokio gearbeitet hatte und fließend Japanisch sprach, dass ich großes Glück gehabt habe, in ein japanisches Privathaus eingeladen worden zu sein. Dies sei nämlich in Japan nicht üblich und ihm selber sei dies in seiner langen Japanzeit gar nie passiert.

Am Mittwochmorgen musste ich bei Herrn Studer auf der Schweizerischen Botschaft in Tokio in einer Kuriermappe die an unseren Missionsleiter adressierten, vertraulichen Nachrichten des Außenministeriums und des Militärs aus der Schweiz abholen. Dabei befand sich jeweils auch ein Bündel mit verschiedenen Zeitungen aus der Schweiz, die Oberst Mario Marguth für die an Nachrichten aus der Schweiz leicht unterernährten Missionsmitglieder freundlicherweise zusandte.

Die vom schweizerischen Kurier aus Korea erhaltene geheime Mappe mit der Post des Delegationsleiters und seines Stellvertreters übergab dann Herr Studer auf dem Flugplatz von Tokio jeweils dem Captain einer Swissairmaschine. Dieser nahm die Kuriermappe auf dem Rückflug in die Schweiz mit in die Pilotenkabine, sodass diese schlussendlich unversehrt in der Schweiz ankam.

Am 29. Oktober 1964 schrieb mir mein Vater (18. Brief):

```
Max hat mich auf dem Laufenden gehalten, dass Du in
Japan mit Yoshi zusammen warst und nun wieder nach
Korea zurückgekehrt bist. Du hast allerhand Flugkilo-
meter zusammen, und wenn Du im Januar in der Schweiz
ankommst, wirst Du gegen hunderttausend Flugkilometer
hinter Dir haben, sogar etwas mehr als Dein Vater.
Ich habe meine Meinung nicht geändert, die heißt, zu-
rück nach Bern, Kampf und Einsteigen ins Doktorat.
```

Brief an meinen Vater vom 6. November 1964 (19. Brief):

```
Gegenwärtig haben wir hier herrliches Herbstwetter.
Der Herbst soll denn auch die schönste Jahreszeit in
Korea sein. Nach dem fürchterlich heißen Sommer war
das Wetter seit Mitte September äußerst angenehm.
Irgendwie sind die Jahreszeiten in Korea um fünf bis
sechs Wochen verschoben im Vergleich zur Schweiz,
das heißt, um diese Zeitperiode verspätet.
Ich habe heute das Schreiben der Rechtsanwälte Staehe-
lin und Giezendanner dahin beantwortet, dass ich grund-
sätzlich noch Interesse an einer Stelle habe, mich aber
erst im Februar 1965 wieder bei ihnen melden würde.
```

Die Woche in Japan war sehr eindrücklich. Seit meinem Aufenthalt in Tokio im April 1964 hat sich diese Stadt gewaltig verändert und verschönert. Tokio verfügt heute über ein Straßensystem, das sich mit demjenigen der amerikanischen Städte ohne Weiteres vergleichen lässt. Die Expressstraßen sind größtenteils auf Säulen gebaut und kreuzen sich vielfach in verschiedener Höhe. Auch die Olympiaanlagen sehen großartig aus. Das Untergrundbahnsystem ist viel sauberer als dasjenige in Paris. Die Hochbahn ist auf einer Schiene aufgehängt wie in Disneyland und wahrscheinlich die einzige dieser Art auf der Welt. Ich habe ebenfalls die Stadt Nikko besucht, die zwei Stunden per Bahn im Norden von Tokio liegt. Dieser Erstklasszug lässt die SBB-Erstklasszüge in der Schweiz mindestens zwanzig Jahre älter aussehen. Hatte es doch in diesem Zug überall vollautomatische Türen, zurückklappbare Lehnen, Aircondition, Musik und einen vorzüglichen Service mit Getränken und Essen am Sitzplatz. Zudem hatte es noch einen Salonwagen mit bequemen Fauteuils, die man 360 Grad drehen konnte. Japan ist so modern und westlich geworden, dass ich mich in Tokio schon halbwegs wie in der Schweiz fühlte. Erst letzte Woche realisierte ich so recht, wie viel unverdorbener und echt asiatisch Korea heute noch immer ist. In Europa verbindet sich mit dem Namen Japan noch etwas Geheimnisvolles und Mystisches. Davon habe ich aber nichts gemerkt. Sicher haben die Japaner noch viele andere Bräuche und eine andere Denkart als wir. Ich glaube aber nicht, dass die Japaner kultivierter sind als wir, sondern einfach, dass sie andere Sitten haben, die den unsrigen aber nicht überlegen sind.

PS: Nikko liegt gute 200 Kilometer nördlich von Tokio. Diese kleine Stadt ist seit dem 8. Jahrhundert heilig, und zwar zuerst für den Buddhismus, später für den Shintoismus. Obschon es regnete, war der Ort von japanischen Touristen überfüllt. Diese standen mit farbigen Regenschirmen in Gruppen um ihre Fremdenführer herum, die an einer Stange eine kleine farbige Fahne hochhielten, damit sich die japanischen Touristen in ihrer Gruppe nicht auf dem Gelände verlaufen konnten. In einer der vielen Schreinanlagen sah ich zahlreiche Holzschnitzereien, darunter die drei berühmten Affen: „Nichts (Böses) sehen, nichts hören und nichts sagen". Diese farbige Schnitzerei wurde quasi zum Symbol Nikkos.

Der große Buddha von Kamakuma

Yoshi mit einem Freund und seiner Schwester

Yoshi und der Autor

Immer wieder Partys und Empfänge

Am 13. November schrieb ich einer guten Bekannten in Bern (19. Brief):

Mit dem Vermerk „missent to 12 UAV" erhielt ich Deinen Brief leider erst vor drei Tagen. Was Du wohl kaum glauben wirst: Seit einigen Wochen habe ich recht viel zu tun! Mein Assistent, der Quartiermeister und der Liaisonoffizier sind momentan abwesend und so muss ich zusätzlich zu meinen Aufgaben noch diese Chargen betreuen. Zu allem Überfluss hat mein Chef, Botschaftsrat Auguste Geiser, am letzten Samstag ein Telegramm erhalten, dass er jetzt nach Bern zurückreisen dürfe (ein Nachfolger ist noch nicht bestimmt). Am 24. November um 12:45 Uhr wird er auf dem Flugplatz in Seoul Korea endgültig verlassen. Sein plötzlicher, d.h. für etwas später erwarteter Aufbruch hat die unangenehme Folge, dass wir nun täglich Abschiedspartys haben und deren Vorbereitung viel Zeit in Anspruch nimmt. In Sachen Organisation und Durchführung von Partys bin ich nun ein Experte geworden. Für den in die Schweiz zurückkehrenden Chef habe ich gerade im Hotel Chosun in Seoul die Abschiedsparty vom 23. November organisiert. Wir haben 130 Einladungen verschickt, unter anderem an sieben Generäle und neun Botschafter. Der Empfang dauert von 18:30 bis 20 Uhr. Anschließend werden wir den Chef im engen Schweizer Rahmen feiern. Dazu habe ich einen gemütlichen amerikanischen Offiziersclub vorgesehen. Am 24. November um 10 Uhr haben wir dann bereits wieder eine NNSC-Sitzung, an der Oberst Trudel und ich teilnehmen müssen. Um dann doch noch den Chef rechtzeitig auf dem Flugplatz in Seoul verabschieden zu können, habe ich für den Oberst und mich einen He-

likopter der amerikanischen Armee bestellt, der uns in 25 Minuten auf den Flugplatz bringen wird.
Heute haben wir den neuen deutschen und den kanadischen Botschafter als Gäste in unserem Club. Es hat beiden bei uns sehr gut gefallen und bei der heutigen großen Kälte war es wirklich gemütlich an unserem Kaminfeuer. Bis vor zwei Tagen hatten wir warmes, herrliches Herbstwetter. Heute sah ich erstmals einige Schneeflocken am 38. Breitengrad.
Im Moment lese ich ein spannendes Buch von Pearl S. Buck, das letztes Jahr (1963) herausgegeben wurde: „The Living Reed, a novel of Korea". Dabei beschreibt die Autorin das Leben in Korea ab Ende des 19. Jahrhunderts bis nach dem Ende des Zweiten Weltkriegs. Pearl Buck schildert diese Zeit aus dem Blickwinkel einer prominenten aristokratischen Familie und dem Leben von vier Generationen. Mein neues Hobby ist Fotografieren. Es sind mir bereits einige gute Bilder gelungen.
Eigentlich würde ich es hier noch gut ein Jahr aushalten, denn es gefällt mir in Korea immer besser und schon habe ich selber die ersten Ansätze von Schlitzaugen! Da ich aber bei einem allzu langen Aufenthalt in Asien Anpassungsschwierigkeiten an den schweizerischen Arbeitsprozess daheim haben könnte, muss ich wohl oder übel langsam an die Rückkehr denken. Vielleicht ist dies ein Fehler, besonders weil ich bei einem noch längeren Aufenthalt im Fernen Osten noch viele interessante Orte besuchen könnte. Mit 90-prozentiger Sicherheit wird man anfangs Januar 1965 einen traurigen Schweizer das ihm vertraute Korea verlassen sehen können. Auch Japan hätte ich mir eigentlich noch näher ansehen wollen, allerdings werde ich vom 18. bis 25. Dezember nochmals in Tokio sein. Sicher ist nur: Nie mehr werde ich in meinem Leben eine solche einzigartige Gelegenheit haben.

Es geht dem Ende meiner Mission zu – wichtiger Besuch im Swiss Camp

Brief vom 27. November 1964 an meinen Vater (20. Brief):

Bereits habe ich meine zwei Offizierskoffer gepackt und bin schon irgendwie in Aufbruchstimmung. Allerdings kann ich über die Südostasienroute nur sehr wenig Gepäck mitnehmen (20 kg). In ungefähr vier Monaten sollte dann der Rest meiner Siebensachen ebenfalls zurück in der Schweiz sein. Vielleicht ist es ein Fehler, dass ich schon jetzt Korea verlasse, aber auf der andern Seite sehe ich auch ein, dass ich wieder etwas für meine Karriere tun sollte. Da ich noch mehr von Japan sehen möchte, habe ich im Sinn, noch circa eine Woche in Japan zu verweilen, ehe ich mich zu meinen Freunden auf den Philippinen begebe. Allerdings ist noch unklar, ob ich ein Visum für die Philippinen erhalte, da ich auf der amerikanischen Clark AFB landen muss und die Militärangehörigen diese Base gar nicht verlassen dürften. Meine Heimreise dürfte circa vier Wochen in Anspruch nehmen. Das Abreisedatum von Panmunjom sollte um den 3. Januar 1965 herum sein. Da ich nicht genau weiß, wie teuer mich die lange Rückreise zu stehen kommt, wäre ich Dir sehr dankbar, wenn Du mir sofort an meine hiesige Adresse einen Scheck von USD 350 bis 400 übermitteln könntest. In Seoul gibt es auf der amerikanischen Base eine „Bank of America", wo ich den Scheck einlösen kann.
Dr. W. Staehelin (Staehelin & Giezendanner, Bleicherweg 5, Zürich 1) hat mir wieder geschrieben, aber ich habe ihm nur erklärt, dass ich mich dann im Februar 1965 mit ihm in Verbindung setzen werde. Was ich wirklich bei meiner Rückkehr unternehmen werde, ist mir selber noch nicht klar. Grundsätzlich hätte ich

nichts dagegen, nochmals für ein Jahr zu studieren, nur sollte ich dann sicher sein, dass es sich wirklich lohnt. Dieses Problem ist aber recht kompliziert und eignet sich nicht für einen Briefwechsel. In jedem Fall wird es mir schwerfallen, mich wieder an einen schäbigen oder gar keinen Lohn zu gewöhnen, nachdem ich hier – wenn man das Gratisessen, Gratiswäsche und Gratisunterkunft rechnet – weit über CHF 3'000 monatlich verdient habe und dazu noch ein spannendes Leben geführt habe. Ich hatte ja wirklich Mühe, mich schon jetzt zu einer Rückkehr in die Schweiz zu entschließen.

Ich hoffe, dass Du bei guter Gesundheit bist. Über die Kreditrestriktionen und ihre Folgen habe ich nun inzwischen auch einiges in den Schweizer Zeitungen gelesen. Ursi (meine kleine, um 20 Jahre jüngere Schwester) hat mir reizende Briefe geschrieben. Solche Briefe zu erhalten ist eine wahre Freude, da sie voller Lebensfreude und Optimismus sind.

Kürzlich besuchte der ehemalige deutsche Verteidigungsminister Strauss Panmunjom und hielt sich anschließend für 40 Minuten in unserem Club auf. Der Oberst und ich waren Gastgeber. Südkorea versucht von Deutschland Kredite und andere Hilfe zu erhalten. Gegenwärtig bin ich der Leiter unserer Delegation, da sich Botschaftsrat Geiser auf dem Heimweg in die Schweiz und Oberst Trudel sich auf einer Japanreise befindet. In meiner Funktion als „acting head of mission" saß ich gestern Abend bei einer Einladung zu einem Nachtessen in Kaesong (Nordkorea) am Tisch der Generäle und für einmal nicht bei den „small potatoes". Allerdings wurden eher banale Gespräche geführt.

Im Swiss Camp hatten wir immer wieder prominente Besucher: Parlamentarier, hohe Regierungsvertreter und natürlich hohe Militärs aus aller Herren Länder, vor allem aus dem Westen. In starker

Erinnerung ist mir jedoch nur der Besuch von Franz Josef Strauß (1915 bis 1988) geblieben. Dieser sehr eindrückliche, hochintelligente Politiker war mehrmals Bundesminister. So 1962 Bundesminister für die Verteidigung und von 1966 bis 1969 Bundesminister für die Finanzen. Von 1978 bis zu seinem Tod 1988 amtierte er als Ministerpräsident des Freistaates Bayern. Er war einer der Hauptinitiatoren für die Gründung von Airbus. Strauß war ein begabter Redner und seine Debattenbeiträge im Deutschen Bundestag waren so berühmt wie berüchtigt.

Zuerst nahm der etwas korpulente Franz Josef Strauß mit Oberst Trudel und mir das Frühstück im Swiss Camp ein. Danach durfte ich ihn im leichten Schneegestöber in der DMZ herumführen. Dabei sah er auch die vielen klein gewachsenen nordkoreanischen Wachen in ihrer Winterausrüstung. Er regte sich beim Anblick der nordkoreanischen Kommunisten richtig auf. Im Gesicht vor Wut errötend, sagte er zu mir wörtlich: „Wir sollten uns so etwas von diesen Pudelmützen tragenden Affen nicht gefallen lassen!"

Einer der Höhepunkte meiner militärisch-politischen Mission war zweifellos der unerwartete Aufstieg zum Leiter der schweizerischen NNSC-Delegation, also zur Nummer eins (die Nummer zwei, das heißt „acting alternate" war ich vorher schon einmal während drei oder vier Wochen gewesen). Die temporäre Ernennung als Delegationsleiter ad interim wurde formgerecht allen militärisch relevanten Stellen in Korea schriftlich mitgeteilt. Ich fühlte mich entsprechend stolz und dazu wie ein General, denn schließlich waren die übrigen drei Leiter der NNSC-Generäle (Zweistern-Generäle). Ich freute mich auch, es den benachbarten Schweden einmal zeigen zu können. Diese ärgerten mich manchmal, obschon sie immer freundlich und korrekt auftraten. Sie hegten nämlich als königliches Berufsmilitär tief im Herzen uns gegenüber einen Dünkel und schauten etwas auf die tiefen Grade der schweizerischen Leutnants und Oberleutnants herab. Überdies hatten wir nicht einmal einen König, auf dessen Wohl nach dem Essen, stehend mit gestrecktem Rücken und das Glas in der rechten Hand mit horizontal angewinkeltem Arm, ein strammer Trinkspruch zelebriert werden konnte. Ich nahm deshalb alle Möglichkeiten sofort wahr, durch äußerliche Merkmale meinen neuen Status den Schweden gegenüber zu demonstrieren. So ließ ich mich zu ihrer Überraschung bereits beim ersten Essen in der Generalsmesse vis-à-vis dem schwedischen General Ingemar Bratt und seinem Stellvertreter nieder. Somit saß ich zwei Wochen lang nicht mehr in der Mess Hall an einem Tisch mit den schweizerischen und schwedischen „small potatoes". Die Schweden und Schweizer hatten je einen separaten Tisch im gleichen Raum der Mess Hall. Dieser Raum war für diejenigen Mitglieder bestimmt, die nicht General oder Alternate waren und deshalb nicht in der sich in einem separaten Raum daneben befindlichen Generalsmesse tafeln durften.

Im Motor Pool der Joint Security Area standen für die Delegation Limousinen der Marken Plymouth und Ford zur Verfügung (für spezielle Fahrten auch Jeeps). Die vornehmeren Plymouth waren mit einer kleinen Fahnenstange am rechten Kotflügel ausgerüstet und auschließlich dem Delegationsleiter sowie dem Alternate der Schweizer und der Schweden vorbehalten. Wenn unser Chef im Auto saß, dann flatterte die Schweizer Flagge am rechten Kotflügel und das Schildchen mit zwei Sternen, dem Symbol für den Grad eines Major Generals, war vorne am Kühler für alle deutlich sichtbar angebracht. Für die übrigen Missionsmitglieder standen die Limousinen der Marke Ford zur Verfügung, wobei am Kühler das Schweizerkreuz oder das schwedische königliche Wappen (je nach Staatszugehörigkeit des Passagiers) eingesetzt war.

Der Leser hat es sicher bereits erraten: In diesen zwei Wochen bestellte ich mir für Fahrten jeweils einen feineren Plymouth, wobei ich selbstverständlich die Insignien eines Generals nicht an den Wagen heften durfte. Bei den Verhandlungen in der JSA konnte ich jetzt am Tisch mit den drei Generälen der Tschechoslowakei, Polen und Schweden und deren Stellvertretern Platz nehmen. Meine diesbezügliche kindliche Freude daran scheint trivial, ist aber aufgrund der strengen militärischen Hierarchie in solchen Angelegenheiten einigermaßen nachvollziehbar und verständlich.

In meinem jugendlichen Übereifer, bedingt dadurch, dass ich im Alter von achtundzwanzig Jahren bereits auf der Stufe eines Generals mit andern militärischen Stellen verkehren durfte, fand ich dann, dass ich berechtigt sei, auch an der Organisation der schweizerischen Koreadelegation etwas zu ändern, und verstieg mich dazu, dem Eidgenössischen Außenministerium einen entsprechenden Vorschlag zu unterbreiten. Unglaublich schnell kam die Antwort zurück, dass die ganze heikle Organisation in Panmunjom wie eine mit Steinen in den Bergen aufgeschichtete Mauer sei: Werde irgendwo ein Stein aus dem ganzen Gefüge herausgezogen, so falle die ganze Steinmauer gleich ein. Nach dieser Antwort wurde mir klar, dass der Dienst im diplomatischen Korps als eine meiner zukünftigen Berufsoptionen nach der Rückkehr in die Schweiz für mich nicht mehr infrage kommen würde.

Abschiedsparty

Als ich am 5. Dezember 1964 in Seoul im Hauptquartier der 8. amerikanischen Armee für meine offizielle Abschiedsparty ankam, wurde gerade – wie jeden Tag bei Sonnenuntergang – am Eingang zum Compound die amerikanische Flagge eingezogen. Alle amerikanischen Fahrzeuge, die sich in der Nähe befanden, standen still, und die Fahrer sowie Passagiere stiegen rasch aus, standen stramm und salutierten in Richtung der Flagge. An dieses Zeremoniell hatte ich mich schon gewöhnt. Es wurde auch von den schweizerischen Wehrmännern erwartet, dass sie bei solchen Gelegenheiten ebenfalls stehend in Richtung der amerikanischen Fahne salutierten. Dies fiel mir nicht schwer, waren wir doch so viel mit amerikanischen Armeeangehörigen zusammen, dass ich manchmal selber glaubte, dieser Armee anzugehören.

In einer gediegenen Feier mit über fünfzig Gästen wurde ich offiziell als „Merry Mad Monk of the DMZ" militärisch verabschiedet. Der Senior Monk, Paul P. Blackburn, Jr., Rear Admiral, US Navy, hielt eine humorvolle Ansprache und überreichte mir persönlich am Schluss seiner Rede eine Urkunde mit folgendem Inhalt:

AWARD OF THE ORDER OF APOCRYPHA with PANMUNJOM PENDANT

To all those to whom these presents may come, GREETINGS. Know ye that
FIRST LIEUTENANT DERRICK WIDMER, Swiss Army
Has served with singular fortitude in remote Panmunjom and in sundry places in Korea as well as the adjacent lands and countries as
Secretary, Swiss Delegation, Neutral Nations Supervisory Commission from 25 April 1964 to 3 January 1965
Whereas he now shows reasonable indication of regaining his former sanity and composure
And whereas he has endured the vagaries of the elements, in hazards of the road between Seoul and Panmunjom and on occasion the blending process of an army helicopter

*And whereas he has, further, mastered the subtle art of Kisaeng cultivation acquiring in transit an acute appreciation for Kimchi cuisine and Korean culture
And whereas he has maintained with distinction the secret rites and shrouded traditions
incumbent upon those special personages of our glorious and sacrificial mendicant order,
We, therefore, in recognition of his superlative service which reflects great credit upon him, his Service and his Country, not to mention his ancestors, progeny, kith, kin and what-have-you, have conferred upon him the Order of Apocrypha with Panmunjom
Pendant and have nominated, dessicated and in fullest desolation, inaugurated him Inamoratos Cum Laude in the Evaluated Degree of*

**WHAT THIS HAS PREPARED HIM FOR,
HE'S NOT SURE HE CAN REMEMBER
BUT WILL ADMIT HE'S HAD A BALL,
FOR TWO WEEKS WAS EVEN SWISS MEMBER.**

Without further ceremony we have this 5th day of December in the Year of the Dragon 4297 place his name on the inactive rolls of the MERRY MAD MONKS OF THE DMZ.

In witness whereof I have had placed the Seal of the Merry Mad Monks of the DMZ

*Paul P. Blackburn, Jr.
Rear Admiral, U.S. Navy
Senior Monk*

Es sei noch angemerkt, dass Admiral Blackburn im folgenden Jahr zum „Commander of the 7th fleet" ernannt wurde.

Am 11. Dezember 1964 schrieb ich meiner Mutter (21. Brief):

```
Damit Du es nun auch wirklich glaubst, dass ich mich
durchgerungen habe, meinem bisherigen Wunder- und
Wanderleben ein Ende zu setzen, sende ich Dir meine
```

Travel Orders als Beilage (Travel Orders sind gewissermaßen das Flugbillett in der amerikanischen Armee). Die Amerikaner sind ja wirklich unwahrscheinlich großzügig: Die ganze Heimreise, mit genau den von mir gewünschten Zwischenstationen, ist gratis! Allerdings fliege ich dann von Thailand nach Kambodscha zurück, um die berühmte Kulturstätte von Angkor Wat zu sehen, was so ziemlich das Großartigste in Südostasien sein muss. Diese Strecke muss ich natürlich aus eigenem Sack berappen. Die Amerikaner hätten mir vielleicht noch zusätzliche Zwischenstopps bewilligt, aber ich finde, lieber nur relativ wenige Zwischenhalte, dafür sich aber auf die Sehenswürdigkeiten jedes Landes gut vorbereiten und dann diese mit Muße betrachten. Das Geld wird dann auch so ohnehin langsam ausgehen. Ich hoffe sehr, dass Papi mir noch rechtzeitig genügend Geld für die Heimreise von meinem Konto in der Schweiz schicken kann, weil mich diese jetzt teurer als ursprünglich vorgesehen zu stehen kommen wird, da die vielen Sehenswürdigkeiten nicht gratis sein werden. Mit meinem Koreajob habe ich fast unverdientes Glück gehabt. Ich hätte mir nie träumen lassen, dass dies eine so großartige Sache sein wird. Ich hoffe, dass Ihr inzwischen aus meinen, zum Teil leider schlechten Fotos ein recht gutes Bild erhalten habt, wie es hier so aussieht. Hoffentlich habt Ihr alle meine Sendungen erhalten, die ich fortlaufend nummeriert habe. Nächsten Freitag gehe ich als Kurier nochmals nach Japan und kehre am 25. Dezember von Tokio nach Korea zurück. Klappt alles, so werde ich ebenfalls am 25. Dezember, also am gleichen Tag um 23 Uhr bereits wieder nach Tokio zurückfliegen, um den neuen Chef, Botschaftsrat Luy, dort abzuholen. Da ich gemäß den Travel Orders am 3. Januar 1965 Korea bereits verlassen muss (eine andere Lösung gibt es jetzt nicht mehr. Mit andern Worten: Ich habe mich den Ratschlägen meiner Eltern

gebeugt!), werde ich aller Voraussicht nach noch drei bis vier Tage in Korea verbringen und danach noch ein paar Tage bei Yoshi in Tokio sein, um anschließend zu den Philippinen weiterzusegeln, wo man mich bereits erwartet.
Immer noch haben wir fabelhaftes Wetter in Korea: blauer Himmel und Sonnenschein, allerdings weht von der Mandschurei her ein kalter Wind. Ich hoffe, dass ich eines Tages in der Schweiz wieder so einen Wunderposten finde und dann nochmals auf die Wanderschaft gehen kann. Gegenwärtig bin ich hier immer noch der Chef der Schweizer Delegation, da Oberst Trudel erst am Montag von seiner Japanreise zurückkommt. Gegenwärtig versehe ich hier vier Funktionen gleichzeitig, und zwar infolge Abwesenheit von vier Delegationsmitgliedern: Assistent, Sekretär, Alternate (Oberst) und Delegationschef (General).
Bei offiziellen Einladungen werde ich meiner Funktion entsprechend auch platziert, das heißt, ich sitze neben den Generälen, was für einen simplen Oberleutnant einen raschen hierarchischen Aufstieg bedeutet. Mein alter Chef, Botschaftsrat Geiser, mit dem ich hie und da etwas Mühe hatte, ruft Euch möglicherweise in Bern einmal an. Er wohnt nämlich privat mit seiner Familie nur fünf Minuten von uns entfernt.

Am 14. Dezember 1964 sandte ich meinem Vater ein Telegramm (22. Brief):

0855 panmunjom/buelachradio 5297303400 dollar check erhalten stopp vielen dank stopp vollmacht sende ich noch heute zurück stopp herzlichste gratulationen zu deinem erfolg an der weihnachtsausstellung

Ebenfalls am 14. Dezember 1964 schrieb ich meinem Vater (23. Brief):

Vorerst möchte ich Dir nochmals sehr herzlich zu Deinem fantastischen Erfolg an der Weihnachtsausstellung in Bern gratulieren. Max hat mir gestern bereits davon erzählt. Doch habe ich nie auch nur im Schlaf davon geträumt, dass nun eine Deiner schönen Zeichnungen in der Berner Kunsthalle ausgestellt werden würde, da ich mir einfach nicht vorstellen konnte, dass dort ein Außenseiter zugelassen würde. Ich habe das mir zugestellte Foto der Zeichnung mit dem Jauchewagen unserem Koch, Paul Oberli, der auf dem Land aufgewachsen ist, gezeigt. Dieser sagte mir, beim Betrachten Deiner Zeichnung könne man die Jauche noch förmlich riechen! Vielen Dank für den Brief und die Kopie der Zeichnung.

Das Bild, das mein Vater gemalt hat

Nochmals als Kurier in Tokio

Die Zeit zwischen der Abgabe und dem Abholen der Kurierpost auf der schweizerischen Botschaft nutzte ich für eine Exkursion nach Kyoto aus. Dabei benützte ich den eben erst neu erbauten Tokaido Shinkansen (Bullet Train). Dieser verband damals Tokio, Nagoya, Kyoto und Osaka. Als ich im Bahnhof in Tokio auf den Zug wartete, fiel mir als Erstes auf, dass der Zugwagen haargenau dort anhielt, wo ich auf meinen nummerierten Waggon mit dem reservierten Platz wartete. Am Boden war sogar der Ort der Einstiegstüre meines Zugabteils angeschrieben beziehungsweise eingezeichnet. Der Service, die Sauberkeit und die Pünktlichkeit der japanischen „Bullet Trains" sind international konkurrenzlos. Sämtliche Shinkansen-Züge haben heute pro Tag zusammengerechnet nur mehr als fünf Minuten Verspätung. Hat ein Lokführer mehr als fünfzehn Sekunden Verspätung, so hat er dies schriftlich zu verantworten. In jedem Wagen des Zugs hatte es wie in einem Auto ein rundes Instrument, auf dem man die Geschwindigkeit direkt ablesen konnte. Ich war einfach begeistert, starrte gebannt auf den Geschwindigkeitsanzeiger und fühlte mich in dieser Bahn so richtig wohl. Schon damals erreichten jene Züge eine Höchstgeschwindigkeit von etwas mehr als 200 km/h (heute sind sie viel schneller geworden). Der Erfolg des Shinkansen strahlte auf viele Staaten Europas und später auch auf China ab (heute bereits Weltführer mit 6'552 Kilometer Schienen für Hochgeschwindigkeitszüge) und trieb in diesen Ländern die Pläne zur Modernisierung des im Vergleich zu Japans Shinkansen sehr viel älteren Schienennetzes voran.

Kyoto liegt etwa 400 Kilometer südwestlich von Tokio auf der Hauptinsel Honshu und etwa 40 Kilometer von Osaka entfernt. Im Zweiten Weltkrieg wurde Kyoto – im Gegensatz zu den meisten anderen Großstädten – von den Bombardierungen verschont. Dadurch ist es eine der am besten erhaltenen Städte Japans.

Im Jahr 794 n. Chr. beschloss der Kaiser Kammu, die Hauptstadt Japans von Nara nach Kyoto zu verlegen. Für mehr als 1000 Jahre blieb Kyoto die Hauptstadt und erst im Jahr 1869 beschloss der siebzehnjährige Kaiser Meiji, die Hauptstadt von Kyoto nach Tokio zu verlegen. Eine ganze Reihe der berühmtesten antiken Tempelanlagen Japans befinden sich in Kyoto und viele davon wurden von der UNESCO zum Weltkulturerbe ernannt. Diese traditionsreiche Stadt mit mehr als 2'200 Tempeln und Schreinen ist auch das Zentrum der Tee-Zeremonie und des Ikebana (die japanische Kunst des Blumenarrangierens) sowie die Geburtsstätte der klassischen japanischen Theaterkünste (No-Theater und Kabuki). Die Schönheit der Tempel und Schreine war überwältigend. Für die überaus eindrückliche Besichtigung der wichtigsten Sehenswürdigkeiten der alten Kaiserstadt standen mir leider nur zwei Tage zur Verfügung.

Der weltberühmte amerikanische Architekt Frank Lloyd Wright (dessen Werke ich in Amerika 1963 kennen- und schätzen lernte) kam erstmals auf der Century-of-Progress-Ausstellung in Chicago 1893 mit der japanischen Architektur in Berührung und er beeinflusste später, aufgrund seines tiefen Verständnisses der traditionellen japanischen Ästhetik, viele Designer und Architekten der modernen Bewegung auch in Europa. Ich war auch von den traditionellen japanischen Gärten, den Farbholzschnitten (ich konnte damals einige kaufen), den Lackarbeiten und der Schönheit der Kimonos beeindruckt. Die 1950er-Jahre gelten als die Geburtsstunde des japanischen Designs, die Wurzeln dieser Ästhetik reichen aber Jahrhunderte zurück.

Als ich 1984 auf einer Geschäftsreise in Japan weilte, musste ich für den bekannten Schweizer Eisenplastiker Bernhard Luginbühl (er nahm mit dem Künstler Jean Tinguely 1967 in Osaka an der Weltausstellung teil) japanische Küchenmesser kaufen und ihm diese in die Schweiz bringen. Im Hotel ließ ich mir zuerst auf Japanisch den Namen „traditionelle Küchenmesser" auf einen Zettel schreiben und damit begab ich mich in ein großes Warenhaus in Tokio. Ich war von der ästhetischen Form dieser großen Küchenmesser so begeistert, dass ich für meine Frau auch noch vier zusätzliche scharfe Messer in verschiedenen Formen kaufte. Sie funktionieren noch heute und ihre Form erfreut meine Frau und mich immer wieder.

Für mich war Isamu Noguchi, ein japanisch-amerikanischer Bildhauer und Designer (1904–988), dessen ästhetische Kunst mit schönen Plastiken, Möbeln und Lampen mir schon immer imponiert hatte, viel mehr als nur japanische Kunst im Westen. Sein Umgang mit Landschaft und Garten als räumliche Kunstwerke und seine strengen, minimalistischen Skulpturen und Gärten sind meines Erachtens eine direkte Fortsetzung der jahrhundertealten japanischen Kultur.

Ich übernachtete in einem traditionellen japanischen Gasthof (Ryokan). Nach der Begrüßung durch die Besitzerin des Hotels musste ich die Straßenschuhe gegen bereitstehende Pantoffeln eintauschen. Diese müssen beim Betreten des mit Tatami-Matten (Schlafmatten aus Reisstroh) ausgelegten Zimmers vor der Schiebetür stehen gelassen werden. Die Möblierung ist schlicht und ein Bett gibt es nicht. Übernachtet wird auf traditionellen Futon-Matratzen. Diese werden für den Gast von einem Dienstmädchen, zusammen mit dem dazugehörigen Schlafzeug, abends ausgebreitet. Anders als in westlichen Hotels ist das gemeinschaftlich genutzte Bad. Dieses setzt voraus, dass man sich vor dem Bad gründlich reinigt oder reinigen lässt und dann das Bad mehr zur Entspannung benutzt.

Da es zu meiner Überraschung von Tokio aus um die Weihnachtszeit herum keinen geeigneten Flug nach Seoul zurück gab, verbrachte ich wohl oder übel die Weihnachten mit einem doppelten Whisky neben dem mit farbigen elektrischen Lämpchen beleuchteten Tannenbaum in der Lobby des fast leeren amerikanischen Militärhotels in Tokio. Diese Stadt war in der vorweihnachtlichen Zeit gleich intensiv mit elektrischen Kerzen und farbig beleuchteten Tannenbäumen geschmückt, wie ich dies noch von meiner Zeit in Chicago 1962/63 her kannte. In den Warenhäusern ertönten die bekannten amerikanischen Weihnachtsmelodien wie „Jingle Bells". Und doch ist Japan kein christliches Land, dafür sehr geschäftstüchtig und anpassungsfähig. Ich war froh, dass das Flugzeug am 25. Dezember Tokio in Richtung Korea verließ und ich in Seoul meine Kuriermappe mit der vertraulichen Post aus der Schweiz WO Ernst Dinkel überreichen konnte. Einige Stunden später war ich bereits wieder in der Luft, um in Tokio noch rechtzeitig Botschaftsrat Marcel Luy, den neuen Delegationsleiter, abholen zu können.

Der Autor bei seinem zweiten Einsatz als Kurier in Tokio

Weihnachten in Panmunjom und Tokio

Max Rüegger hat in seinen Erinnerungen eines Koreafunkers die Weihnachtsfeier in Panmunjom wie folgt beschrieben:
„*Ein weiterer Höhepunkt im Jahr der Schweizer Delegation NNSC war Weihnachten. Es war die Zeit, in der wir am intensivsten an unsere Angehörigen zu Hause dachten.*

Das Büro des Chefs des Personellen der Armee gab allen Angehörigen von Delegationsmitgliedern die Gelegenheit, bis zu einem bestimmten Zeitpunkt Weihnachtsgeschenke für ihre Lieben in Panmunjom einzusenden. Diese wurden dann ergänzt durch offizielle Weihnachtsgeschenke des Büros des Personellen der Armee. Die ganze Ladung wurde dann als Sammelsendung nach Panmunjom geschickt und traf denn auch pünktlich bei uns ein.

Es galt das ungeschriebene Gesetz,, dass an Weihnachten alle Delegationsmitglieder in Panmunjom anwesend sein mussten, und wir feierten auch am 24. Dezember 1964 gemeinsam Soldaten-Weihnacht in Panmunjom.

Paul Oberli besorgte einen Christbaum und der Swiss Club wurde festlich geschmückt. Wir nahmen alle in der Mess Hall ein festliches Nachtessen ein. Anschließend wurden, wie es sich gehört, beim Christbaum die Kerzen angezündet und Weihnachtslieder gesungen. Es wurden auch Geschenke (Päckli) verteilt und jeder öffnete sein Päckli, las die Begleitbriefe und war in Gedanken bei seinen Angehörigen zu Hause.

Später am Abend traf dann plötzlich noch ein Autobus in unserem Camp ein. Dem entstiegen amerikanische Armeeangehörige, die sich zu einem Chor zusammengeschlossen hatten. Sie nannten sich die ‚Christmas Carol Singers'. Sie fuhren von Camp zu Camp und gaben amerikanische Weihnachtslieder zum Besten. Die Sänger hatten auch das Swiss und Swedish Camp in Panmunjom nicht vergessen und brachten zuerst uns Schweizern und anschließend unseren schwedischen Kollegen ein Ständchen."

In Tokio holte ich programmgemäß Maj Gen Marcel Luy auf der Tachikawa AFB ab und verbrachte als „Fremdenführer" zwei Tage mit ihm in dieser Stadt und der näheren Umgebung. Als wir nach Seoul weiterfliegen wollten, war zu unserem großen Ärgernis die Militärmaschine bereits voll und total ausgebucht. Aber einem General ließ man selbstverständlich den Vortritt und die Reservation eines anderen gebuchten Passagiers wurde einfach gestrichen. Da ich mittlerweile wieder in die Kategorie „small potatoes" gefallen war, musste ich als Adjutant des schweizerischen Generals mit niedrigem Dienstgrad in Tokio zurückbleiben. Da ich ohnehin Weihnachten in Panmunjom verpasst hatte, nahm ich diesen unangenehmen Vorfall vorerst nicht weiter tragisch und ließ mich ins amerikanische Armee-Hotel zurückchauffieren. Im Hotel hatte es kaum noch Gäste. Doch in der Bar im ersten Stock, wo ich mich nach der großen Enttäuschung, es nicht mehr auf den Flug nach Seoul geschafft zu haben, gemütlich zu einem Glas mit beruhigendem Saft niederließ, hielten sich zwei junge gelangweilte Leutnants des Marine Corps auf, welche sich kräftig dem Trinken widmeten und dabei ständig zu mir hinüberblickten. Da ich für diese beiden in meiner fremdländischen Uniform offenbar provozierend wirkte, realisierte ich plötzlich, dass sie mit wildem Blick auf mich zurannten und mich verprügeln wollten. Blitzschnell gelang es mir, einen Stock tiefer durch die Ausgangstüre ins Freie zu flüchten, mich unter das abendliche Gewimmel der japanischen Fußgänger zu mischen und mich so in Sicherheit zu bringen.

Als ich wieder im Hotel war, stellte sich beim Telefonieren mit MATS dann leider heraus, dass infolge der bevorstehenden Festtage eine ganze Woche lang kein amerikanisches Militärflugzeug mit Ziel Seoul unterwegs sein würde. Da ich unbedingt an einer großen Jahresendfeier mit meinen vielen Bekannten auf der Militärbasis in Seoul am großen Silvesterabend teilnehmen wollte, wurde ich zusehends nervöser. Als die Zeit allmählich knapp wurde, wandte ich mich schließlich an das MATS-Büro und lief dort Sturm. Ich versuchte einfach alles, auch das scheinbar Unmögliche: Nach stundenlangem Hin- und Hertelefonieren und dem Einholen einer Spezialbewilligung gelang es mir, eine Reservation auf einem Kampfjet mit Doppelsitz als Passagier zu erhalten. Ich atmete tief auf und freute mich auf ein neues und zudem auch noch spektakuläres Abenteuer. Nur zwei Stunden später erhielt ich einen Telefonanruf der MATS, dass ich mit einer zivilen amerikanischen Airline am folgenden Tag (am 31. Dezember 1964) in aller Frühe zurückfliegen könne. Die Welt war wieder in Ordnung. Das große Fest am Silvesterabend in der Yongsan Garrison in Seoul mit vielen Freunden, Bekannten und attraktiven amerikanischen und koreanischen Teilnehmerinnen war ein unvergessliches Erlebnis. Mein hartnäckiger Kampf in Tokio zum Ergattern eines letzten Platzes auf dem einzigen Flug in dieser Woche nach Seoul hatte sich gelohnt.

Am Montag, 4. Januar 1965, flog ich mit einem weinenden und einem lachenden Auge vom Flughafen in Seoul ab. Ich wusste, dass jetzt die Zelte abgebrochen waren und die einmaligen Zeiten eines reichen und abenteuerlichen Lebens im Fernen Osten definitiv vorbei waren. Ich wusste, dass ich jetzt nichts anderes tun konnte, als mich positiv auf die lange Rückreise und meine weitere berufliche Zukunft einzustellen.

Einer Bekannten in der Schweiz schrieb ich am 6. Januar 1965 aus Tokio (24. Brief):

Am 4. Januar habe ich mich schweren Herzens von meinem geliebten Korea verabschiedet und am 5. Januar um 3 Uhr landete ich nach einem tiefen Schlummer, bedingt durch die fast nicht enden wollenden Abschiedstrünke, in Tachikawa, dem amerikanischen Militärflugplatz. Am 8. Januar geht es weiter auf die Philippinen, wo ich bei Freunden ungefähr eine Woche verbleiben werde. Von dort geht es dann mit kurzen Zwischenstopps von zwei bis vier Tagen via Bangkok, New Delhi, Teheran, Kairo und Athen meinem Geburtsort entgegen. Ich freue mich besonders auf Südostasien. Heute Morgen hat es in Tokio leicht geschneit, aber der Schnee vergeht hier stets im Verlaufe des Tages. Morgen holt mich ein Freund meines Bruders ab. Es handelt sich um einen Japaner, den er diesen Sommer in Cambridge kennenlernte und der auch bei ihm in Bern war. Dieser Yoshi will mir die sehr interessante Gegend von Kamakura zeigen. Allerdings habe ich schon so viele Tempel und Buddhas gesehen, dass ich diesbezüglich schon etwas gesättigt bin. Dieser Zustand der kulturellen Sättigung äußert sich darin, dass ich bereits wieder auf die Stufe des passiven

Kinozuschauers heruntergesunken bin: In Tokio habe ich mir drei westliche Filme angesehen. Wenn man vom armen Korea ins supermoderne Tokio kommt, fühlt man sich schon halbwegs zu Hause, zumindest in der westlichen Hemisphäre. So, wie sich der kleine Moritz in der Schweiz Japan vorstellt (ich gehörte vor einem Jahr auch noch zu diesen Moritzen), ist vielleicht nur noch Korea. Immerhin, am 5. Januar 1965 sah ich in den Straßen von Tokio sehr viele Damen, die den wunderschönen und eleganten Kimono trugen. Einen Moment lang glaubte ich in einem alten japanischen Film zu sein. An Neujahr trägt jede japanische Frau einen Kimono.

Die japanischen Umgangsformen, das Lächeln, das Sichverbeugen bei der Begrüßung und Verabschiedung, die Hilfsbereitschaft und Zuvorkommenheit in den Geschäften – wie generell die asiatische Freundlichkeit – vermag im Westen gleichermaßen zu faszinieren wie auch zu irritieren. Allerdings erlebte ich bei meinen im Brief an meine Eltern erwähnten Kinobesuchen die Japaner beim Ergattern von guten Plätzen im Kino als äußerst aggressiv. Dies ist offenbar die Kehrseite der scheinbaren lächelnden Sanftmut und Friedfertigkeit.

Japan wurde in den Jahren nach 1964 wirtschaftlich immer bedeutender und, am Bruttosozialprodukt gemessen, die zweitgrößte Volkswirtschaft der Welt. In den 1980er-Jahren war Japan in aller Munde und es schien, als ob der wirtschaftliche Aufstieg noch Jahrzehnte fortdauern würde und Japan sich zu einer die Welt beherrschenden Wirtschaftsmacht entwickeln würde. Am Ende der 1980er-Jahre war die Börsenkapitalisierung der Börse von Tokio gleich groß wie diejenige von New York – und von den zehn größten Banken der Welt waren acht japanische. Das Gespenst der „gelben Gefahr" kam in der westlichen Welt wieder auf.

Seit Nippons Wirtschaftswunder 1989 jäh endete – die damalige „bubble economy" platzte –, hat das Land einen wirtschaftlichen Spitzen-Player nach dem andern verloren. Sony ist heute nur noch ein Elektronikhersteller unter vielen. Toshiba, einst Branchenführer bei Laptops, ist zu einer Durchschnittsmarke verkommen. Die ehemals stolze nationale Fluggesellschaft JAL musste Konkurs anmelden. Die Pro-Kopf-Verschuldung ist doppelt so hoch wie diejenige der USA. Im Jahr 2010 werden die Chinesen die Japaner als zweitgrößte Wirtschaftsmacht überholen (vgl. Neue Zürcher Zeitung am Sonntag, 7.1.2010).

Bemerkungen über die großen Veränderungen in der Welt seit 1964

Der Kalte Krieg ist seit 1991 endgültig zu Ende. Der Kollaps der Sowjetunion hatte auch in Asien weitreichende Folgen: Die Sowjetunion verlor eine ungeheure Landmasse und es entstanden fünf neue unabhängige Zentralasiatische Republiken, nämlich Usbekistan, Tadschikistan, Kasachstan (so groß wie ganz Westeuropa), Turkmenistan und Kirgistan.

Bereits am 9. November 1989 war die Mauer in Berlin gefallen. Ost- und Westberliner tanzten gemeinsam, sangen und jubelten die ganze Nacht hindurch. Bald hörte Ostdeutschland auf zu existieren und war somit nur noch Geschichte. Der Fall der Mauer hatte symbolischen Wert, das Ende der Konfrontation Ost-West markierte somit den Übergang in ein neues Zeitalter. Auf einmal standen sich an der deutsch-deutschen Grenze nicht mehr zwei Weltsysteme gegenüber. Die Grenze zwischen zwei Militärblöcken und zwischen Kapitalismus und Sozialismus war verschwunden. Die Menschheit hatte große Hoffnungen auf eine friedlichere Zukunft der Welt. Schlussendlich gingen mit dem Ende des Kalten Krieges die sowjetisch-amerikanisch dominierte Weltordnung und gleichzeitig die Dominanz der westlichen Zivilisation zu Ende. Einzig am 38. Breitengrad ist eine Art Überbleibsel, eine letzte Tragödie dieser Zeitepoche, noch heute vorhanden, obschon die beiden dominierenden feindlichen Blöcke seit fast zwei Jahrzehnten nicht mehr existieren.

Nach 9/11 (11. September 2001) sprach Präsident George W. Bush von der „Achse des Bösen" und den entsprechenden „Schurkenstaaten". Offensichtlich war die Zeit der großen Hoffnung auf eine friedlichere Welt plötzlich nicht mehr vorhanden. Das Böse war gewissermaßen wieder auferstanden. Neue große und verlustreiche Kriege begannen im Irak und in Afghanistan.

China, als eine der drei größten Wirtschaftsmächte der Welt, bezeichnet sich immer noch als ein kommunistisches Land, befolgt aber mit großem Erfolg die wirtschaftlichen Rezepte der freien Marktwirtschaft und ist eindeutig kein stalinistisches Land mehr. Anders als bei den Nordkoreanern sind die Freiheitsrechte des Einzelnen größer geworden, auch wenn noch heute keine Opposition zugelassen, die Menschenrechte verletzt werden und die Presse nach wie vor kontrolliert wird. Mao hatte im Koreakrieg Nordkorea mit riesigen Truppenkontingenten vor einer drohenden Niederlage gerettet. China gilt noch heute als die wichtigste wirtschaftliche Stütze des in kommunistischer Planwirtschaft verharrenden und verarmten Landes mit seinem umstrittenen Regime. Heute fürchtet sich Peking nicht vor den Atombomben Nordkoreas, sondern vor allfälligen politischen Spannungen in diesem Land, die einen möglichen Sturz des nordkoreanischen Regimes auslösen und dadurch zu einer Massenflucht nach China führen könnten.

Wie in einem Artikel von Peter A. Fischer in der Neuen Zürcher Zeitung vom 6. Januar 2010 dargelegt wird, geht es den USA vor allem um eine atomare Abrüstung (Denuklearisierung) Nordkoreas. Doch eine wirkliche Einigung oder gar Wiedervereinigung der beiden Koreas könnte Washington in eine unangenehme Lage bringen, wenn dadurch seine Truppenpräsenz in Südkorea und vor allem in Japan infrage gestellt würde. Dies ist zur Sicherung des amerikanischen Machtanspruchs im Pazifik von Bedeutung. Japan wiederum dürfte gemäß diesem Artikel wenig Interesse an einem gestärkten koreanischen Konkurrenten haben.

Ich habe bisher die Risiken und Annehmlichkeiten meines Koreaaufenthaltes im Jahre 1964 als Zeitzeuge beschrieben und versucht, die damalige Zeit der 1960er-Jahre in einen größeren weltpolitischen Rahmen zu stellen. Nachdem der Kalte Krieg seit 1991 endlich vorbei ist, drohen meines Erachtens tatsächlich neue Gefahren in den kommenden Jahren: Islam und China. Darüber werde ich einige Meinungen von prominenten Zeitgenossen darlegen:

Zu denken gibt ein Artikel von Jack Goldstone in der einflussreichen Zeitschrift Foreign Affairs (Jan/Feb 2010) zum Thema Islam. Im Jahr 1950 hatten Bangladesch, Ägypten, Indonesien, Nigeria, Pakistan und die Türkei zusammen eine Bevölkerung von 242 Millionen. Bis zum Jahr 2009 hatte sich die Bevölkerung in diesen mehrheitlich muslimischen Ländern auf 886 Millionen erhöht. Es wird geschätzt, dass die Bevölkerung in diesen Ländern bis 2050 um weitere 475 Millionen ansteigen wird. Jack Goldstone erachtet es deshalb als imperativ, dass die Beziehungen zwischen Muslimen und der westlichen Gesellschaft verbessert werden. Dies dürfte nach der Meinung des Autors schwierig sein, da viele Muslime in armen Ländern leben und deshalb radikalen Aufforderungen zugänglich und gegen den Westen eingestellt seien. Der Autor plädiert für die Aufnahme der Türkei in die EU.

Auch Professor Timothy Garton Ash, ein bekannter Historiker von Oxford, plädiert für eine Aufnahme der Türkei in die EU. Die vielen armen Muslime hätten nur ein Ziel, nach Europa auszuwandern. Diese Jugend brauche eine Perspektive im arabischen Raum. Die Europäer seien gut beraten, mit Handel, Hilfsgeldern, kulturellen Beziehungen und People-to-People-Diplomatie die muslimischen Länder zu modernisieren, zu stabilisieren und zu liberalisieren.

Christopher S. Bond und Lewis M. Simons schreiben in einem Artikel der Zeitschrift Foreign Affairs (November/ December 2009):

„America should rather concentrate its efforts in Southeast Asia, an increasing democratic and peaceful region that is also beginning to face the threat of Islamic fundamentalism. The last time Americans took a sober look at Southeast Asia, military helicopters were snatching the last U.S. officials off Saigon rooftops as Vietcong soldiers marched on the panicked capital. Soon after the fall of Saigon, in 1975, Cambodia and Laos were toppled by their own communistic movements. Thailand trembled with the fear of North Vietnamese tanks churning across the Mekong River, and other so-called dominoes shook, too. But the dreaded threat failed to materialize ...

Southeast Asia is home to 250 million Muslims, concentrated in Indonesia, Malaysia, the Philippines, Singapore, and Thailand — the supposed dominoes of the Vietnam era. With the fight against communism now a distant memory, all that Americans seem to care about is fighting Islamic terrorism, not the poverty and corruption that nurture it. "

In einem Gespräch mit dem Schriftsteller Mario Vargas Llosa in der Neuen Zürcher Zeitung vom 28. November 2009 antwortete er auf die Frage, ob mittlerweile nicht überall neue Bedrohungen lauern, wie folgt:

„Ja, aber die Gefahr, die von einer kommunistischen Sowjetunion und China ausging, ist nicht zu vergleichen mit den Gefahren von heute. Der islamische Terrorismus verursacht zwar viele Opfer, viel Leiden und auch viel Zerstörung, aber er kann die demokratische Kultur nicht wirklich gefährden. Er ist ein Anachronismus, er stellt einen so großen Rückschritt dar, dass er keine

realistische Möglichkeit hat, etwas zu erreichen. So gesehen ist die Welt weniger gefährlich als früher, auch wenn es Probleme gibt, mit denen wir leben müssen."

Im neuen Buch von Helmut Schmidt, dem deutschen Alt-Bundeskanzler, eine Bilanz, schreibt der Autor zu dieser Frage unter anderem:
„Es ist sehr viel leichter, mit militärischer Gewalt in ein fremdes Land hineinzugehen, als mit Anstand wieder hinauszukommen, ohne ein Chaos zu hinterlassen. Die USA haben diese Erfahrung in Vietnam gemacht, sie wiederholt sich heute in Irak. Wir machten dieselbe Erfahrung in Bosnien-Herzegowina und im Kosovo. Sie kann sich in Afghanistan wiederholen – und abermals in dem ziemlich unwahrscheinlichen Fall, dass al-Qaida nach Pakistan ausweicht und dass der Westen sich vor die Frage einer weiteren militärischen Intervention gestellt sieht ...

Dagegen ist unser Interesse am Frieden zwischen der islamischen Weltreligion und der westlichen Welt grundlegend. Ein Fünftel der Menschheit bekennt sich zum Islam. Heute leben bereits über drei Millionen Muslime unter uns Deutschen, und ihre Zahl wird noch zunehmen; dazu werden sowohl der Wanderungsdruck aus dem Mittleren Osten und aus Afrika beitragen als auch die hohen Geburtenraten der zugewanderten Muslime. Heute leben in der EU fünfzehn Millionen Muslime, in Russland weitere zwanzig Millionen. Weder hier noch dort ist bisher die Integration der muslimischen Mitbürger ausreichend gelungen. Samuel Huntingtons Schlagwort vom ‚clash of civilizations' liegt ein gutes Jahrzehnt zurück. Manche halten seine Prognosen für allzu pessimistisch, andere haben daraus sogar ein geostrategisches Konzept abgeleitet. Heute muss man die Möglichkeit eines weltweiten Konflikts zwischen dem Islam und dem Westen für möglich halten. Ein solcher Konflikt könnte von Indonesien oder Pakistan und Afghanistan bis nach Algerien und Nigeria reichen und Russland sowie den Balkan und die großen Städte Europas einschließen ...

Die Möglichkeit eines solchen Konflikts scheint in letzter Zeit näher gerückt, ein Konflikt ist jedoch keineswegs unvermeidlich."

Es gibt allerdings auch amerikanische Sicherheitsexperten, die China als die größte Bedrohung der USA, auf Jahrzehnte hinaus gesehen, betrachten. Der islamische Terrorismus ist nach Auffassung dieser Experten im Vergleich mit der Gefahr, die von China ausgehen wird, nur ein Mückenstich. Der chinesische Staat pumpt Milliarden in Hightech-Firmen, um die Weltmärkte zu erobern. So kaufen chinesische Firmen vermehrt in Europa und Amerika ein, um ihre Produktion technologisch auf den letzten Stand zu bringen. Das Unbehagen über die schwindelerregende Dynamik Chinas wächst auch in Europa. Dabei wird – wie Urs Schöttli in seinem Buch „China, die neue Weltmacht" (NZZ-Verlag) überzeugend darlegt – die chinesische Gefahr bei uns, im Gegensatz zu den USA, meist noch mehr auf wirtschaftlichem Feld gesehen, nicht so sehr auf politischem und militärischem. Die Europäer scheinen weniger beunruhigt zu sein durch die politischen Weltmachtambitionen Chinas. Dabei spielt Peking hier nur eine fragwürdige Rolle, die eigentlich alle globalisierungs- und kolonialismuskritischen Instinkte, namentlich die der Linken, wachrütteln sollte. In Afrika zum Beispiel unterstützt Peking ohne Rücksicht auf Menschenrechte Regimes, die ihm Rohstoffe für seine Wirtschaft liefern (NZZ vom 10. Mai 2007). Gemäß Urs Schöttli werden sich langfristig auch die Russen mit der Herausforderung auseinanderzusetzen haben, dass durch demografische Veränderungen ethnische Tatsachen geschaffen werden, die China dazu motivieren könnten, die durch ungleiche Verträge mit dem Zarenreich entstandenen russisch-chinesischen Grenzen infrage zu stellen.

In einem Interview in der Neuen Zürcher Zeitung (10.4.2010) hat Yan Xuetong, einer der einflussreichsten politischen Berater Pekings, Folgendes gesagt:
„Der Schutz des chinesischen Territoriums, des chinesischen Regimes und des chinesischen Volkes sind nationale Kerninteressen. Und je mehr Wirtschaftsinteressen wir in andern Ländern haben, umso wichtiger wird es, auch diese militärisch absichern zu können. Aber bis jetzt fehlen der Volksbefreiungsarmee dafür die Kapazitäten. In den vergangenen dreißig Jahren haben wir der Modernisierung des Militärs zu wenig Aufmerksamkeit geschenkt. Erst in letzter Zeit hat sich dies zu ändern begonnen."

Mein Aufenthalt in Korea am undurchlässigen Bambusvorhang hat mir die Augen für weltpolitische und weltwirtschaftliche Zusammenhänge geöffnet. Die damaligen Gefahren des Kalten Krieges, welche leicht in einen heißen Krieg hätten übergehen können, sitzen mir immer noch tief in den Knochen. Wie ich aus meinen Briefen an die Eltern nachträglich feststellen konnte, hatte ich damals instinktiv die zukünftige Bedeutung der asiatischen Länder als wirtschaftliche und politische Machtfaktoren richtig erkannt und eine sich inzwischen bewahrheitete Sicht einer neuen Weltordnung in groben Umrissen abgegeben.

Interessanterweise dominierte aber während einer erstaunlich langen Zeit – bis noch vor zehn oder fünfzehn Jahren – in Europa und Amerika, sowohl vonseiten der Politiker als auch der Wirtschaftsführer, eine andere Sicht der Dinge. Wie Urs Schöttli in seinem bereits erwähnten Buch darlegt, hatte Europa bis spät ins 20. Jahrhundert hinein die Sicht eines dekadenten, von Massenarmut und Despoten beherrschten Orients bewahrt. Gemäß Schöttli passen in dieses Bild auch die „blauen Ameisen" in China Mao Zedongs genau hinein. Während meines Koreaaufenthalts im Jahr 1964 sah man in den Zeitungen immer wieder Fotos aus Peking, auf denen Tausende von Menschen im schwarzen oder dunkelblauen Mao-Look auf Fahrrädern herumradelten. Dabei hatte die Kulturrevolution (1966 bis 1976) noch nicht einmal begonnen. Unter Mao lebte – wie Schöttli dies formulierte – „China in einem totalitären Steinzeitalter". Trotzdem war China im Koreakrieg (1950–53), also nur kurze Zeit nach der Unabhängigkeitserklärung, bereits in der Lage, die Amerikaner und ihre Verbündeten vom Fluss Yalu auf den 38. Breitengrad zurückzudrängen.

Als ich im Jahr 1964 in Korea war, hatte die Kulturrevolution noch nicht mal angefangen (diese dauerte von 1966 bis 1976). Wie Japan seinerzeit unter den Schogunen, so war auch China unter Mao Zedong ein völlig von der Außenwelt abgeschottetes Land. Erst Xiaoping Deng forcierte die Öffnung, da ihm klar wurde, dass eine Modernisierung des Landes nur möglich war, wenn sich China öffnete. Dieser wichtige Schritt geschah jedoch erst im Jahr 1978. Heute ist China die zweitgrößte Wirtschaftsmacht weltweit.

In der neuen Weltordnung spielt Asien schon heute eine viel wichtigere Rolle als damals und wird vermutlich in einigen Dekaden sogar die Welt dominieren. Der fünfhundertjährige Siegeszug des „weißen Mannes" ist bereits Geschichte. Die ehemals koloniale

Welt ist im Umbruch begriffen. Dabei wendet sie sich vom Westen ab und besinnt sich auf eigene frühere Stärken und Traditionen. Die Schweiz und Europa werden ihre zukünftige Rolle aufgrund einer sich verändernden Weltordnung erst noch neu überdenken müssen, die immer rascheren Veränderungen drängen neue Sichtweisen und entsprechende Reorganisationen – vor allem der EU und der Schweiz – auf.

Das Reisen, die Mode und Nahrungsmittel sind heute im Verhältnis zur Kaufkraft billiger geworden für die junge Generation. Für die noch jüngere Generation („the digital natives") ist vieles mittlerweile sogar gratis (Internet, Musik). Die Globalisierung in allen diesen Bereichen, aber auch auf kulturellem und wissenschaftlichem Gebiet, schreitet unheimlich schnell voran. Verbunden mit dem zunehmenden Wohlstand von Millionen von Menschen und deren Wertvorstellungen, ist es deshalb einfacher geworden, andere Kulturen besser zu verstehen. Der technologische Fortschritt und insbesondere das Internet als wesentliches Kommunikationsmittel lassen eine Art gemeinsame Weltkultur entstehen. Natürlich wird es auch lokale Kulturverluste geben. Berge, Dschungel und Meere sind längst keine Hindernisse mehr für die rasche Ausbreitung von neuen Ideen. Die immer schneller vorwärtsschreitende Globalisierung ist bereits äußerlich leicht zu erkennen: Auf der ganzen Welt tragen fast alle Menschen die gleichen Kleider und kaufen fast die gleichen Konsumprodukte, sehen die gleichen Filme an und fahren dieselben Automarken.

Die weltberühmte Schauspielerin Meryl Streep (60) erklärte in der Aargauer Zeitung vom 22.1.10: „Neulich war ich in China und wurde von Leuten belagert, die immer wieder ‚Kramer versus Kramer' (ein Name des Films mit Meryl Streep und Dustin Hoffman, der 1979 den Academy Award gewonnen hatte) vor sich hinmurmelten. Da dachte ich mir: Dieser Film ist so alt und trotzdem hat er auch hier offenbar starken Eindruck hinterlassen."

Die Zeit, als Globalisierung gleichbedeutend war mit Amerikanisierung, ist vorbei. Ich sehe auch eine zunehmende kulturelle Globalisierung. Ja, sogar das Denken über die Grundwerte des menschlichen Daseins wird immer ähnlicher. Dadurch wird aber auch ein harmonischeres Verstehen von gegenseitigen Standpunkten auf allen

Ebenen wesentlich erleichtert. Vielleicht werden deshalb die immer schneller vor sich gehenden grundlegenden Umwälzungen in den großen Entwicklungsländern wie China und Indien, aber auch in andern Entwicklungsländern, für den Westen weniger gefährlich oder sogar von Nutzen sein.

Der Präsident des WEF, Prof. Klaus Schwab, hat in der Aargauer Zeitung vom 22.1.10 auf die Frage, ob sich die Welt verbessert hat, wie folgt geantwortet:

„Schaue ich auf unsere Anfänge im Jahr 1971 zurück, stelle ich große Fortschritte fest. Damals bevölkerten 4 Milliarden Menschen diesen Planeten, und davon lebten 2 Milliarden mit weniger als 2 Dollar pro Tag. Heute sind wir 6,6 Milliarden Menschen – und es gibt immer noch 2 Milliarden, die in miserablen Verhältnissen leben. Die Welt hat also absolut betrachtet, keinen Fortschritt gemacht. Relativ gesehen aber schon: Damals lebte jeder zweite Mensch unter der Armutsgrenze, heute jeder dritte oder vierte."

Thomas L. Friedmann hat in seinem berühmten Buch „The World is Flat" davon gesprochen, dass jetzt China und Indien und viele andere Entwicklungsländer durch die Annäherung der Technologie in der Lage sein werden, zu einem Teil der Wertschöpfungskette für Dienstleistungen und für die Produktion von Gütern zu werden, und auf diese Weise eine bisher nie gesehene Explosion des Reichtums für die Mittelklasse entstehen wird.

Mit Recht hat David Bosshart (Trendforscher und Leiter des Gottlieb-Duttweiler-Instituts in der Nähe von Zürich) in einem Vortrag erklärt: „Nur schon aus demografischen Gründen wird Asien immer wichtiger. Die Machtbalance wird sich verschieben, und damit werden sich auch die Kulturen verändern. Wir werden asiatischer, wir müssen uns anpassen und nicht – wie unsere alt-weiß-männlich-satte Welt geglaubt hat –, die werden so sein wie wir. Es wird sich lohnen, Hinduismus, Konfuzianismus, Taoismus und den Islam besser kennenzulernen."

Seit 1964 sind die Länder des alten Westeuropa pro Kopf praktisch gleich reich wie die Amerikaner geworden. Wie in einem Anlagekommentar der Privatbank Wegelin & Co. richtig festgestellt wird, ist Europa aber auch zu einem Kontinent der Ansprüche und der abnehmenden Leistungsbereitschaft geworden. Von der Wiege bis zur

Bahre ist man ein Anspruchsberechtigter. Der Anspruch gegenüber dem Kollektiv ist zur europäischen Ersatzreligion geworden. Dem Leistungswilligen und Leistungsfähigen wird mit Neid begegnet. Wir müssen deshalb im Westen wieder schneller laufen lernen und uns den neuen Gegebenheiten rascher anpassen und weniger auf dem alten, bisher Bewährten verharren. Der heutige globale Wettbewerb darf im Westen nicht als Bedrohung, sondern muss als Chance und Bereicherung angesehen werden.

Rückreise in die Schweiz
mit vielen Zwischenstationen

Für mich war die Reise von Korea zurück in die Schweiz damals eine einzigartige Gelegenheit, von völlig unbekannten Ländern einen ersten, wenn auch nur flüchtigen Eindruck zu erhalten. Damals rumorte in mir ein unersättlicher Hunger, die Welt zu erkunden. Ich war überzeugt, dass dies die letzte Gelegenheit war, meine unermüdliche Abenteuerlust zu stillen. Die Kosten für ein Flugbillett waren damals viel höher als heute im Zeitalter des Massentourismus. Zu dieser Zeit ahnte ich ja nicht, dass ich in späteren Jahren die meisten dieser Länder beruflich mehrfach anfliegen würde.

In der Schule hatte ich nie etwas über das riesige Südostasien gelernt. Von Indien wusste ich nur, dass es einmal Maharadschas gegeben hat, die als die Superreichen der damaligen Zeit über Königreiche feudal geherrscht hatten, und dass Alexander der Große mit seinen Truppen das Indus-Tal erreicht hatte, nachdem er das Perserreich unterworfen hatte. Hingegen war ich mit der Geschichte und Kultur Griechenlands vertraut und ich hatte auch eine Ahnung über das alte Ägypten.

Philippinen (erste Station)

Die Bevölkerung der Philippinen beträgt heute fast 100 Millionen und davon arbeiten fast 25 Millionen in Übersee. Damit sind die Philippinen ein Land von Emigranten; die Emigration ist auch weiblich geworden. In Singapur, Taiwan, Saudi-Arabien, Kuwait, Hongkong haben die Behörden eine Art Freihandelsabkommen getroffen: Schickt uns Dienstmädchen (davon sind viele dieser Frauen gebildet), wir geben ihnen Geld und Arbeitserlaubnis. Seitdem ist die Hausarbeit dem Kapital gleichgestellt. Sie zieht frei und legal von Land zu Land. In dieser „Feminisierung der Migration" vermischen sich auf seltsame Weise feudale Vergangenheit und emanzipatorische Gegenwart. Frauen brechen auf in Länder, in denen Frauen heute Konzerne, Hochschulen und politische Parteien führen, um dort Arbeiten zu verrichten, die seit Jahrhunderten als Frauenarbeit gelten: putzen, kochen, und sich um die Kinder fremder Leute kümmern.

Der jeweilige König von Spanien war das Staatsoberhaupt der Philippinen von 1565 bis 1898 und bis 1935 übte der jeweilige amerikanische Präsident diese Funktion aus.

Als ich im Januar 1965 auf den Philippinen ankam, war Diosdado Macapagal (1961 bis Ende 1965) Präsident der Philippinen. Danach folgte Ferdinand Marcos.

Am 9. Januar 1965 schrieb ich meiner Familie eine Karte (22. Brief) von Manila („View of Taft Avenue, the City Hall and the Post Office in the background"):

Heute Morgen 5:15 Uhr bin ich nach einer Zwischenlandung in Okinawa auf der - 90 Kilometer nördlich von Manila gelegenen - Clark AFB angekommen. Im Moment befinde ich mich im Manila Hotel, das teuer und dreckig ist. Manila macht den denkbar schlechtesten Eindruck: An jeder Straßenecke befinden sich Dutzende von Vagabunden. Die Taxichauffeure hauen einen übers Ohr. Erstmals, seit ich die Schweiz verlassen habe, will es mir nicht mehr gefallen. Gestern Morgen kam liebenswürdigerweise Yoshi in Tokio noch in mein Hotel, um sich von mir zu verabschieden.

Die in der Postkarte erwähnte Clark Air Force Base war von 1903 bis 1991 unter amerikanischer Kontrolle. Sie war der größte amerikanische Überseestützpunkt und umfasste 37 Quadratkilometer. Clark AFB war ein Bollwerk der amerikanischen Streitkräfte gegen Ende des Zweiten Weltkrieges und bis 1975 der logistische Stützpunkt für den Krieg in Vietnam.

In meinem alten Reiseführer von 1964 (Fodor's Guide to Japan and East Asia) steht unter anderem Folgendes:

„*The Filipino is the most hospitable person in the world. The Filipinos are naturally hospitable, and it isn't just Sunday manners. They are courteous and gracious even among themselves. A host will pull out all stops to make a guest feel at home even if it breaks him, and it sometimes does. In the Philippines, you'll get all the sunshine, charm, and color of the South Seas, and you won't have to turn beachcomber to do it. There are plenty of islands to go around, 7'100 in all. Most of the population lives on eleven large islands. The Philippines is in the ‚take-off' stage of industrialization. New plants and buildings are going up all the time. But the population is still largely rural and the wealth lies primarily in the earth.*"

Kaum hatte ich im Manila Hotel (damals noch nicht renoviert) am Roxas Boulevard mein Zimmer bezogen und noch nicht einmal Zeit gefunden, einen Blick auf den berühmten Sonnenuntergang in der Manila Bay zu werfen, wurde mir von einem Pagen ein großes Paket überreicht. Darin war ein ganzes Set von eleganten, aus Bambus geschnitzten Gläsern und Tellern enthalten. Dabei lag auch ein überaus herzlicher Willkommensgruß von einer jungen hübschen philippinischen Dame.

Zur Vorgeschichte meines Besuches bei der jungen Dame in Quezon City: Philippe Lévy war ein Schulkamerad im Gymnasium und mein Nachbar in Bern. Er wurde später als Delegierter für Handelsverträge zum Botschafter ernannt. In der Wohnung über der Familie Lévy wohnte während der Gymnasiumszeit und des Studiums ein weiterer Freund von uns beiden, nämlich der hochbegabte Mani (sein Pfadfindername) Matter, mit dem ich später in Bern Recht studierte. Seine berndeutschen Chansons mit den ausgefeilten Texten gehören bis heute zum populären Liedgut der Schweiz und inspirierten weitere Künstler. Zurück zu Philippe Lévy: Er nahm 1953 am „5th World Scout Moot", dem größten internationalen Rover-Pfadfinderlager mit 4'000 Rovern aus 22 Ländern in Kandersteg teil. Im Anschluss an das Lager waren zwei sympathische Pfadfinder aus den Philippinen bei ihm zu Hause für zwei Tage eingeladen. Ich wurde von meinem Freund Philippe herbeigerufen, um diese beiden jungen Männer ebenfalls kennenzulernen. Jene Rover aus den Philippinen wollten uns unbedingt einen der ältesten Tänze aus ihrem Heimatland vorführen, nämlich den „Tinikling", ein philippinischer Folkloretanz. Dabei bewegen sich ein oder mehrere Akteure tanzend zwischen zwei Bambusstangen, die dabei von zwei andern Akteuren, einem Rhythmus folgend, abwechselnd auf den Boden und aneinandergeschlagen werden. Da keine Bambusstangen bei Lévys vorhanden waren, ging ich schnell nach Hause und holte im Waschkeller zwei hölzerne Waschstangen als Ersatz. In der Regel sind an dem Tanz vier Personen, vornehmlich zwei männliche und zwei weibliche Akteure, beteiligt. Das eine Paar nimmt die Tanzstellung ein, während dem anderen Pärchen die Handhabung der ungefähr 2,75 Meter langen Bambusstangen obliegt, die zu Beginn parallel horizontal nebeneinander auf dem Boden liegen. Ich erinnere mich nur noch, dass ich immer im falschen Moment in die Höhe sprang und die beiden Waschstangen an meinen Knöcheln wehtaten und ich deshalb nie ein Fan von Tinikling geworden bin.

Drei oder vier Jahre nach dem Besuch der beiden sympathischen Pfadfinder aus den Philippinen in Bern tauchten die beiden Schwestern, Elsa und Dora Morales, eines der beiden philippinischen Pfadfinder in Bern auf. Sie befanden sich ohne ihren Bruder Ernesto auf einer Europatour. Offensichtlich fand die hübschere der Schwestern, Elsa, ein gewisses Interesse an mir, was ich daraus schloss, dass ich sechs oder sieben Jahre lang alle vier bis sechs Monate einen längeren handgeschriebenen, sehr freundlichen Brief aus den Philippinen von ihr erhielt. So entwickelte sich über eine große Distanz eine Brieffreundschaft („pen pal correspondence"). Von Tokio aus hatte ich Elsa meine bevorstehende Ankunft in Manila und den Namen des Hotels angemeldet.

Wie ging es im Januar 1965 in Manila weiter? Mir wurde am andern Morgen ein herzlicher Empfang in der Lobby meines Hotels bereitet und sofort begann das Sightseeing in der Stadt Manila. Am Abend hielt dann das von einem Chauffeur gesteuerte, imposante Amerikanerauto auf einem großen Platz im Zentrum von Manila. So konnten einige zurückhaltende Zärtlichkeiten ausgetauscht werden. Offenbar hatte dieser Platz am Abend die Funktion einer Art amerikanischer Mini-„lovers' lane", das heißt, einem sicheren und schönen Ort, wo in Amerika mehrere Hundert junge Liebespaare in ihren eng nebeneinander parkierten Autos die ersten Gehversuche mit dem andern Geschlecht machten. Manila war aber zu jener Zeit eine recht gefährliche Stadt, weshalb in unmittelbarer Nähe ein zweites großes amerikanisches Auto parkiert war, gesteuert von ihrem großen Bruder, der auch gleich einige Freunde als potenzielle Wachen bei sich hatte. Ein geschäftstüchtiger Händler bot in einem speziellen gewärmten Korb den Liebespaaren in den wenigen auf dem Platz parkierten Autos hartgesottene Eier an. Bei diesem Produkt handelte es sich um eine bei den Einheimischen beliebte Spezialität, die zwar wie normale Eier aussah, jedoch für einen Touristen aus dem Westen fürchterlich stank und keinesfalls appetitanregend wirkte. Infolge des unangenehmen Geruchs bereiteten diese speziellen Eier der langsam aufkommenden romantischen Stimmung im parkierten Auto überdies ein jähes Ende. Erst viele Jahre später fand ich heraus, was es mit den stinkenden Enteneiern für eine Bewandtnis hatte: Es handelte sich um „Balut", das heißt, angebrütete Eier, die auf den Philippinen und in Vietnam als Delikatessen gelten. Schnabel und Federn der Entenküken sind deutlich zu erkennen. Die Eier haben den Ruf, ein Aphrodisiakum und potenzsteigernd zu sein. Sie werden etwa zwei Wochen lang in speziellen Körben warm gehalten. Am neunten Tag werden die Eier durchleuchtet und diejenigen ohne Küken aussortiert. Bei den Filipinos gelten genau 17 Tage alte Eier (balut sa puti) als ideal und von den Händlern wird jedes Ei noch mit einer Portion Salz mitverkauft. Vor dem 17. Tage ist der Embryo im Ei noch kaum wahrnehmbar, der Gestank beim Öffnen des Enteneis jedoch schon.

Am nächsten Morgen fuhren wir dann mit ihrer Schwester Dora und der hübschen Freundin ihres Bruders nach Tagaytay an den Lake Taal, einem sehr schönen Kratersee etwa 60 Kilometer von Manila entfernt. Der aktive Vulkan Taal, der für den Schwefelgehalt des Wassers verantwortlich ist, liegt auf einer Insel im Zentrum des Sees. Ich wurde am folgenden Mittag (11. Januar 1965) von den beiden Schwestern in ein schickes Restaurant „Fish-Fun" in Malabon (Rizal) im Norden von Manila zum Mittagessen eingeladen. Anschließend fuhren wir nach Quezon City (der Name stammt vom ersten brillanten Präsidenten des Philippinischen Commonwealth), der größten Stadt der Philippinen. Sie gehört zur Region Metro Manila und war von 1937 bis 1976 die offizielle Hauptstadt der Philippinen. Hier betrieb meine Brieffreundin, Elsa, eine Apotheke (Farmacia José Maria de Jaime, S. C.), die ihr selbst gehörte. Im ersten Stock über der Apotheke hatte sie auch ihre elegante kleine Wohnung, wo ich sofort zum Tee eingeladen wurde. Ich wurde wie ein Pascha nach Noten verwöhnt. Es fiel mir gleich auf, dass die Filipinos spontaner und fröhlicher als die Koreaner und Japaner sind. Es handelte sich bei den Filipinos um eine Art von „easygoing way of life".

Ziemlich unangenehm war es mir, als ich noch die ganze Familie von Elsa kennenlernen musste. Es war nun allzu offensichtlich, dass die vornehmen Eltern und Geschwister sich eine engere Beziehung ihrer Tochter Elsa mit dem jungen Mann aus der Schweiz erhofften, sprich eine Heirat mit der Tochter sehr begrüßen würden. Dieses forsche Vorgehen wurde mir nun aber irgendwie unheimlich und meine koreanischen und japanischen Erfahrungen im Umgang mit jungen Damen halfen mir überhaupt nicht weiter. Ich war am Ende meines Lateins. Ich fühlte mich plötzlich wie in einer Freiheitsfalle, einer potenziellen Hochzeitsfalle. Was sollte ich tun? Wie konnte ich auch nur so naiv sein? Als ich am späten Abend endlich wieder in meinem Hotel allein war und die warme Luft der nahe gelegenen Bay roch, fühlte ich meinen Freiheitsdrang ganz stark in mir und beschloss kurzerhand, die Philippinen möglichst schnell zu verlassen.

Zum ersten Mal war ich nun in Asien in eine Art Panik geraten und wusste mir nicht mehr richtig zu helfen. Am nächsten Morgen in aller Frühe fuhr ich per Taxi auf die Clark AFB zurück. Mit dem ersten amerikanischen Flugzeug flog ich nach Vietnam weiter. Die beginnende schöne Romanze hatte ein jähes und bitteres Ende gefunden. In den 1970er-Jahren und nochmals anfangs 1980 war ich dann mehrmals beruflich auf den Philippinen und lernte das schöne

Land mit seinen fröhlichen Menschen viel besser kennen. Vor Hochzeitsfallen hatte ich keine Angst mehr. Die Sicherheit vor Überfällen war unter Präsident Marcos viel größer geworden und das Land erhielt jetzt vermehrt Auslandsinvestitionen, sodass sich auch die Lebensbedingungen der Einwohner verbesserten.

Die Philippinen wurden rasch moderner und eine schweizerische Zementgruppe fand, dass sich eine Investition auf der Insel Mindanao lohnen würde. Es war dies auch die erste vorsichtige Investition in Asien – abgesehen von Australien. Als ich im Jahr 1977 auf den Philippinen auf einer Geschäftsreise war, wurde ich in einem kleinen Hotel am Meer außerhalb Manilas untergebracht. Im Hotel war außer mir nur ein kleines italienisches Film- und Fototeam anwesend. Die von Natur aus fröhlichen und gesprächigen Italiener machten jedoch einen eher niedergeschlagenen Eindruck. Auf meine Frage nach der negativen Gemütsverfassung fand ich Folgendes heraus: Dem italienischen Filmteam war die gesamte teure Ausrüstung von der Polizei abgenommen worden. Seit vier Tagen waren die Kameraleute im Hotel blockiert und die Intervention des italienischen Botschafters hatte bis jetzt auch nichts gebracht. Was für ein Verbrechen hatten sie begangen? Unter vorgehaltener Hand erklärten sie mir, dass sie von Gina Lollobrigida angeheuert worden seien. Diese attraktive Dame sei von der extravaganten Imelda Marcos, einer ehemaligen Schönheitskönigin und nun die First Lady, zum Fotografieren und Filmen auf die Philippinen eingeladen worden. (Imelda war von 1954–1989 die Ehefrau des korrupten Ferdinand Marcos, des 10. Präsidenten der Philippinen, der von 1965 bis zu seiner Flucht ins Exil nach Hawaii 1986 regierte.) Leider habe sich der italienische Filmstar zu wenig mit der First Lady, dafür umso intensiver mit dem Präsidenten abgegeben. Deshalb müssten sie unter der Rache (Beschlagnahmung des gesamten Materials und Ausreiseverbot) der First Lady leiden und könnten nicht nach Italien zurück.

Kaum war ich wieder zu Hause, gab ich diese Geschichte meiner Frau zum Besten. Sie wurde misstrauisch und meinte, vielleicht hätte ich ja selber ein Techtelmechtel mit dem weltberühmten Filmstar gehabt. Ein Jahr später (1978) war ich wiederum auf den Philippinen. Die einflussreiche Präsidentin der lokalen Zementbeteiligungsgesellschaft in Mindanao, Fanny Garcia (ihr Mann war der Gesundheitsminister), lud meinen Chef und seine junge Frau in ihr Haus in Manila zu einer großen und fröhlichen Gartenparty mit Orchestermusik ein. Dazu wurde von jungen Tänzern und Tänzerinnen der Tinikling getanzt. Während des Tanzverlaufs wird der Schlag-Rhythmus immer schneller und härter, womit das Geräusch der aneinanderschlagenden Stangen lauter und die Bewegung der Tänzer im selben Maße schneller werden müsse. Die Mädchen trugen die traditionelle einheimische Kleidung und die Jungen hatten ein „Barong Tagalog" (ein einheimisches Festgewand) und lange rote Hosen an. Mit meinem Chef und seiner Frau saß ich am Ehrentisch. Zu meiner großen Überraschung war der Ehrengast die damals weltbekannte Gina Lollobrigida! Da mein Chef erst seit ganz kurzer Zeit verheiratet war und sich vorwiegend um seine Frau kümmerte, durfte ich mich den ganzen Abend mit dem Filmstar beschäftigen und fast exklusiv mit ihr tanzen. Die Fotos von diesem unvergesslichen Abend besitze ich immer noch. Als ich voller Stolz diese Geschichte zu Hause meiner Frau erzählte, war sie definitiv überzeugt, dass ich eine Affäre mit dem italienischen Filmstar gehabt hätte.

Die *International Herald Tribune* (25.–26. Oktober 2008) schrieb als Titel eines ausführlichen Artikels: „La Lolla at 81: Still an icon, with honors". In diesem Artikel war unter anderem zu lesen:
„Gina Lollobrigida, known for her feisty appearances in films of the 1950's and 60's, is still full of fire". Mit einem Verweis auf zwei in dieser Zeitung abgebildeten Fotos stand: „Above, the actress in Rome this month, and below, with Rock Hudson in the 1961 film ‚Come September'. In recent years Lollobrigida has turned to philanthropy, photography and sculpture. In the 1970s she took photographs around the world, including Cuba and the Philippines."

1972 verhängte Ferdinand Marcos das Kriegsrecht und errichtete eine Diktatur. Nach der Flucht von Imelda und Ferdinand Marcos im Jahr 1986 bezifferte im folgenden Jahr das Inventar der neuen philippinischen Regierung die von seiner Frau Imelda im Malacang Palace zurückgelassenen Privatgegenstände mit 15 Nerzmänteln, 65 Sonnenschirmen, 508 bodenlangen Kleidern, 888 Handtaschen und 71 Sonnenbrillen. Der bekannteste Teil dieser Privatgegenstände war ihre Schuhsammlung aus 1'060 Paaren in Größe 8 ½ von Designern wie Ferragamo, Givenchy, Chanel und Christian Dior. Ihre Juwelensammlung wurde 1996 auf einen Wert von 12 bis 20 Millionen USD geschätzt. Nach ihren eigenen Angaben hat sie nach der Flucht 175 Kunstwerke europäischer Meister verloren, darunter Werke von Michelangelo, Botticelli und zehn Canalettos. Gemäß Transparency International war das Marcos-Regime das zweitkorrupteste (nach Suhartos) der Welt seit dem Jahr 1970. Schätzungen gehen davon aus, dass die Familie und ihre Freunde 20 bis 30 Milliarden USD aus den Philippinen herauspressten.

Vietnam (zweite Station)

Oblt. Mark Schori und Lt. Kurt Müller unternahmen zusammen zur Zeit meines Koreaaufenthalts eine Südostasienreise und weilten – von der Clark AFB herkommend – für einige Tage in Saigon. Sie hatten ihre Schlafstätte in einem stickigen BOQ auf dem Flughafen „Than Son Nhut". Dort vergnügten sich das US-Militärpersonal und ihre Angehörigen abends im PX oder Popcorn kauend bei einem Filmabend, derweil auf dem Flugfeld in 250 Metern Entfernung die Kampfhelikopter zu Missionen ins Mekong-Delta abhoben oder die Sanitätshelikopter die Verletzten und Gefallenen zurückbrachten. Das Makabere an der Geschichte war, dass eigentlich niemand groß daran Anteil nahm. Die Delegationsmitglieder Schori und Müller besuchten in Saigon nur die kulturellen Sehenswürdigkeiten und Denkmäler, da es für andere Eskapaden offenbar zu gefährlich war. Gleich nach ihrer Landung in Saigon wurden die beiden Schweizer Offiziere von einem älteren amerikanischen Sergeant anlässlich eines „Security Briefings" ausdrücklich gewarnt, gewisse Lokale aufzusuchen oder bei einem allfälligen Handgranatenanschlag hinter der Bartheke abzutauchen.

Fred Schreier, unser Verbindungsoffizier, hatte mir in Panmunjom viel über dieses Land erzählt und insbesondere war er an der politischen und militärischen Lage und Entwicklung von Vietnam sehr interessiert. Ich wusste deshalb, dass bereits 20'000 sogenannte amerikanische Militärberater im Land waren, um die südvietnamesische Armee zu unterstützen. Fast täglich waren die amerikanischen Truppen in kleineren Kämpfen mit dem Vietcong engagiert. Präsident Johnson hatte gerade angefangen, in Südvietnam reguläre amerikanische Truppen einzusetzen, und baute die Truppenstärke in der Folge ständig aus. Deshalb war ich an einem Zwischenhalt in Saigon (heute Ho Chi Minh City) besonders interessiert und nahm es in Kauf, dass ein solcher Aufenthalt unter Umständen nicht ganz ungefährlich sein könnte. Da Fred mit dem französischen Militärattaché in Saigon enge Beziehungen unterhielt, wusste ich, dass für mich die Möglichkeit bestand, mit einem Kampfhelikopter der südvietnamesischen Armee bei einem Kampfeinsatz mitzufliegen oder ein südvietnamesisches Infanterie-Bataillon beim Einsatz als sogenannter Kriegsberichterstatter (Journalist) zu begleiten. Diese beiden gefährlichen Möglichkeiten übten – als ich noch in Korea stationiert war – eine eigenartige Faszination auf mich aus.

Als das amerikanische Militärflugzeug zur Landung in Saigon ansetzte, merkte ich sofort von meinem Fensterplatz aus, dass es keine normale Landung geben würde. Der Pilot fing nämlich an, in engen Kurven das Flugzeug über der Stadt hinunterzuschrauben. Er wagte es nicht, wie sonst bei Landungen auf der ganzen Welt üblich, den eigentlichen Sinkflug 30 bis 40 Kilometer vor der Landung über dem Meer oder dem Land zu beginnen. Die Gefahr, tief fliegend weit außerhalb von Saigon vom Vietcong abgeschossen zu werden, war einfach zu groß.

Von meinem runden Fenster im Flugzeug aus sah ich immer deutlicher die vielen Bunker, Erdaufschüttungen und Gräben, die um den Flugplatz herum zur Verteidigung gegen einen allfälligen Angriff errichtet worden waren. Die damals vom Flugzeug aus aufgenommenen Fotos besitze ich noch heute. Es dämmerte mir, dass der Krieg nicht nur in weit entfernten Provinzen stattfand, sondern unter Umständen auch in Saigon selber aktiv ausbrechen könnte. Meine sonst unverwüstliche Abenteuerlust ließ plötzlich gewaltig nach.

In der Abfertigungshalle des recht kleinen Flughafens von Saigon „Than Son Nhut" sah nach der Landung auf einmal alles anders aus: Ich erblickte viele wartende Vietnamesen und besonders aufgefallen sind mir damals die vielen jungen lachenden, hübschen Vietnamesinnen in ihren langen weißen Röcken mit einem erotischen Schlitz auf der Seite, welcher bis zur Hüfte reichte. In der Luft lag eine fast unbeschreibliche „joie de vivre"-, vielleicht eher „joie de guerre"-Atmosphäre. Der Gegensatz zwischen dem, was ich aus dem Flugzeug beim Landen an Bunkern und Schützengräben gesehen hatte, und der fast überschwänglichen Freudenatmosphäre in Innern des Flughafengebäudes machte mich stutzig. Ich hatte plötzlich das ungute Gefühl, dass ich in Korea verschiedene gefährliche Situationen mit viel Glück heil überstanden hatte und meine bisherige Glückssträhne besser nicht überstrapazieren sollte. Aus diesem Grund beschloss ich, nicht ins Zentrum von Saigon zu gehen, sondern mit dem nächsten amerikanischen Flugzeug nach Thailand weiterzufliegen. Aus heutiger Sicht war dies vielleicht ein feiger Entschluss. Nach dem überstürzten Weggang aus den Philippinen, vielleicht wiederum eine Art Flucht, diesmal aus Vietnam, wenn auch aus ganz anderen Motiven. Aufgrund der eingangs gemachten Beschreibung der Erlebnisse von Schori und Müller in Saigon hatte ich wahrscheinlich auch nicht viel verpasst. Ich hatte dann in den späten 1990er-Jahren und wiederum im Jahr 2007 schlussendlich doch noch die Möglichkeit, dieses großartige Land etwas näher kennenzulernen. Vietnam hat die Narben des schrecklichen Kriegs überwunden und sich in fast jeder Hinsicht positiv entwickelt.

Beim Landeanflug auf Saigon konnte man vom Flugzeug aus die Bunker und Schützengräben sehen

In der Ankunftshalle am Flughafen von Saigon

Thailand (dritte Station)

Anders als in Korea und Japan hatte ich über dieses Land im Voraus überhaupt keine Bücher gelesen und ließ mich als Tourist einfach überraschen. Allerdings wusste ich, dass das beste Hotel damals das Oriental war, eine der „ersten Adressen" in Bangkok, schön gelegen am Chao Phraya River. Im Zweiten Weltkrieg wurde das Hotel beschädigt, als es von der japanischen Armee besetzt worden war. Nach dem Krieg war es dann für einige Zeit ein Quartier der Alliierten.

Es fiel mir bereits bei der Ankunft auf, dass die Thais glückliche Menschen sind und viele dazu noch gut aussehend. Das Lachen dieser optimistischen Leute ist sprichwörtlich. Bereits am Morgen nach meiner Ankunft brach ich in aller Frühe mit einer Tour zu einem damals noch nicht kommerzialisierten „Floating Market" auf. Der frühmorgendliche Früchte- und Gemüsehandel mit langen und schlanken Booten auf den großen Kanälen war ein echtes Erlebnis. Der Floating Market fand zwischen 6:30 und 8:00 Uhr statt, als es noch einigermaßen kühl war und die Hitze des Tages das frische Gemüse und die frischen Früchte beschädigen könnte.

Fast 95 Prozent der Thais sind Buddhisten. Schon der erste Blick in die eindrücklichen Tempelanlagen zeigte mir, dass diese heiligen Gebäude mit ihren Farben und beeindruckenden Formen eine Heiterkeit und Zufriedenheit ausstrahlen. Nichts an diesen Tempeln wirkt bedrohlich, mit Ausnahme der Wächter-Dämonenfiguren, die einige der Tempel gegen das Eindringen der bösen Geister schützen. Am folgenden Tag ließ ich mich überzeugen, unbedingt wieder früh aufzustehen, um Tausenden von Mönchen mit rasiertem Kopf zuzusehen, wie sie in den Straßen von Bangkok herumwanderten. Sie waren, und sind es vermutlich noch heute, in safranfarbige Tücher gehüllt und bewegten sich von Haus zu Haus, um von den Leuten Essen gratis zu erhalten. Mir wurde damals gesagt, dass die meisten Thai-Männer während ihres Erwachsenenalters mindestens drei Monate als Mönche dienten. Offenbar ist es auch üblich, dass pro Familie ein Mann mehrere Monate in einem Tempel verbringt.

Auf dem Gelände des Hotels Mandarin Oriental (Extravagant Luxury hieß es im Hotelprospekt) im Herzen von Bangkok mit Blick auf den legendären Chao Phraya River befand sich damals in einem kleinen Haus, das an eine Pagode erinnerte, ein eleganter Laden für Antiquitäten. Da nur schöne antike Figuren ausgestellt waren, schaute ich mich genauer um und kam mit der Ladeninhaberin ins Gespräch, einer älteren Französin. Es wurde mir so richtig bewusst, dass ich mich sowohl in Macao als insbesondere in Korea viel zu wenig um den Kauf von solchen – damals noch recht günstigen – Antiquitäten gekümmert hatte. Viele der schönsten chinesischen Statuen, die in den letzten Jahren in London oder New York unter den Hammer kamen, wurden ursprünglich durch Macao geschleust.

Eine Buddha-Statue ist das plastische, meist idealisierte Abbild des Buddhas. Sie haben ein verlängertes Ohrläppchen und keine Darstellung von Knochen, Muskeln oder Adern. Eine solche Statue wurde nicht als Kunstwerk geschaffen, sondern um den Betrachter zu erinnern, zu belehren oder sogar zu erleuchten. Eine thailändische Buddha-Statue wurde nur sitzend, stehend, schreitend oder liegend dargestellt. Mir gefiel vor allem ein stehender Buddha, der die rechte Hand erhoben hatte. Diese Handhaltung heißt „Die Angst vertreiben". Sie symbolisiert Schutzverheißung und Furchtlosigkeit. Da ich die CHF 2'500 für den Kauf dieser Statue nicht bei mir hatte und damals fast nur bar bezahlt wurde, erhielt ich nach langer Diskussion mit der französischen Besitzerin des Ladens diesen Buddha gegen Rechnung. Als ich in der Schweiz zurück war, durfte ich diese Dame in der Schweiz noch als Anwalt in einem Rechtshandel gegen einen ihrer ausländischen Kunden vertreten. Die Statue, die nur etwa 150 Jahre alt war, stammte aufgrund des Stils aus der Gegend von Ayuthaya. Jene Stadt war während 400 Jahren, das heißt von 1350 bis 1767 n. Chr., die Hauptstadt von Thailand. Ich kaufte kurz entschlossen die aus Bronze gefertigte Statue in der Höhe von circa 60 Zentimetern, die auf einem massiven Holzsockel von 10 Zentimetern Höhe befestigt war. Das Gewicht inklusive Sockel betrug ungefähr 18 Kilogramm. . Eine Exportbewilligung hatte ich natürlich keine. Wie konnte ich trotzdem diesen antiken Kunstgegenstand aus dem Land herausschmuggeln, ohne Bewilligung und ohne ein professioneller Schmuggler zu sein?

Die MATS hatte am folgenden Tag ein Flugzeug von Bangkok nach Delhi von der PANAM gechartert und so konnte ich in ziviler Kleidung den Eingang zum Flughafen für amerikanisches Militärpersonal benutzen. Vorsichtigerweise hatte ich den Buddha in meinen Regenmantel eingewickelt und versuchte, bei den strammen Zollbeamten ein lachendes Gesicht zu zeigen, obschon mich das Gewicht des Buddhas, eingeklemmt unter meinem linken Arm, und den „Flightbag" in der rechten Hand, eigentlich ganz kräftig zum Schwitzen brachte. Dazu kam, dass ich genau wusste, dass ich gerade dabei war, eine illegale Handlung vorzunehmen, was es mir erschwerte, ein freundliches und ruhiges Gesicht gegenüber den Zollbeamten zu machen. Das komplizierte Kunststück gelang aber doch und der stehende Buddha wurde mein ständiger Begleiter während der ganzen übrigen Heimreise, allerdings war er beim Fliegen und auch sonst zu einem liegenden Buddha geworden.

Der Autor während seines Besuchs in Bangkok

Der Floating Market von Bangkok

Zwei buddhistische Mönche vor einem der vielen Tempel

Indien (vierte Station)

Das Schreiben an meine Familie in Bern vom 28. Januar 1965 (23. Brief) war von Hand auf dem Papier des Hotel Imperial (gemäß dem aufgedruckten „An Oberoi Hotel") in New Delhi geschrieben:

Gestern Abend kam ich auf dem internationalen Flugplatz von New Delhi an. Der Flug in einem Jet - allerdings ohne Fenster - war äußerst angenehm gewesen. Ich konnte bei prächtigem Wetter fast zwei Stunden im Cockpit verbringen. Was für ein Anblick: Wir flogen über Kalkutta und dann der Ganges-Tiefebene entlang und konnten auf der rechten Seite den Himalaja sehen. Dieses Hochgebirgssystem nördlich des indischen Subkontinents erstreckt sich zwischen Pakistan und Burma in einer Länge von rund 3'000 Kilometern. Wie Ihr sicher wisst, sind von den vierzehn höchsten Bergen der Welt, der berühmten Achttausender, alle im Himalaja. Ungefähr eine Stunde vor der Ankunft in Delhi konnte man rechts am Horizont als winzigen Schneeberg den Mount Everest, mit 8'848 Metern über dem Meeresspiegel, sehen. Nach Aussagen des Captains flogen wir tiefer als der Gipfel des Mount Everest - fast nicht zu glauben.
Mit viel Glück gelang es mir in Bangkok, die zuständigen MATS-Stellen zu überzeugen, dass sie mich auch ohne Impfung gegen das „Gelbfieber" nach Indien reisen lassen sollten. Das eigentliche Meisterstück war aber folgendes: Eingewickelt in meinen Regenmantel, schmuggelte ich einen 18 Kilogramm schweren Buddha aus Bangkok heraus. Thailand ist immer noch zu 90 bis 95 Prozent buddhistisch und verlangt eine Ausfuhrbewilligung für ein solches Vorhaben. Diese wird jedoch erst nach ungefähr 12 Tagen ab Einreichung des Gesuchs gewährt - wenn überhaupt. Morgen wird

das Hotelpersonal in meinem feinen Hotel Imperial den herrlichen Buddha kunstvoll verpacken, während der Meister per Expresszug mit Air Condition nach Agra fährt, um dort den Tadsch Mahal zu besichtigen. Alle diese Späße sind sündhaft teuer, aber irgendwie lohnt es sich.

Rückblickend kann ich feststellen, dass Bangkok ganz toll war, auch wenn ich leider die Überbleibsel der Khmer-Kultur in Angkor Wat (Kambodscha) nicht, wie ursprünglich geplant, gesehen habe, aber dafür habe ich meinen feinen Buddha. Ich hoffe aber, eines Tages diese berühmte Tempelanlage doch noch besichtigen zu können.

Vor dem altehrwürdigen Hotel Imperial – im Stil einer Mischung von Victorian und Old Colonial und einer Prise Art déco –, welches 1934 gebaut wurde, werden die Gäste von zwei mächtigen, schön dekorierten lebendigen Elefanten begrüßt. Das Hotel strömt noch heute eine typische Kolonialatmosphäre aus und hat dementsprechend riesige Zimmer, tausend dienstbare Geister und viele Wichtigtuer. Indien ist unwahrscheinlich arm und schmutzig. Die Verkäufer ekelhaft aufsässig und nicht allzu ehrlich. Zudem sind die Leute hier nicht überaus freundlich. Was für ein Unterschied zum unvergesslichen Thailand.

Heute Abend, als ich mir im vornehmen, mit dunkelbraunen Holzwänden dekorierten Restaurant ein wohlschmeckendes Filet Mignon vom Kellner in weißen Handschuhen servieren ließ, kamen mir bei den Klängen des Orchesters und den tanzenden Damen in ihren eleganten Saris so allerlei Gedanken: Das durchschnittliche Einkommen der Bevölkerung bewegt sich zwischen 20 und 40 Rappen pro Tag! Arbeitslose und nur Halbbeschäftigte gibt es Millionen und Abermillionen. Drei Fünftel der Bevölkerung können nicht schreiben. Die Lebenserwartung liegt bei 40 Jahren, im Gegensatz zu nahezu 70 in den USA und in Europa.

Für den Preis von USD 10 machte ich heute Nachmittag mit Privatchauffeur und Fremdenführer eine Tour durch Old Delhi. New Delhi ist einfach eine Erweiterung von Old Delhi, das von einer mittelalterlichen Stadtmauer umgeben ist. Die Bevölkerung ist unwahrscheinlich farbenprächtig angezogen. Es gibt kaum eine Frau in westlicher Kleidung zu sehen und viele Männer tragen nebst einem ungepflegten Bart noch einen farbigen (schmutzigen) Turban. Dabei soll Delhi im Vergleich zu Kalkutta eine fabelhafte saubere und geradezu hygienische Stadt sein – der Gestank in anderen Städten soll fürchterlich sein.
Heute Morgen war ich in der amerikanischen Botschaft, die übrigens ganz fantastisch gebaut ist. Sie wurde von Edward D. Stone entworfen, welcher auch das „The John F. Kennedy Center for the Performing Arts" in Washington D. C. entworfen hat. Der weltberühmte Architekt Franklin Lloyd Wright sagte anlässlich der Eröffnung dieser Botschaft im Jahr 1959, dass es eines der besten (finest) Gebäude der letzten 100 Jahre sei.
Leider kann ich erst am Montag nach Teheran weiterfliegen, da nämlich erst dann ein Flugzeug der MATS mit Spezialmission dorthin unterwegs ist. Eine Linie der MATS gibt es nur nach Dharan in Saudi-Arabien, wo 5000 Amerikaner leben. Die Stadt soll exakt wie eine Vorstadt von Los Angeles aussehen. An Saudi-Arabien bin ich aber gar nicht interessiert. Solange ein Flugzeug der MATS fliegt, darf ich nicht ein amerikanisches Zivilflugzeug benutzen. Vielleicht kann ich wieder vorne beim Piloten sitzen und sehe dann mehr.
Ich hoffe, dass Ihr alle gesund und munter seid. Falls irgendetwas Spezielles los sein sollte, werde ich in Kairo via Schweizer Konsulat erreichbar sein. Von Athen aus werde ich dann voraussichtlich nach Hause telefonieren, und da ich dann mit einem Zivil-

flugzeug ankommen werde, kann ich mein Ankunftsdatum genau bekannt geben. Ich versuche nun, etwas schneller vorwärtszukommen, denn während der Nacht fange ich bereits an, den unvergesslichen Zeiten in Korea und Japan nachzuträumen.
PS: Max soll mich bitte beim Zahnarzt bzw. dem Zahnfräulein anmelden, circa am 15. Februar 1965. Tel. 2'56'55.

Indien gehört nicht mehr zu Südostasien, welches die Länder östlich von Indien und südlich von China umfasst. Es ist das siebtgrößte und das zweitbevölkerungsreichste Land der Welt. Mit seinen vielen Religionen, Sprachen und Kulturen ist Indien erst nach mehreren Besuchen einigermaßen erfassbar.

New Delhi erschien mir damals als eine ruhige, etwas verschlafene Kolonialstadt mit ungefähr drei Millionen Einwohnern (heute mindestens 15 Millionen). New Delhi wurde anfangs des 20. Jahrhunderts großzügig vom englischen Architekten Edwin Lutyens geplant und gebaut. Er war damals der berühmteste englische Architekt und plante während 20 Jahren New Delhi als imperiale Hauptstadt – als Ersatz für die britische Administration in Kalkutta. Entsprechend herrschaftlich wurden die neoklassischen Gebäude der Zentralregierung und des Parlaments und die großzügig bemessene Zone für die ausländischen Botschaften („diplomatic enclave") und die mit vielen Bäumen bepflanzten Grünflächen im Kern der neuen Stadt entwickelt und errichtet. Bis heute blieben diese Gebäude und die Grünflächen fast unverändert erhalten. Hingegen hat sich um diesen Kern herum eine Art Wildwuchs von großen Quartieren mit Wohn- und Bürohäusern sowie Hotels entwickelt, abgesehen von den Satellitenstädten, die im Verlauf der Zeit um New Delhi herum entstanden sind.

In Zusammenarbeit mit Herbert Baker war Lutyens auch der Hauptarchitekt mehrerer Denkmäler wie zum Beispiel das Monument „Indian Gate" und der Palast des Vizekönigs (Lord Louis Mountbatten residierte dort als Vizekönig von Indien). Dieser Palast mit seinen 340 Räumen, genannt Rashtrapati Bhavan, musste den nach Delhi kommenden wichtigen Maharadschas die Macht Englands demonstrieren und Eindruck machen. Diese wurden je nach ihrer Bedeutung mit einer bestimmten Anzahl Salutschüssen aus Kanonen begrüßt. Dieser Palast diente nach der Unabhängigkeitserklärung 1947 dem jeweiligen indischen Präsidenten als Amtssitz.

Old Delhi dagegen wurde 1639 vom indischen Kaiser Shahjahan gebaut und blieb die Hauptstadt bis zum Ende der Mughal-Dynastie in der Mitte des 19. Jahrhunderts. Es war während des islamischen Mogulreichs mit Villen der noblen und eleganten Moscheen und Gärten gefüllt. Heute macht Old Delhi einen überbevölkerten und ärmlichen Eindruck, wobei das Durcheinander des großen Fatehpuri-Basars immer noch eindrücklich ist. Im Zentrum der Stadt befindet sich das „Red Fort". Die alte Stadt war von einer befestigten Mauer von ungefähr 4 Metern Breite und 8 Metern Höhe umgeben und mit mehreren Toren versehen, welche nachts geschlossen wurden.. Die Mauer ist heute weitgehend verschwunden, aber die meisten Tore existieren noch immer.

Bei meiner Stadtführung fiel mir der in der warmen Luft schwebende Duft von vielen Blumen und Jasminblüten auf, jedoch vermischt mit stinkenden Abgasen der billigen dreirädrigen gelb angemalten Tuc-Tuc-Taxis und faulen Abfällen. Die Frauen in ihren Saris marschierten in gerader Haltung würdevoll umher, schauten aber einem fremden Mann nicht in die Augen. Es gab und gibt noch heute viele Regeln und Tabus für Frauen. Ich merkte sofort: Hier handelt es sich nicht mehr um „a real man's world", wie ich dies in Südostasien erlebt hatte! Das hier war ein Land, in dem bis vor Kurzem Küssen in der Öffentlichkeit verpönt und auf der Leinwand verboten war.

Wie in meinem 23. Brief beschrieben, fuhr ich am Morgen des 29. Januars 1965 mit einem Luxuszug nach Agra. Die Stadt, welche ungefähr 200 Kilometer von Delhi entfernt ist, liegt am Ufer des Flusses Yamuna. Agra war mit Unterbrechungen von 1526 bis 1648 die Hauptstadt des Mogulreichs. Aus dieser Zeit ist die Burgfestung von Großmogul Akbar, das Rote Fort, mit dem Palast von Shah Jahan erhalten. Am berühmtesten ist der Tadsch Mahal, den Shah Jahan – untröstlich über den Tod seiner Lieblingsfrau Mumtaz Mahal – in Agra für sie und für sich selbst aus prachtvollem Marmor und rotem Sandstein erbauen ließ (die Frau starb bei der Geburt ihres 14. Kindes). Das Mausoleum besteht aus 22 Kuppeln und hat 40 Meter hohe Minarette an den Ecken der Umfassungsmauer. Es handelt sich zweifellos um eine Meisterleistung indo-islamischer Kunst. Sowohl das Rote Fort als auch der Tadsch Mahal sind seit 1983 mit Recht Denkmäler des UNESCO-Weltkulturerbes.

Als ich vom Bahnhof in Agra mit einem Taxi im 18 Hektar großen Garten des Tadsch Mahal mit seinen Zypressen und gepflegten Wegen und Teichen ankam, fühlte ich mich plötzlich unwohl. Mit letzter Kraft nahm ich noch einige Fotos der eindrücklichen Anlage auf, und zwar mit dem eigenartigen Gefühl: Den Tadsch Mahal noch einmal sehen und dann sterben; dies in der Annahme, dass ich den Tadsch Mahal auf alle Fälle nie mehr in meinem Leben sehen würde. Ich fühlte mich immer elender und konnte das Innere des Mausoleums nicht mehr besichtigen, da ich bereits kreidebleich aussah und mir nichts anderes mehr übrig blieb, als schleunigst per Taxi sofort zurück zum Bahnhof zu fahren, um nach Delhi zurückzukehren. Im Zug konnte ich kaum noch sitzen und ich erinnere mich nur noch, dass ein freundlicher Zugbegleiter mir eine Wolldecke über meinen fröstelnden Körper legte. Im Hotel Imperial konnte ich vor Schmerzen nur noch schreien und stöhnen, ein unrühmliches bevorstehendes Ende im Hinblick darauf, dass ich in den letzten zehn Monaten alle Gefahren und Krankheiten so gut überstanden hatte. Als endlich ein mächtiger vertrauenerweckender indischer Arzt mit Turban mein Hotelzimmer betrat, fasste ich wieder Hoffnung, dass mein Ende auf dieser Welt noch nicht bevorstand. Er diagnostizierte eine Fleischvergiftung von dem am vorherigen Abend verspeisten wohlschmeckenden Filet Mignon und gab mir entsprechende starke Medikamente. Am Nachmittag des nächsten Tages rappelte ich mich wieder auf und weitere vierundzwanzig Stunden darauf fühlte ich mich fit genug, alles vorzukehren, um das Land schleunigst zu verlassen. Die Travel Orders hatte ich auf der amerikanischen Botschaft bereits vor meinem Abstecher nach Agra erhalten und so begab ich mich pünktlich in Uniform auf den Flugplatz. Dort befand sich bereits ein C-130-Herkules-Transportflugzeug (Lockeed), das komplett leer war und zum Weiterflug nach Teheran bereit. Wie mir die drei lässig vor dem Flugzeug stehenden Besatzungsmitglieder der US Airforce erklärten, hatten sie ihre Fracht in Saigon (Vietnam) entladen.

Die Crew wunderte sich, was ich wohl in der schweren Holzkiste mit mir schleppte. Als ich ihnen erklärte, das sei mein in Thailand gekaufter Buddha, den die Hotelangestellten für mich in dieser Kiste gut verpackt hätten, beruhigten sie sich wieder. Die drei Besatzungsmitglieder ließen mich im großen Cockpit Platz nehmen und ich hatte dann aus dem tief fliegenden C-130-Herkules- Transportflugzeug eine großartige Aussicht. Nach meinem Fehlstart als Tourist in Indien hätte man annehmen können, dass ich von diesem Land für alle Zeiten genug gesehen hätte.

Seit meinem ersten ziemlich unerfreulichen Indienaufenthalt ist es aber gerade umgekehrt weitergegangen: Ich wurde ein richtiger Fan von Indien und die Faszination, die dieses Land von Anfang an auf mich ausübte, hat bis zum heutigen Tag nicht nachgelassen. Seit Januar 1965 bin ich fast 50 Mal in diesem Land gewesen. Ein anderes indisches Virus, das nichts mit verdorbenem Fleisch zu tun hat, hatte mich offensichtlich befallen. Wie kam dieser Wandel vom Saulus zum Paulus über meine Haltung zu Indien zustande?

Im Sommer 1974 und 1975 war mein Zimmernachbar an der Harvard Business School ein gewisser Ratan Tata. Für mich damals ein unbekannter indischer Name. Beim Studium und in der Freizeit, das heißt, beim Tennis und im Ausgang lernte ich diesen Mann in ungefähr meinem Alter schätzen und wir wurden gute Freunde. In der zweiten Hälfte der 1970er-Jahre besuchte ich Ratan Tata zwei oder drei Mal auf meinen Rückfahrten von Geschäftsreisen im Fernen Osten. Dabei lernte ich auch seine Familie kennen. Man konnte damals von der Dachterrasse des Hotels Taj (diese Hotelkette gehört zur Tata-Gruppe) aus in Bombay nicht einen einzigen Kran sehen: Das Land stand wirtschaftlich gewissermaßen still. Direktinvestitionen aus dem Ausland flossen praktisch keine mehr ins Land. Es gab kein richtiges wirtschaftliches Wachstum mehr, dafür nahm die Bevölkerung Jahr für Jahr gewaltig zu. Ratan führte damals eine kleine unbedeutende Tochtergesellschaft der Tata-Gruppe und niemand ahnte, dass der graduierte Architekt der Cornell University eines Tages vom Fortune Magazine (November 2007) zu den 25 einflussreichsten Unternehmern der Welt gezählt würde. 1991 übernahm er von seinem Großonkel das Konzernkonglomerat Tata-Group. In den folgenden Jahren baute er den Konzern kontinuierlich aus und strukturierte das Unternehmen um: Der Umsatz der Gruppe wuchs von USD 7 Milliarden auf heute 70 Milliarden. Unter der Holding Tata Sons, die zu fast 70 Prozent über Stiftungen der Familie kontrolliert wird, operieren heute 98 Tochtergesellschaften. In den internationalen Medien wurde Ratan Tata spätestens mit der Übernahme des europäischen Stahlkonzerns Corus sowie desjenigen von Jaguar und Landrover bekannt. Dann aber auch dadurch, dass er von der Tata Motors verlangte, das billigste Auto der Welt zu produzieren, den indischen Volkswagen, den Nano. Was ich aber immer am meisten an Ratan bewunderte, ist nicht nur sein großes strategisches Geschick, sondern vor allem, dass er überall auf der Welt als Gentleman mit tadellosen Umgangsformen gilt und höchste ethische Ansprüche sein tägliches Handeln bestimmen. Alle meine Kontakte mit dieser großen Persönlichkeit brachten mir Indien viel näher und ich begann das Funktionieren der indischen Mentalität zu verstehen und das Land immer besser zu kennen.

Da sich Indien unter dem Premierminister Rajiv Gandhi (1984 bis 1989) etwas öffnete und es der Wirtschaft langsam besser ging, fand 1985 der damalige aktive indische Botschafter in der Schweiz, Thomas Abraham, dass der Zeitpunkt gekommen sei, die Handelsbeziehungen zwischen der Schweiz und Indien auszubauen. Er schlug als Plattform zur Förderung des Handels die Gründung einer „Swiss-Indian Chamber of Commerce" vor. Mit Vertretern der schweizerischen Industrie und Banken wurde in der Folge diese Handelskammer 1985 gegründet und ich selbst als Präsident gewählt, ein Amt, das ich bis Ende 2000 innehatte. Im Jahr 1989 lud ich den indischen „Secretary of the South-South Commission" (eine UN-Organisation) in Genf zu einem Vortrag im Rahmen der Handelskammer nach Zürich ein. Der Respekt einflößende, hochintelligente Referent mit einem Turban hieß Dr. Manmohan Singh. Ich besuchte ihn später zwei Mal in anderen hohen Regierungsfunktionen in Indien. Unter Premierminister Narashima Rao wurde Dr. Singh im Jahr 1991 Finanzminister. Er war maßgebend für die Liberalisierung der indischen Wirtschaft verantwortlich. Ich traf ihn dann später zwei Mal in Davos am World Economic Forum (WEF). Als ich 1995 mit einer hochkarätigen Wirtschaftsdelegation unter der Führung von Bundesrat Pascal Delamuraz nach Indien reisen durfte, wurde die schweizerische Delegation vom Finanzminister an seinem Amtssitz empfangen. Dabei war ich der einzige Teilnehmer, den Manmohan Singh beim Vorstellen der einzelnen schweizerischen Delegationsmitglieder mit dem Namen direkt ansprach („Hello Mr. Widmer"). Als die Kongresspartei nicht mehr an der Macht war, besuchte ich Manmohan Singh Ende der 1990er-Jahre zwei Mal in seiner Eigenschaft als „Leader of the Opposition" im Oberhaus. Der heute achtundsiebzigjährige Professor, der in Oxford Ökonomie studiert hat, wurde im Jahr 2004 zum 14. Premierminister Indiens gewählt. Bei den Wahlen des Jahres 2008 wurde er zum zweiten Mal Premierminister – diesmal mit einer Mehrheit im Parlament und deshalb nicht mehr von fragwürdigen Koalitionen mit Linksparteien abhängig. Auch P. Chidambaram, der während der ersten Regierungszeit von Dr. Manmohan Singh (2004 bis 2008) profilierter Finanzminister war und heute als Minister of Home Affairs regiert, lernte ich bereits 1991 als Handels- und Industrieminister persönlich kennen. Im Verlaufe der Zeit entwickelte sich eine bis heute anhaltende Freundschaft. Vor seinem politischen Aufstieg war er einer der bekanntesten Anwälte des Landes. Nach seiner Ausbildung zum indischen Anwalt studierte er an der Harvard Business School (MBA). P. Chidambaram gilt ebenfalls als einer der Architekten der Liberalisierung von 1991, das heißt der für die politische und wirtschaftliche Zukunft des Landes entscheidenden Weichensteller. Bis 1991 war die indische Wirtschaft durch zahlreiche bürokratische Vorschriften weitgehend reglementiert. Hohe Importzölle und die Regelung, keine ausländischen Mehrheitsbeteiligungen zuzulassen, stellten den Schutz der einheimischen Industrie sicher. Die Reformjahre seit 1991 setzten neue wirtschaftliche Kräfte in Indien frei und führten zu einem nie für möglich gehaltenen hohen Wirtschaftswachstum. Als P. Chidambaram 1993 von seinem Posten zurücktrat und damit „out of power" und wieder Anwalt am Supreme Court war, organisierte ich mit ihm mehrere Seminare im Rahmen der Swiss-Indian Chamber of Commerce in Zürich. Wir trafen uns auch mehrmals in Davos.

Mit einem indischen Freund Muthu aus Chennai traf ich 1991 den damaligen Umweltminister Kamal Nath in Delhi; er wurde während der ersten Regierungszeit von Manmohan Singh ein international bekannter Handels- und Industrieminister und ist heute „Cabinet

Minister of Road Transport and Highways". Ich habe Kamal Nath seither an verschiedenen Anlässen immer wieder getroffen. Alle diese spannenden Begegnungen mit höchsten indischen Politikern halfen mir, die indische Mentalität und die kulturelle Vielfalt des Landes besser zu verstehen und mein Interesse an Indien wachzuhalten.

Um den Leser nicht weiter mit den für mich sehr interessanten Begegnungen mit Wirtschaftsführern und Politikern zu langweilen, möchte ich nur noch einen letzten Höhepunkt meiner spannenden Kontakte erwähnen: 1986 besuchte der indische Vizepräsident, R. Venkataraman, offiziell die Schweiz. Im Hotel Grand Dolder in Zürich organisierte ich kurzfristig einen größeren Anlass im Rahmen der Handelskammer. Ursprünglich Rechtsanwalt und Richter, wurde Venkataraman 1980 Finanzminister und später Verteidigungsminister unter Indira Gandhi. Als R. Venkataraman 1987 (bis 1992) zum achten Staatspräsidenten Indiens ernannt wurde, lud er mich 1988 zu einer Privataudienz in seinen riesigen Palast, Rashtrapati Bhavan, mit den 340 Räumen ein. Ich brachte ihm Blumen und konnte mich während der Audienz mit dem ganz in Weiß gekleideten Präsidenten der indischen Republik sehr gut unterhalten. Von seiner souveränen, aber gleichzeitig bescheidenen Art und Weise seines Auftretens war ich sehr beeindruckt. Die vielen im Palast in farbige Uniformen gekleideten dienstbaren Geister, die einen mit roten Federn geschmückten Turban trugen, halfen noch zusätzlich mit, diese Begegnung mit einer eindrücklichen Persönlichkeit unvergesslich zu machen. In allen indischen Zeitungen war am nächsten Morgen der Präsident Indiens mit meiner Wenigkeit abgebildet. Kein Wunder, dass meine indischen Freunde von diesem Empfang beim höchsten Mann Indiens beeindruckt waren.

Mein erster – eher negativer Eindruck von Indien kehrte sich schon bald ins Gegenteil um. Dank dem Glück, dass sich mit der Zeit so viele interessante Begegnungen mit Persönlichkeiten aus Wirtschaft und Politik ergeben hatten, lernte ich Indien viel besser kennen und verstehen. Der heute noch immer existierenden großen Armut kann sich bei einem Besuch Indiens zwar niemand verschließen, auch wenn die Mittelschicht wesentlich gewachsen ist. Dieses Land mit seinem kulturellen Reichtum und seiner ganzen Komplexität lernte ich immer besser kennen und schätzen. Ich wurde ein wahrer Fan von Indien. Es freut mich deshalb, dass Indien in den letzten Jahren einen enormen wirtschaftlichen Aufschwung erfahren hat und sich eindeutig auf dem Weg zu einer der großen Wirtschaftsmächte der Welt befindet.

Der Innenhof in der amerikanischen Botschaft, der sogar Franklin Lloyd Wright tief beeindruckte

Das weltberühmte Mausoleum Taj Mahal

Die Herkules, die den Autor von Delhi nach Teheran brachte

Iran (vierte Station)

In einem 24. Brief, dem allerletzten, adressiert an meine Lieben – auf dem Papier des Royal Teheran Hilton (Teheran, den 26. Januar 1965), schrieb ich:

Gestern Abend bin ich wohlbehalten mit einem mächtigen Frachtflugzeug der US AIR FORCE in Teheran angekommen. Während des ganzen Fluges saß ich vorne im Cockpit, was sehr interessant war. Der Flug von New Delhi bis Teheran dauerte etwas über acht Stunden, da die Amerikaner nicht über Pakistan fliegen dürfen und deshalb einen gewaltigen Umweg machen mussten. Mit den beiden Piloten und dem Navigator hatte ich ein recht angenehmes Nachtessen im Coffeeshop des Royal Hilton. Ich war sehr hungrig, nachdem ich dreißig Stunden überhaupt nichts mehr gegessen hatte (im Flugzeug war für mich absolut kein Essen vorhanden, immerhin gab es etwas Tee). Die Herkules-Maschine ist heute Morgen mit der gleichen Crew via Griechenland nach Frankreich (Umgebung von Paris) weitergeflogen. Die Piloten haben mich für diesen Flug eingeladen, mit ihnen weiter nach Europa zu fliegen. Da ich aber nur einmal im Leben so billig mit einem Zivilflugzeug nach Kairo komme (mein Gepäck wiegt nun bereits 80 Kilogramm), ziehe ich es vor, hier in Teheran noch etwas Sightseeing zu machen. Übrigens hat es in Teheran tatsächlich Schnee und von meinem Hotelzimmer aus (das Hilton ist ungefähr zwanzig Minuten vom Stadtzentrum entfernt und liegt etwas erhöht über der Stadt) sehe ich eine mächtige, mit Schnee bedeckte Bergkette. Ich weiß noch nicht, ob ich noch nach Isfahan fliegen sollte, wo es wunderbare Moscheen geben soll. Ich fühle mich immer noch etwas schwach, da ich gemäß der Diagnose eines indischen Arztes (mit Turban) vom Essen eine überaus schmerzvolle Mageninfektion aufgelesen habe. Es geht mir jetzt aber zum Glück wieder besser und bis in ein paar Tagen sollte ich wieder fit sein. Meinen Kommentar über das lausige Indien werde ich euch dann später übermitteln.

PS: Gehe in Kairo nach Möglichkeit wieder ins Hilton, da in den unterentwickelten Ländern nur das Beste gut genug ist.

Nachzutragen ist noch, dass im Cockpit tatsächlich fast kein Essen vorhanden war. Nach einer Stunde Flugzeit fing die Crew an, kleine Konservenbüchsen zu öffnen, die gerade für die beiden Piloten und den Navigator zum Stillen des größten Hungers reichten. Ich wagte deshalb nicht zu sagen, dass ich seit fast 30 Stunden kein Essen mehr zu mir genommen hatte. Immerhin gab es genügend Tee. Nach der Landung waren wir mit einem Taxi schon bald im Royal Teheran Hilton angekommen. Die Crew hatte ihre Zimmer vorbestellt, aber für mich war kein Zimmer frei. Aufgrund meines Korea-Trainings in solchen Situationen legte ich USD 20 diskret in meinen Pass und

Ausblick vom Royal Teheran Hilton Hotel aus über ganz Teheran

bat den Angestellten hinter der Empfangstheke, ob er nicht nochmals genau nachsehen könne, ob nicht zufällig etwas frei sei. Er nahm den Pass an sich, zog sich in den Raum hinter der Theke eine Weile zurück und erklärte mit einem zwinkernden Auge, dass es ihm jetzt doch noch gelungen sei, ein Zimmer für mich zu finden. Obschon wir noch weit weg von Europa waren, kamen mir die Menschen in Teheran nicht mehr wie Asiaten, sondern mehr wie die Weißen vor.

Ägypten (fünfte Station)

Wie ich von Teheran über Beirut nach Kairo mit amerikanischen Zivilflugzeugen geflogen bin, erinnere ich mich nicht mehr im Einzelnen. Hingegen weiß ich noch haargenau, wie der finster dreinschauende Zöllner in Kairo meine große Holzkiste musterte. Alle meine Erklärungen halfen nicht weiter, ich musste meinen liegenden Buddha – gut in Indien verpackt – ins Zolllager bringen und erhielt eine nicht lesbare Quittung. Ich wohnte im Nil Hilton mit einer wundervollen Aussicht auf den Nil. Wie wohl jeder Ägypten-Tourist besuchte ich die Pyramiden. Dann interessierten mich das Museum mit den kostbaren antiken Kunstwerken und natürlich die berühmten Mumien aus den Pharaonengräbern. Das Museum war alt und von einer attraktiven Präsentation der reichlich vorhandenen Kunstschätze konnte keine Rede sein. Ganz im Gegensatz zu der großartigen ägyptischen Ausstellung im Metropolitan Museum of Art in New York, die ich 1962 zum ersten Mal gesehen hatte. Obschon ich bereits als Kind Bilder von den ägyptischen Pyramiden angeschaut hatte, machten mir diese vor Ort doch einen großen Eindruck. Vor allem beim Besteigen der aufgeschichteten riesigen Steinblöcke überkam mich ehrfürchtigen Respekt für diese enormen Bauwerke. Allerdings konnte mir niemand mit Sicherheit sagen, wie die Pyramiden genau gebaut wurden. Herodot, der griechische Geschichtsschreiber, war der Erste, der von diesen Wunderwerken berichtete. Er bereiste Ägypten im 5. Jahrhundert vor Christus, als es die Pyramiden bereits seit 2'000 Jahren gab. Ohne ein großes mathematisches Wissen der alten Ägypter hätten diese Pyramiden nicht gebaut werden können. Es handelte sich vermutlich um die altägyptische Version eines Mausoleums für die ehemals Mächtigen des Pharaonenreichs. Es scheint zu allen Zeiten ein Bedürfnis der Mächtigen der Welt gewesen zu sein, sich ein Denkmal für die Nachwelt zu setzen. Diese Tendenz ist bis in die heutige Zeit deutlich zu erkennen, so auch bei der Grabstätte des spanischen Diktators Francisco Franco im „Valle de los Caidos" in der Nähe von El Escorial. Dieses diente der Verherrlichung der Falange-Diktatur und gilt als eines der größten neueren Mausoleen der Welt. Sogar bei den heutigen Chief Executive Officers von großen internationalen Unternehmungen besteht oftmals das unwiderstehliche Bedürfnis, sich in irgendeiner Form ein Denkmal für spätere Generationen zu setzen.

Nach meinem kurzen Aufenthalt in Kairo und der Umgebung der Stadt freute ich mich bereits auf die nächste Zwischenstation der langen Heimreise, nämlich auf Griechenland. Die Freudenstimmung kam aber zu früh auf: Als ich meine unleserliche Quittung dem Zollbeamten am Flugplatz in Kairo zeigte, kam er mit mir ins Zolllager, fand aber meine kostbare Holzkiste nicht mehr. Ich wurde wütend und fing an, selber die beiden riesigen Lagerhallen systematisch zu durchsuchen. Nach mehr als zwei Stunden intensiven Suchens, eine ermüdende Arbeit in der stinkigen Luft und großen Wärme der schlecht durchlüfteten Hallen, fand ich diese zu meiner Freude endlich wieder. Es gelang mir gerade noch in der letzten Minute, mit meinem schweren Gepäck am Schalter einzuchecken und in das Flugzeug nach Athen zu steigen.

Im Museum für Antike in Kairo

Griechenland (sechste und letzte Station)

Beim Verlassen des Flugzeugs wurde mir sofort klar, dass ich wieder in Europa war und erst noch in der Wiege der abendländischen Kultur. Kurz nach der Ankunft im Hotel telefonierte ich mit meinem Vater und zum ersten Mal nach zehn Monaten hörte ich wieder seine vertraute Stimme. Ich besuchte dann mit einer organisierten Tour und einem Fremdenführer die mir vom Schulunterricht bestens bekannte Akropolis. Ebenfalls unternahm ich mit einer geführten Gruppe eine Tour durch den Peloponnes, eine Halbinsel im Süden des griechischen Festlandes. Von Athen, beziehungsweise dem Festland, ist der Peloponnes durch eine Landenge von einigen wenigen Kilometern erreichbar, wobei wir über eine Brücke fuhren und dabei den tief unten liegenden Kanal von Korinth überquerten. Außer an schöne Landschaften und griechische Ruinen und Amphitheater erinnere ich mich an nichts mehr. Von der Schule her wusste ich noch, dass im Altertum der Peloponnes ein Zentrum der mykenischen Kultur gewesen war, aber dann in der klassischen Zeit die berühmten Spartaner das Sagen auf der Halbinsel hatten.

Zu Hause angekommen, gewann in kürzester Zeit die Routine des Alltags die Oberhand. Von Abenteuergeist und Aufbruch zu neuen Ufern war keine Spur mehr. Außer meiner Familie war eigentlich niemand in meinem Bekannten- und Freundeskreis wirklich daran interessiert, etwas über Korea oder den Fernen Osten zu erfahren. Das Interesse an dieser Weltgegend war damals im Westen sehr gering. Amerika war der Ort, wo man gewesen sein musste. Schließlich befanden wir uns ja damals auch im amerikanischen Jahrhundert. Die Auseinandersetzung zwischen den beiden großen Machtblöcken, der Sowjetunion und der Vereinigten Staaten, war eines für die Menschen im Westen vordringlichsten Probleme. Das Fernsehen und die Zeitungen beschäftigten sich in der einen oder anderen Form fast täglich damit. Die Bedrohung durch die Sowjetunion nahm von Zeit zu Zeit beängstigende Dimensionen an, der Rüstungswettlauf lief auf Hochtouren. Ein Zerfall der Sowjetunion konnte sich damals überhaupt noch niemand vorstellen, so wie sich niemand einen wirtschaftlichen Aufschwung – in nie geahntem Ausmaß – der asiatischen Staaten vorstellen konnte.

Schlussbemerkungen

An meiner Abschiedsparty vom 5. Dezember 1964 in Seoul erklärte der „Senior Monk of the Merry Mad Monks of the DMZ", Rear Admiral Paul P. Blackburn, Jr., wie bereits ausgeführt:
„What this has prepared him for, he's not sure he can remember
But will admit he's had a ball
For two weeks was even Swiss Member"

Tatsächlich war ich damals nicht sicher und zweifelte sogar ein wenig, ob mir die Erfahrung in Korea jemals etwas nützen oder mich auf eine neue Aufgabe vorbereiten würde und ob ich mich dann später überhaupt noch an diese tolle Zeit („he's had a ball") genau erinnern würde. Es scheint mir aber heute, dass ich mit diesem Buch den Nutzen des Koreaaufenthalts für das spätere Leben glaubwürdig aufzeichnen konnte. Die Erinnerung ist so wach geblieben, dass ich darüber ein ganzes Buch schreiben konnte. Dabei halfen mir natürlich die 24 Briefe an meine Familie in Bern, ferner die im Koreaarchiv der Militärbibliothek in Bern gelagerten „Erinnerungen eines Koreafunkers" von Max Rüegger und das fabelhafte Gedächtnis von Scho-Ri-san. Auf Mark Schori (später Direktor einer Versicherungsgesellschaft) und Fred Schreier (später als Oberst im Generalstab Stellvertreter des Chefs der Untergruppe Nachrichtendienst des Generalstabs und anschließend Senior Consultant Operations des „Geneva Centre for the Democratic Control of Armed Forces" (DCAF) konnte ich mich in Korea hundertprozentig verlassen. Mit ihnen bin ich ein ganzes Leben lang freundschaftlich verbunden geblieben und unsere gemeinsamen Erinnerungen sind der Kitt, der uns auch weiterhin zusammenhalten wird.

1933 schrieb der junge Engländer James Hilton den Bestseller „The Lost Horizon". Dieses Buch las ich mit großem Interesse im Englischunterricht im Gymnasium. Die Geschichte liest sich wie eine Parabel auf meine Zeit in Korea: Ein Flugzeug mit drei Männern und einer Frau an Bord wird entführt und endet zwischen den eisigen Gipfeln des Himalaja. Die vier Passagiere werden in ein Kloster in einem abgelegenen Tal gebracht, wo Zeit keine Rolle spielt, die Menschen mehrere Hundert Jahre alt werden und alle Schätze der Welt aufbewahrt sind. Hilton nannte dieses Kloster „Shangri-La" – ein Name, der seitdem in den Wortschatz eingegangen ist und das irdische Paradies bezeichnet.

Wie das mythische Shangri-La ist die Erinnerung an meine einmalige Koreazeit aus dem Jahr 1964 ein Tresor voller Erkenntnisse und abenteuerlicher Kostbarkeiten geblieben.

Nachwort

Ursprünglich wollte ich dieses Buch in geringerem Umfang und nur für meine Familie, Verwandte und Freunde – gewissermaßen als spannendes, persönliches Zeitdokument des Kalten Krieges – schreiben. Da sich ein Autor beim Schreiben ziemlich einsam und mitunter verunsichert vorkommt, sandte ich den bereits vorhandenen Text bisweilen an Freunde und Bekannte, auf deren Urteil ich großen Wert lege. Dabei wurde ich von folgenden Personen ermuntert, weiterzuarbeiten: Dr. Max D. Amstutz, Klaus Kayatz, Dr. Charles Meier, Michael Blanck, Dr. Paul Fink, Botschafter Jörg Reding und Felix Gähwiler.

Dabei halfen mir auch meine bis heute befreundeten „Korea-Veteranen", allen voran Mark Schori, ferner Fred Schreier, Dr. Armin Meyer sowie Dario Kuster, und zwar mit Gedächtnisauffrischung, Korrekturen und Kommentaren.

Dr. Urs Schöttli, dem sehr bekannten Asien-Korrespondenten der Neuen Zürcher Zeitung, Verfasser von Büchern, Aufsätzen und begehrter Referent, bin ich für das gelungene Vorwort dankbar.

„Last but not least" möchte ich Andrea Spring danken, die mein Manuskript professionell mehrmals neu formatiert hat, die Bilder eingesetzt und mich auf Fehler hingewiesen und Korrekturen des Lektors eingesetzt hat.

Der schützende Buddha (Boddhisathva) im Haus des Autors

Der Autor

Derrick Widmer studierte Rechtswissenschaften an der Universität Bern, an der University of Chicago Law School, Universität von Mexico D. F. und an der Harvard Business School, Cambridge, USA. Er ist ehemaliger Direktor bei Holcim Group Support, Oberst der Militärjustiz a.D., Gründer und langjähriger Präsident der Swiss-Indian Chamber of Commerce, Honorarkonsul der Republik Kasachstan, Präsident des Komitees für Schweizer Schulen im Ausland und Vorstandsmitglied von Stiftungen für Entwicklungsarbeit in Lateinamerika. Bisher veröffentlichte der Autor das Buch „America in the early 1960's – a love story".

novum VERLAG FÜR NEUAUTOREN

Der Verlag

„Semper Reformandum", der unaufhörliche Zwang sich zu erneuern begleitet die novum publishing gmbh seit Gründung im Jahr 1997. Der Name steht für etwas Einzigartiges, bisher noch nie da Gewesenes.
Im abwechslungsreichen Verlagsprogramm finden sich Bücher, die alle Mitarbeiter des Verlages sowie den Verleger persönlich begeistern, ein breites Spektrum der aktuellen Literaturszene abbilden und in den Ländern Deutschland, Österreich und der Schweiz publiziert werden.
Dabei konzentriert sich der mehrfach prämierte Verlag speziell auf die Gruppe der Erstautoren und gilt als Entdecker und Förderer literarischer Neulinge.

Neue Manuskripte sind jederzeit herzlich willkommen!

novum publishing gmbh
Rathausgasse 73 · A-7311 Neckenmarkt
Tel: +43 2610 431 11 · Fax: +43 2610 431 11 28
Internet: office@novumpro.com · www.novumpro.com

AUSTRIA · GERMANY · HUNGARY · SPAIN · SWITZERLAND